Naum P. Joyrish
Die Welt der Bienen

Naum P. Joyrish

DIE WELT DER BIENEN

Ein Tiervolk sichert unser Leben

Econ Verlag
Wien · Düsseldorf

Übersetzung aus dem Russischen von Bernd Rullkötter

Copyright © der Originalausgaben von N. P. Joyrish
Ptscholi – Tscheloweku
Isdatelstwo NAUKA – Moskau 1975
Produkti ptscholowodstwa i ich ispolsowanje
Rosselchosisdat – Moskau 1976
Ptscholi i Medizina
Isdatelstwo »Medizina« Usbekische SSR
Taschkent – 1975

Copyright © der deutschen Ausgabe by Econ Verlag, 1978,
Wien und Düsseldorf
Alle Rechte der Verbreitung in deutscher Sprache, auch durch Film,
auszugsweisen Nachdruck oder Einspeicherung und Rückgewinnung
in Datenverarbeitungsanlagen aller Art, sind vorbehalten.
Gesetzt aus der Times der Linotype GmbH
Satz: UNI-SET GmbH, Düsseldorf
Papier: Papierfabrik Schleipen GmbH, Bad Dürkheim
Druck und Bindearbeiten: Paulinus-Druckerei, Trier
Printed in Germany
ISBN 3 430 15147 3

Meinem engsten Freund,
meiner Frau Faina Kaganowa-Joyrish,
deren Verständnis und stete
Hilfsbereitschaft zum Gelingen
dieses Buches beigetragen haben

INHALT

Historischer Überblick über die Entwicklung der Bienenzucht — 9
Das Bienenvolk — 21
Der Bienenhonig — 45
Der Honig als wichtiges Heilmittel der Volksmedizin — 121
Das heilkräftige Bienengift — 187
Die Heilkräfte der übrigen Imkereiprodukte — 223
Der Bienenstand als Quelle der Gesundheit und Lebensfreude — 277
Literaturverzeichnis — 308
Register — 310

Historischer Überblick
über die Entwicklung der Bienenzucht

Die Bienen sind uralte Bewohner unseres Planeten. Nach den Angaben der Paläontologie existierten schon in der Tertiärzeit der Erde Bienenarten, die ähnlich unserer heutigen Biene aussahen, d. h. ungefähr 55–60 Millionen Jahre vor dem Erscheinen des Menschen. Wie die Denkmäler der materiellen Kultur beweisen, haben die Bienen immer eine bestimmte Rolle im Leben der Menschen gespielt.

Das älteste Denkmal, eine Wandmalerei aus der Steinzeit über die Suche des Urmenschen nach Honig, wurde in Spanien nicht weit von Valencia gefunden.

Bei allen alten Völkern nahmen die Bienen im Vergleich zu anderen Insekten und Tieren im Leben einen besonderen Platz ein; über sie dichtete man Mythen, Legenden, Fabeln und Märchen. Im alten Ägypten wurde die Biene verehrt und auf Obelisken abgebildet. Menes, der Vereiniger von Ober- und Unterägypten, machte eine Lotosblume zum Emblem Oberägyptens, eine Biene zu dem Unterägyptens. Die Ägypter, um ihren Gehorsam gegen den Pharao zum Ausdruck zu bringen, zeichneten auf Bittschriften die Biene als Symbol der Ergebenheit. Sie hielten die Bienen für ihre treuen Helfer im Kampf gegen den bösen Gott der Finsternis, Ariman. Die Ägypter sahen in den Bienen Muster an Selbstverleugnung, Furchtlosigkeit und Todesverachtung, aber auch Hüterinnen idealer Reinheit und Ordnung. Auf den Grabmälern der ersten Pharaonendynastie (3200–2780 v. Chr.) ist eine Biene abgebildet.

Die alten Ägypter trieben in großem Umfang und mit guten Ergebnissen nomadisierende Bienenzucht. Sie transportierten die Bienen mit Booten auf dem Nil von Unter- nach Oberägypten, wo die honighaltigen Pflanzen sechs Wochen früher blühten, und kehrten mit großer Honigausbeute zurück. Die Ägypter hielten schon damals die Bienen in tragbaren Stöcken, und zwar in geflochtenen Körben aus dünnen Weidenruten oder in Töpfen aus gebranntem Ton. Die Öffnung des Fluglochs verschlossen sie mit einem Stein.

Im alten Indien galten die Bienen als heilige Begleiter der Götter. Der Gott Vishnu, der die Sonne verkörperte und dem

All Leben einhauchte, ist als kleine Biene dargestellt, die im Kelch einer Lotosblume ausruht. Der Gott Krishna wird mit einer über seinem Kopf schwebenden Biene von blauer Farbe gezeigt; der Gott der Liebe, Kama, hat einen Bogen in den Händen, dessen Sehne aneinanderhängende Bienen bilden. (Eine symbolische Darstellung, daß die Pfeile des Gottes außer Liebe auch Leid brachten.) Auch in der Volksdichtung kann man eine Reihe von Beispielen für die Tätigkeit der Bienen finden.

Aus den uns überlieferten Dokumenten geht hervor, daß die Bewohner des babylonischen Staates am Ende des 3. und zu Beginn des 4. Jahrtausends v. Chr. erfolgreich Bienenzucht betrieben.

Assyrien wurde im ersten Jahrtausend vor unserer Zeitrechnung das Land des Honigs und des Olivenbaums genannt. Die Assyrer bedeckten die Körper Verstorbener mit Wachs und versenkten sie in Honig. Sie gingen sehr geschickt mit den Bienen um: Ihnen war irgendein »Lautgeheimnis« bekannt, das ihnen Macht über den Bienenschwarm verlieh. Mit Hilfe dieses Geheimnisses konnten sie den Schwarm aus dem Stock hinaus- und wieder hineinjagen.

Der berühmte römische Dichter und Bienenzüchter Vergil (70–19 v. Chr.) schrieb, daß man den Schwarm mit dem Spiel auf der Zimbel festhalten könne. (In der wissenschaftlichen Literatur der letzten Jahre ist vermerkt, daß ein Laut von einer Frequenz von 600 Hertz aus einem elektrischen Vibrator und einem Lautsprecher, der sich 60–120 cm vom Stock entfernt befindet, die Bienen dazu zwingt, auf der Wabe zu »erstarren«. Jedoch ist dieser Laut auch äußerst unangenehm für den Imker.)

In Palästina war die Bienenzucht schon vor etwa 4000 Jahren bekannt. In der Bibel wird wiederholt Kanaan erwähnt, das Land, in dem Milch und Honig fließen.

Im alten Griechenland widmete man sich mit Erfolg der nomadisierenden Bienenzucht: Die Griechen schickten auf Schiffen Bienenstöcke in Gegenden, in denen honighaltige

Pflanzen blühten. Im Artemistempel in der Stadt Ephesos schmückte ein Fruchtzweig mit darauf sitzenden Bienen die Statue der Göttin. Die Priester dieses Tempels wurden Melissen (Bienen) genannt. Das Wappen der reichen Stadt Ephesos war das Bild einer Biene.

Bei Opferungen übergoß man Tiere und Früchte im alten Griechenland und Rom mit Honig.

Vor mehr als 2000 Jahren benutzten der Stamm der Urartu, der Vorfahren der heutigen Armenier, sowie die Georgier und andere Völker die Bienen zu Friedenszeiten, um Honig und Wachs zu erhalten, und zu Kriegszeiten, um ausländische Eroberer zu bekämpfen, die meist von Osten heranrückten. Diese Völker bedienten sich geschickt der Wachbienen, vor deren Stacheln häufig ganze Heerscharen mutiger und bis zu den Zähnen bewaffneter Krieger in Panik zurückwichen.

Es ist bekannt, daß der englische König Richard I. während eines Kreuzzuges bei der Belagerung der Festung Akko die Gegner mit Hilfe von Bienenschwärmen bekämpfte, die sich in großen topfförmigen Stöcken aus Ton befanden. Seine Truppen schossen mit Katapulten einige hundert Stöcke ab, so daß die Mohammedaner vor dem Angriff der Bienen fliehen mußten, die sie gnadenlos stachen.

Auch folgender Fall ist überliefert. Auf einem kleinen Schiff, dessen Besatzung aus 40–50 Mann bestand, hatte man einige Bienenstöcke aus gebranntem Ton. Der Kapitän des Schiffes beschloß, sich auf den Kampf mit einer ihn verfolgenden türkischen Galeere einzulassen, die eine Besatzung von 400 bis 500 Mann hatte. Beim Angriff wurden die Stöcke vom Mast des Schiffes aus auf die Galeere geworfen, zerschellten dort, und die Bienen schwärmten aus. Die Türken, die solch einen ungewöhnlichen Angriff nicht erwartet hatten, waren gegen die angreifenden Bienen völlig hilflos und versuchten nur, sich ihrer möglichst schnell zu entledigen. Die Besatzung des kleinen Schiffes, ausgerüstet mit Handschuhen und Gesichtsschleiern, stürzte sich mit Säbeln auf die Türken und eroberte mühelos die Galeere.

Die Honigbienen waren zunächst Bewohner der Alten Welt: Europas, Afrikas, Asiens. In die Neue Welt, d. h. Amerika, Australien und Neuseeland, begann man sie erst im 16. Jahrhundert zu importieren. Im Jahre 1530 führte man Bienen aus Portugal nach Brasilien, Süd-, Mittel- und Nordamerika ein; im Jahre 1822 nach Australien und im Jahre 1842 nach Neuseeland.

Archäologische Ausgrabungen, mündliche Überlieferungen und Chroniken erzählen davon, daß sich unsere Heimat schon vom grauen Altertum an einer hochentwickelten Bienenzucht rühmen konnte. Herodot, der griechische Historiker (500 v. Chr.), schrieb über die Skythen, die auf dem Territorium unseres Landes lebten und einen ausgedehnten Handel mit Honig und Wachs trieben. Vor etwa 2000 Jahren züchteten die Urartu-Stämme Bienen und hielten sie in Stöcken aus Ruten, die mit Lehm verschmiert waren.

Erhaltene Dokumente beweisen, daß in Armenien schon 95–55 v. Chr. Bienen weithin in der Landwirtschaft genutzt wurden. Das Buch vom Barseg Kesaretsi, »Die Geschichte der Armenier« *(329–337 n. Chr.)*, auf Griechisch geschrieben und danach im 5. Jahrhundert in die armenische Sprache übersetzt, zeigt, daß sich die Armenier auch damals ausgezeichnet in der Bienenzucht auskannten.

Auch das karabachische Volk schätzte Bienenprodukte, Honig und Wachs, sehr hoch. Nach alter Tradition gratulierte man der Mutter, wenn in einer Familie ein Junge geboren wurde, und schenkte ihr einige Stücke Wabenhonig. Im Hause einer reichen Familie brannte 40 Tage lang eine Wachskerze, wenn ein Junge geboren wurde, und der Mutter wurde eine Woche lang dreimal täglich schwacher Honigwein zu trinken gegeben.

Wenn die Jäger im Hochland von Karabach, schon lange vor unserer Zeitrechnung, einen hohlen Baum oder eine Bergspalte mit Bienen entdeckten, so zäunten sie diese ein. Das war das typische Zeichen dafür, daß die Stelle zu ihrem Eigentum wurde. Im Herbst nahmen die Bienenbesitzer nur einen Teil des Honigs, den anderen Teil überließen sie den Bienen als Winternahrung.

In Georgien war man mit der häuslichen Bienenzucht schon im 4. Jahrhundert v.Chr. vertraut. Bachushti Bagrationi beschrieb die Schlucht Ktsia in Südgeorgien folgendermaßen: »Dieses Gelände ist für den Menschen unzugänglich, denn es wimmelt dort so von Bienen, daß der Honig buchstäblich fließt...« (nach D. Andguladze). In der Chronik Nestors (1056–1114), unseres ersten Historikers, ist detailliert beschrieben, wie weitverbreitet die Bienenzucht in Rußland war. Zu jener Zeit befriedigten Honig und Wachs nicht nur die Bedürfnisse der Bevölkerung, sondern wurden als die hauptsächlichen Exportprodukte in großen Mengen über Perejaslavl nach Griechenland gebracht. Nach den Handelsverträgen, die vor mehr als einem Jahrtausend galten, waren Honig und Wachs die wichtigsten Tauschprodukte.

In der Nowgorod-Chronik (1016) sind die gesetzlichen Bestimmungen über die russische Wildbienenzucht aufgezeichnet: Harte Strafen wurden gegen diejenigen verhängt, die hohle Bäume mit einem Bienenvolk zerstörten oder sich Honig herausbrachen. Im alten Nowgorod galt der Honig als Ware von außerordentlicher Bedeutung und diente als Wertmesser: Man konnte ihn gegen Zinsen verleihen. Kreditgeschäfte dieser Art nannte man damals »Ausrichtung auf Honig«.

Der Reisende Hall, der zu Beginn des 16. Jahrhunderts einige westliche und südliche Gebiete unseres Landes (der heutigen Ukrainischen SSR) besucht hatte, schrieb in der »Chronik«, daß er »in diesem Land eine erstaunliche Zahl von Bienen, Imkern, Bienenständen in den Steppen und ausgehöhlte Bäume in den Wäldern gesehen und einen außerordentlichen Überfluß an Wachs und Honig bemerkt« hatte. B. I. Grekov und A. Jakubovskij geben in ihrer Beschreibung der Goldenen Horde eine Liste von Waren wieder, die über die Wolga »von den Bulgaren nach Choresm« gingen. Darunter nimmt der Honig einen wichtigen Platz ein.

Im alten Rußland machte sich der Fürst mit seiner Gefolgschaft alljährlich im Spätherbst zu einer »Rundreise zu den Leuten« auf, das heißt, er sammelte seinen Tribut ein. In den ihm unterstehenden Siedlungen erhielt er Honig, Wachs und Felle. Im feudalen Rußland, in dem Leibeigenschaft herrschte, mußten die Bauern an den Feudalherrn als Zwangszins Honig abgeben.

Als Höhepunkt der primitiven Bienenzucht (Waldbienenzucht) gilt das 16. und der Beginn des 17. Jahrhunderts, als die Züchter große Honigmengen sammelten. Allein die Waldbienenzüchter der Lebediner Datscha (»Ugozha«) in der Kiewer Waldgegend erzielten 24 000 Pud[1] Honig; da es nicht weniger als eintausend solcher Datschen gab, erzielte man also 24 Millionen Pud Honig. Auf diese Weise konnte allein die Waldbienenzucht unseren Vorfahren Honig und Wachs im Werte von einer Milliarde Rubel einbringen, ganz zu schweigen vom Profit der häuslichen Bienenzucht. »Es ist nicht verwunderlich, daß unsere Heimat auch kürzlich im Ausland für ihren Honig gepriesen und als vor Honig fließend bezeichnet wurde« (Vitvitskij, 1861).

In den Jahren 1523–1524 erwähnt Albert Kampense in seinen Berichten an den römischen Papst Clemens VII. die beträchtliche Honig- und Wachsausbeute in Rußland. Er schreibt, daß die Bevölkerung unweit ihrer Behausungen »häusliche« Bienen hält, die von einer Generation an die andere vererbt werden.

Im 17. Jahrhundert gab es häufig Dörfer und Siedlungen, deren Einwohner ausschließlich Waldbienenzucht betrieben. Am Anfang des 18. Jahrhunderts beginnt allmählich der Niedergang dieser Zucht. Sie büßte vor allem durch verstärkte Waldrodungen ihre wirtschaftliche Bedeutung ein. Als Folge davon verloren die Bienen ihre reichste Nahrungsgrundlage. Auch die Entwicklung der Branntweinherstellung und danach der Zuckerindustrie trugen sehr zur Verringerung der Waldbienenzucht bei.

---

[1] Anm. d. Übers.: 1 Pud = 16,38 Kilogramm.

In jener Zeit begann man auch in Europa, die Bienenzucht stark einzuschränken. Die Entdeckung Amerikas und des Seeweges nach Ostindien zeigten neue Möglichkeiten des Welthandels auf. Man lieferte nun aus anderen Teilen der Erde Honig nach Europa. Allein aus Amerika wurden jährlich 500 000 Zentner Honig nach Europa exportiert, und die neuentdeckten Länder verschifften gewaltige Zuckermengen, die eine starke Konkurrenz für den Honig wurden. Die Bauern begannen neue Kulturen einzuführen (Kartoffeln, Rüben). Die Rüben- und Kartoffelfelder vergrößerte man auf Kosten der Honigweiden.

Unter diesen neuen Bedingungen übte der begabte ukrainische Bienenzüchter Pjotr Ivanovitsh Prokopovitsh (1775–1850) großen Einfluß auf die Bienenzucht aus. Er entwickelte die erste zerlegbare Rähmchenbeute. Diese Erfindung rationalisierte die Technik der Bienenzucht und vergrößerte ihre Produktivität sowie den Gewinn erheblich. Die Beute von Prokopovitsh machte das Ausrauben der Bienenvölker überflüssig, bei dem die stärksten Bienenvölker, die viel Honig gesammelt hatten, »verqualmt«, d. h. vernichtet wurden.

P. I. Prokopovitsh brachte in den von ihm konstruierten zerlegbaren Beuten mehr als 3000 Bienenvölker unter. Seine Imkerschule – die erste nicht nur in Rußland, sondern auch in Europa – war eine echte Quelle der Bienenzuchtkultur und der rationellen Bienenzucht.

Der bekannte amerikanische Bienenzüchter Amos Ives Root schrieb: »Prokopovitsh war ein Bienenzüchter von wirklich außergewöhnlicher Begabung. Er wandte Methoden an, die seiner Zeit weit vorauseilten. Einige Schriftsteller haben behauptet, daß Dzierzon aus Schlesien die beweglichen Rahmen im Jahre 1845 erfand, doch er hat ohne jeden Zweifel auf diese Ehre keinen Anspruch.«

Im Jahre 1910 wurden in Rußland 5 715 000 Bienenvölker gezählt, von denen nur der fünfte Teil in Rahmenbeuten gehalten wurde. Das »Jahrbuch von Rußland« (1910) teilte mit, daß es im ganzen Land 6305043 Bienenstöcke gab; davon 5111900 in ausgehöhlten Baumstämmen und 1193143 in Rahmenbeuten. In Rußland wurden damals 1987450 Pud Honig verkauft, 285000 Pud Wachs wurden erzielt und 210000 Pud importiert. Die Bienenzucht unserer Heimat litt schwer in den Jahren des Ersten Weltkrieges und des Bürgerkrieges.

Am 5. April 1919, als die junge Sowjetrepublik einen hartnäckigen Kampf mit einer Vielzahl innerer und äußerer Feinde führte, unterschrieb V. I. Lenin eine Gesetzesvorlage über die Erhaltung der Bienenzucht.[1] Das war das erste sowjetische Gesetz, das die rechtlichen Fragen der Bienenzucht regelte und die Interessen der Imker verteidigte.

V. I. Bontsh-Bruevitsh schrieb zum dreißigsten Jahrestag des Dekrets über die Erhaltung der Bienenzucht, daß V. I. Lenin in jener schweren Epoche dem Aufbau der Wirtschaft in unserer jungen Republik viel Zeit widmete, insbesondere dem der Landwirtschaft. Auf seine Anweisung hin wurden Gesetze über die Stammesviehzucht, die Sowchosen, die landwirtschaftlichen Kommunen, die Kolchosen, die Mechanisierung der Landwirtschaft ausgearbeitet, bestätigt und verabschiedet. Ebenso wurde dem uralten Zweig der Landwirtschaft, der Bienenzucht, Beachtung geschenkt.

Auf dem VII. Sowjetkongreß hieß es:»... in Anbetracht der Tatsache, daß die Bienenzucht nicht nur als hocheinträglicher Zweig der Landwirtschaft eine gewaltige Rolle spielt, sondern auch gleichzeitig das wichtigste Mittel zur Erhöhung der Ertragsfähigkeit der Futterkultursaaten, besonders des Klees, darstellt, schlägt der Sowjetkongreß dem Volkskommissariat für Ackerbau der UdSSR und dem Volkskommissariat für Sowchosen vor, konkrete Maßnahmen für die Entwicklung dieses Wirtschaftszweiges in den Sowchosen, den Kolchosen und bei den Kolchosenangehörigen auszuarbeiten – weiterhin Maßnahmen zur Herstellung und Versorgung mit Imkerausrüstungen und zur Heranbildung qualifizierter Bienenzüchter.«

---

[1] V. I. Lenin, Gesammelte Werke, Bd. 38, S. 531–532.

Die Blüte der Kollektivwirtschaft und die Fünfjahrespläne zur Entwicklung der Volkswirtschaft schufen günstige Voraussetzungen für das Gedeihen der Bienenzucht. Bis zum Jahre 1940 hatte die Sowjetunion 10 Millionen Bienenfamilien und nahm, was die Honigernte betrifft, den ersten Platz in der Welt ein. Zur Zeit des Großen Vaterländischen Krieges wurde die Bienenzucht dezimiert: Die Hitler-Truppen plünderten Tausende von Bienenständen in Kolchosen und Sowchosen und zerstörten mehr als 2 Millionen Bienenvölker. Dank den Bemühungen der Kommunistischen Partei und der sowjetischen Regierung wurde die Bienenzucht in den Kolchosen und Sowchosen wiederhergestellt.

Heutzutage zählt man in der UdSSR etwa 10 Millionen Bienenvölker. In einem Aufruf des Zentralkomitees der Kommunistischen Partei der Sowjetuinion und des Ministerrats an die Kolchosenangehörigen, die Arbeiter der medizinisch-technischen Versorgung und der Sowchosen, an die Partei-, Gewerkschafts- und Komsomolzenorganisationen, die Sowjet- und Landwirtschaftsorgane, die Spezialisten und alle Arbeiter der Landwirtschaft heißt es: »Jetzt, da unsere Landwirtschaft einen steilen Aufstieg nimmt, soll auch an die Bienenzucht erinnert werden. Der Honig ist sehr wichtig für uns. Die Bienenzucht ist dort für die Wirtschaft sehr vorteilhaft und ertragreich, wo sie gut durchgeführt wird und gewissenhaften Menschen, die mit Begeisterung dabei sind, übertragen ist. Die Bienenzucht spielt auch eine große Rolle für die Erhöhung der Ertragfähigkeit von Obst- und anderen landwirtschaftlichen Kulturen. Jedoch wird dieser Zweig der Landwirtschaft von vielen Kolchosen- und Sowchosenvorstehern unterschätzt.«[1]

Heute gibt es in der Sowjetunion eine Wissenschaft über die Honigbienen. Die modernsten Bienenstände des Landes sind mit mechanisierter und automatisierter Technik ausgerüstet, die die arbeitsintensiven Prozesse erleichtert.

Ein alter Angehöriger der Apimondia (Internationale Asso-

---

[1] »Pravda« vom 21. Januar 1958.

ziation der Bienenzüchter), Luis Jules Rudolf Rider van Rippard (Niederlande), hielt auf dem XXIII. Internationalen Kongreß der Bienenzüchter in Moskau im Jahre 1971 eine treffende Rede über das Thema »Perspektiven und Aufgaben der Apimondia zur Stärkung der internationalen Zusammenarbeit auf dem Gebiet der Bienenzucht«. Darin sagte er: »Die Sowjetunion ist ein Land, in dem die Bienenzucht außerordentlich hoch entwickelt ist... Die sowjetische Bienenzucht setzt durch ihre Produktivität alle übrigen Länder der Welt in Erstaunen.«

Das Bienenvolk

Die Biologie der Bienen

Die Bewohner des Bienenstockes, die Königin, die Drohnen und die Arbeitsbienen, leben als Volk (englisch: colony). Im Stock herrschen bestimmte Gesetze und Regeln. Jeder hier kennt seinen Arbeitsplatz und seine Pflichten. Die Königin unterscheidet sich äußerlich von den anderen Bienen: Sie ist fast zweimal so lang; außerdem ist sie 2,8mal schwerer als die Arbeitsbiene. Die biologische Aufgabe der Bienenkönigin besteht im Gebären des Nachwuchses. Sie legt täglich in die Wabenzellen 1000–2000 und mehr befruchtete Eier. Aus ihnen entwickeln sich, je nach der Beschaffenheit des Futters und der Größe der Wachszelle, Arbeitsbienen oder Königinnen. Die Königin legt auch unbefruchtete Eier, aus denen sich nur Drohnen entwickeln. Im Bienenvolk hat sich also die Jungfernzeugung, die Parthenogenese, erhalten.

Auch die Arbeitsbienen können unter bestimmten Bedingungen Eier legen: wenn die Königin stirbt und Larven fehlen, aus denen man eine neue heranziehen könnte, oder wenn es zu viele Ammen und zu wenige Larven gibt. Aus diesen Eiern entwickeln sich Drohnen. Solche Bienen nennt man Drohnenmütterchen. Eine Arbeitsbiene ist in der Lage, im Verlauf ihres Lebens etwa 28 Eier zu legen.

I.I. Metshnikov schrieb in seinem Buch »Studien des Optimismus« darüber folgendes: »Die Arbeiterinnen, die sich so sehr für das Wohl der Gesellschaft mühen, sind jedoch keine vollwertig entwickelten Geschöpfe. Sie besitzen ein sehr differenziertes Gehirn und vollkommene Organe für die Wachsproduktion und das Sammeln von Nahrung, haben aber nur verkümmerte Geschlechtsorgane, die zu einer normalen Funktion nicht fähig sind.«

Ein Bienenvolk, in dem es keine Königin gibt, ist zum Untergang verurteilt, weil sich ständig nur die Zahl der Drohnen vergrößert.

Der berühmte griechische Historiker und Schriftsteller Xenophon beschrieb die Rolle der Königin in dem Bienenvolk folgendermaßen: »Die Königin erlaubt den Bienen nicht, untätig zu sein. Sie schickt sie zur Tracht aus, überprüft, was sie zurückbringen, hortet und verwahrt die von den Bienen gesammelte Substanz. Wenn die Zeit kommt, teilt sie die im Stock angehäuften Vorräte gerecht unter den Bienen auf. Die Königin sorgt dafür, daß feste und schöne Waben hergestellt werden und daß der Nachwuchs auf gebührende Weise erzogen wird.«

Wenn das Bienenvolk die Königin verliert, lenkt es durch sein Verhalten sofort die Aufmerksamkeit des Imkers auf sich: Die Bienen summen und laufen aufgeregt im ganzen Stock hin und her. Da sie nicht lange ohne Königin leben können, wählen sie ein oder mehrere drei Tage alte Eier aus und beginnen, eine neue Königin aufzuziehen. Aus dem perlweißen zylindrischen Ei und danach aus der Larve entwickelt sich in 16 Tagen eine Königin, weil sie mit Königinfuttersaft genährt wird und weil sie sich in einer geräumigen eichelförmigen Wachswiege, der Weiselzelle, entwickelt.

Der Stachel der Königin dient gleichzeitig als Legeorgan und Verteidigungsinstrument. Einen Menschen sticht sie jedoch höchst selten, selbst wenn er ihr starken Schmerz zufügt. Dafür macht sie bei der Begegnung mit einer rivalisierenden Königin wütend von ihrem Stachel Gebrauch.

Die Königin lebt durchschnittlich fünf bis sechs oder sogar acht Jahre, doch mit dem Alter verringert sich ihre Fruchtbarkeit. Deshalb empfiehlt es sich, sie nach ein, zwei Sommern durch eine andere zu ersetzen.

Die Bienen, die sich sorgfältig um die Königin bemühen, die nach dem Paarungsflug den Stock nicht mehr verläßt, nennt man ihren Hofstaat. Die Bienen des Hofstaates sorgen nicht nur für die Körperreinigung der Königin (sie waschen sie, kämmen ihre Härchen, schaffen ihren Kot aus dem Bienenstock usw.), sondern füttern sie auch mit einem sehr kalorienreichen und nahrhaften Saft. Manchmal jedoch sind die Bienen des Hofstaates aus irgendeinem Grunde nicht mehr zufrieden mit der Königin, umringen sie ganz plötzlich und versuchen, sie totzustechen oder ihr Flügel und Beine auszureißen. Solche Vorkommnisse beschrieb A. I. Root, der mehr als einmal einen Stachel in einer toten Königin fand, nachdem er eine Bienentraube entwirrt hatte. Man hat festgestellt, daß die Bienen zuweilen aus einem unerklärlichen Grund ein Knäuel um ihre Königin bilden, sobald der Stock geöffnet wird, obwohl sie ihre Pflichten vorzüglich erfüllte. Auch heute ist die Wissenschaft noch nicht in der Lage, diese plötzliche Verhaltensänderung der Bienen gegenüber ihrer Königin genau zu erklären.

Remis Chauvin schildert in seinem Buch »Das Verhalten der Tiere« (1972) ausführlich, daß sich die Arbeitsbienen sogar noch für die tote Königin interessieren. Es ist bekannt, daß die Bienen beginnen, neue Weiselzellen zu bauen, wenn der Stock ohne Königin ist. Wird die Königin zurückgebracht, zerstören sie die neuen Weiselzellen. Das gleiche kann man beobachten, wenn eine tote Königin in den Stock gebracht wird. Die Bienen drängen sich so um sie und versuchen, sie zu berühren, als wäre sie lebendig. Ein ähnliches Bild ergibt sich, wenn man eine schon ausgetrocknete Königin in den Stock legt, die einige Jahre lang aufbewahrt wurde.

Die wissenschaftliche Mitarbeiterin von Professor R. Chauvin, J. Pain, stellte fest, daß die Entwicklung der Eierstöcke bei den Arbeitsbienen unterbrochen wird, wenn die Leiche der Königin im Stock erscheint. Butler, Pain und Barbier extrahierten einen Hormonstoff, den sie Königinsubstanz nannten und den die Bienen bei der Berührung der Königin annehmen. Im Anschluß daran geben die Bienen, wenn sie Nahrung austauschen, gleichzeitig die Königinsubstanz, die die Entwicklung der Eierstöcke bei den Arbeitsbienen unterdrückt, weiter. Wenn die Königin im Stock fehlt, können die von ihrem Einfluß befreiten Bienen nach einigen Tagen jeweils einige unbefruchtete Eier legen, aus denen Drohnen entstehen.

Die biologische Bestimmung der Drohnen liegt in der Befruchtung der Königin. Der Drohn kann sich ebenso wie die Königin keine Nahrung beschaffen und ist völlig auf die Bienen angewiesen. Im Frühling und Sommer leben die Drohnen von dem Honig, den die arbeitsamen Bienen zubereitet haben. Im Herbst aber jagen die Bienen die Drohnen aus dem Stock, so daß sie vor Kälte und Hunger umkommen. Die Entwicklung eines Drohns beträgt durchschnittlich 24 Tage. Das Sehvermögen des Drohns ist recht gut entwickelt, was zur Zeit des Paarungsfluges außerordentlich wichtig ist, wenn er der schnell fliegenden Königin folgen muß. Die Drohnen leben nur einen Sommer (maximal drei Monate).

Der Entwicklungszyklus der Arbeitsbiene beträgt 21 Tage. Die Arbeitsbienen verbringen ihr kurzes Leben mit unermüdlicher und für den Menschen sehr nützlicher Arbeit. Schon im Alter von drei Tagen sorgen sie für die sanitäre Wartung der Wachszellen, indem sie die Wände und Böden der Waben säubern, wenn die jungen Bienen sie verlassen haben. Vom vierten Tag an füttern sie die älteren Larven mit einem Gemisch aus Honig und Blütenstaub und beginnen mit den ersten Orientierungsflügen um den Stock. Vom siebten Tag an beginnen die Drüsen zu funktionieren, die den Königinfuttersaft absondern, mit dem sie nicht nur die Königin, sondern auch die Larven der zukünftigen Königinnen ernähren. Im Alter von 12–18 Tagen entwickeln sich bei der Biene die Wachsdrüsen, und sie fängt an, Waben zu bauen. Zur gleichen Zeit hat die Biene auch Wachdienst, nimmt den Nektar entgegen und hält die Wärme im Brutnest konstant – das heißt, sie kümmert sich darum, daß die zukünftige Bienengeneration sich normal entwickelt und die Ventilation im Stock ausreicht. Im Alter von 15–18 Tagen fliegen die Bienen zum Sammeln des Nektars und Blütenstaubs. Um sich vorstellen zu können, mit welcher Energie die Bienen in jedem Stadium arbeiten, genügt es zu wissen, daß sie während der Aufzucht ihrer zukünftigen Schwestern jede Larve etwa 2000- bis 3000mal besuchen (einfache Inspektion, Futterabgabe, Zellreinigung). Das alles in sechs Tagen!

Die Bienen unternehmen Erkundungsflüge zu reichen Vorkommen von Nektar, Blütenstaub und Wasser. Sie sammeln große Mengen von Blütenstaub, feuchten ihn mit Speichel an, der mit Nektar vermischt ist, und deponieren ihn in spezielle Vertiefungen der Hinterbeine, die man natürliche »Körbchen« nennt. Zwei Ladungen Blütenstaub, d. h. je zwei »Körbchen« dieser wertvollen Last, enthalten etwa 4 Millionen Blütenstaubkörner. Den in den Stock transportierten Blütenstaub legen die Bienen in Wabenzellen und übergießen ihn sodann mit Honig, wonach er sich in Futterbrei, das Bienenbrot, verwandelt.

Nur die Arbeitsbienen sind mit Wachsdrüsen ausgerüstet, die sich auf den letzten vier Hinterleibsringen befinden. Durch die zahlreichen Öffnungen der acht Wachsspiegel werden Wachsplättchen abgesondert. 100 solcher Plättchen wiegen insgesamt 80 Milligramm; ein Kilogramm Wachs besteht aus 1 250 000 Wachsplättchen. Aus diesen winzigen Wachsschüppchen bauen die Bienen in der Dunkelheit Vorratskammern von erstaunlicher Schönheit für den Honig und den Blütenstaub, feste und bequeme Zellen für die Entwicklung des Nachwuchses. Für eine Bienenzelle benötigen sie 13 Milligramm Wachs oder 50 Plättchen, für eine Drohnenzelle 30 Milligramm Wachs oder 120 Plättchen. Jede Wabe besteht aus zwei Reihen sechskantige Wachszellen, deren Zwischenwand als Zellenboden dient. Eine solche Wabe, die insgesamt nur 150 Gramm wiegt, hat 9100 sechskantige Zellen-Vorratskammern, in denen 4 Kilogramm Honig aufbewahrt werden. Jede Zelle hat sechs Kanten, wobei jede Kante von nebeneinanderliegenden Zellen geteilt wird.

Die Wachsbienen sondern schon im Alter von drei bis fünf Tagen eine dünne Wachsschicht auf den Spiegeln ab, doch erst im Alter von zwölf bis achtzehn Tagen sind die Wachsdrüsen wirklich ausgeprägt.

Das Erstaunlichste am Leben der Bienen ist der Bau der Waben. Ch. Darwin, der das Leben der Bienen viele Jahre lang studierte, kam zu dem Schluß, daß nur ein beschränkter Mensch ohne Bewunderung den Bau der Wabe betrachten kann, die so vorzüglich ihrer Bestimmung angepaßt ist. Mathematiker bezeugen, daß die Bienen in der Praxis die schwierige Aufgabe gelöst haben, wie Zellen zu bauen sind, die bei passendem Volumen die größtmögliche Menge Honig aufnehmen und für ihren Bau die geringstmögliche Menge Wachs erfordern.

Im Bienenstock herrscht immer ideale Sauberkeit. Die Bienen verschmieren geschickt die Spalten und polieren die Wände ihrer Behausung mit Propolis, dem sogenannten Kittharz. Wenn eine Maus oder irgendein anderes kleines Tier in den Bienenstock gerät, töten die Bienen den Eindringling sofort mit ihrem Gift. Um der Verwesung entgegenzuwirken, mauern sie das Opfer schnell in eine luftdichte Gruft aus Propolis ein. Im Bienenstock ist die Luft immer frisch und sauber, weil die Bienen ihre Behausung nicht nur ventilieren, sondern auch in ihr eine optimale Temperatur aufrechterhalten.

An heißen Sommertagen halten sich diese Bienen am Flugloch auf, haben alle den Kopf in dieselbe Richtung gewandt und schlagen energisch mit den Flügeln, wodurch sie einen starken Strom kühler Luft in den Stock treiben. Innerhalb des Stockes führen andere Bienen die gleiche Arbeit aus. Wenn sich die Außentemperatur senkt, drängen sich die Bienen dichter auf den Rahmen zusammen, verringern dadurch die Oberfläche der Wärmeabgabe und erhöhen die Körpertemperatur.

Einigen Bienen fällt es zu, am Flugloch (dem Eingang zum Stock) Wache zu halten. Beim ersten Alarm stürzen sie sich kühn in die Schlacht mit ungebetenen Eindringlingen. Darüber schreibt D. I. Pisarev sehr bildhaft: »Die Bienen haben kein ständiges Heer. Jeder Arbeiter hat immer eine Waffe bei sich und kann mit ihr umgehen. Jeder Soldat dieser Nationalgarde wird durch ein patriotisches Gefühl inspiriert, das sich in flammendem Haß auf Hummeln, Wespen und sogar Bienen anderer Stöcke ausdrückt. Wenn es sich ein unvorsichtiger oder waghalsiger Angehöriger eines anderen Stammes einfallen läßt, in den Stock zu fliegen, dann ergeht es ihm sehr schlecht: Hunderte von Arbeitsbienen stürzen sich auf ihn und bedienen sich ihrer Kiefer und ihres Stachels; der Eindringling wird unweigerlich getötet, und sein Körper wird, anderen zur Warnung, aus dem Stock hinausgeworfen.«

Die harmonische Funktion aller Organe der Biene wird durch ein Nervensystem geregelt, das aus drei Teilen besteht: dem zentralen, dem peripheren und dem sympathischen Nervensystem. Im zentralen Nervensystem unterscheidet man zwei Bereiche: das Kopfhirn und die Nervenkette am Hinterleib. Die Aufgabe dieses Kopfhirns kann man entfernt mit der Rolle des Gehirns bei höheren Tieren vergleichen und die Aufgabe der Hinterleibsnervenkette mit der Rolle des Rükkenmarks. Man hat bewiesen, daß das Kopfhirn bei der Arbeitsbiene weitaus größer ist als das der Königin und des Drohns. Das Kopfhirn der Biene besteht aus einer Zellenschicht, die im inneren Teil besondere stengel- oder pilzartige Formen bildet; diese Formen gelten als Zentren der höchsten Nerventätigkeit. Sie sind am stärksten bei der Arbeitsbiene entwickelt, was sich durch die Vielfältigkeit ihrer Arbeit und die Kompliziertheit ihres Verhaltens erklären läßt.

Der unterere Teil des Gehirns besteht aus zwei Geruchssphären, von denen Nerven zu den Fühlern, den Geruchsorganen, führen. An den Seiten des Kopfhirns liegen die Sichtsphären und die zusammengesetzten Augen. Die Hinterleibsnervenkette ist eine Fortsetzung des Kopfhirns und besteht aus zwei zusammengewachsenen Nervenknoten. Von ihnen gehen Nerven aus, die den ganzen Hinterleib der Biene durchdringen. Die Nervenknoten sind über alle Körperbereiche der Biene verteilt, weshalb die Harmonie der Organ- und Muskelfunktionen nicht nur vom Kopfhirn abhängt. Wenn man die Biene zum Beispiel enthauptet, bewegt sie sich immer noch und reagiert weiterhin auf Reizungen, und der ausgerissene Stachel mit dem Stachelapparat funktioniert noch immer. Das sympathische Nervensystem beginnt am Stirnknoten, der in der Nähe des Kopfhirns liegt, und besteht aus einer kleinen Anzahl von Nervenknoten, von denen Nerven zu den Organen der Verdauung, des Blutkreislaufs und der Atmung führen.

Die Biene hat fünf Augen: zwei zusammengesetzte und drei Punktaugen. Man nimmt an, daß die Biene mit Hilfe der Punktaugen Gegenstände in geringer Entfernung (1–2 cm) unterscheiden und sich damit bei der Arbeit im Stock und auf den Blüten orientieren kann. Mit den zusammengesetzten Augen macht die Biene Gegenstände aus, die sich in größerer Entfernung befinden. Außerdem gibt es die Vermutung, daß die Punktaugen Organe sind, die zur besseren Funktionsausübung der zusammengesetzten Augen beitragen. Die Oberfläche des zusammengesetzten Auges der Arbeitsbiene und der Königin besteht aus fast 5000 (bei der Drohne mehr als 8000) Facetten von sechseckiger Form, von denen sich verengende Röhrchen ausgehen, die in Nervenverzweigungen enden. Jede Facette nimmt nicht die Abbildung eines ganzen Gegenstandes auf, sondern nur eines Teils. Einige tausend verschiedene Teile verschmelzen im Gehirn der Biene, und es ergibt sich die Abbildung des ganzen Gegenstandes. Man spricht von einem Mosaiksehvermögen. Es wurde festgestellt, daß die Bienen Blau, Gelb und Weiß unterscheiden; Rot nehmen sie überhaupt nicht wahr, und Grün verwechseln sie mit Gelb und Blau. Bei der Arbeitsbiene liegen die zusammengesetzten Augen an den Kopfseiten und die Punktaugen am Scheitel.

Die Forscher K. Frisch, J. Lecomte und andere vermuten, daß die Arbeitsbienen fähig sind, sich auf vielfältige Weise je nach dem Stand der hinter den Wolken verborgenen Sonne zu orientieren. Wenn ein Stück blauen Himmels zu sehen ist, lassen sich die Bienen möglicherweise von irgendwelchen natürlichen Erscheinungen leiten, die von dem Stand der Sonne abhängen, zum Beispiel von der teilweisen Polarisierung des Lichtes, das vom blauen Himmel ausgeht. Wenn der Himmel völlig von Wolken bedeckt ist, orientieren sich die Bienen nach Meinung von K. Frisch aufgrund der ultravioletten Strahlen, die die Wolken durchdringen, ebenfalls nach dem Sonnenstand. Sie spüren also diese Strahlen, die für das Auge des Menschen unsichtbar sind.

Die Geruchsorgane befinden sich bei den Bienen, wie gesagt, auf den Fühlern oder Antennen. Die Zahl der Geruchssensillen (Porenplatten, S. placodea) schwankt nach Angaben verschiedener Forscher. Arbeitsbiene: 3000 pro Fühler,

Drohn: 15000 pro Fühler. Es ist erwiesen, daß die Bienen den Geruch von Substanzen bei einer Verdünnung von 1:500 und mehr ausmachen, was dem Geruchssinn des Menschen unmöglich ist. In jeder Pore liegen Nervenenden. Zwischen den Geruchsporen liegen die Fühlhärchen. Die Fühler dienen gleichzeitig als Geruchs- und Tastorgane. Die Wachbienen am Flugloch »beschnüffeln« mit den Fühlern jede anfliegende Biene und können die eigenen ausgezeichnet von fremden unterscheiden.

Nerven führen auch zu den Geschmacksorganen der Biene, die neben dem Mund liegen und die Form von Chitinstäbchen haben. Dank dieser Anordnung sind die Arbeitsbienen, bei denen sie am höchsten entwickelt sind, außerordentlich empfindliche Geschmacksprüfer. Zum Beispiel ruft eine vierprozentige Zuckerlösung bei ihnen nicht das Gefühl von »Süße« hervor, so daß sie sie zurückweisen und es vorziehen zu hungern. Sie lehnen ebenfalls eine allzu süße Saccharinlösung mit metallischem Beigeschmack ab. Aber sie stellen sogar »Honig« aus Sirup her, der mit dem Bitterstoff Chinin versehen ist.

Die Bienen besitzen kein geschlossenes Blutkreislaufsystem. Das Hauptorgan des Blutkreislaufs, das das Blut aus dem Hinterleib in den Kopf bringt, ist ein Rückengefäß mit fünf Kammern – das Herz. In den Seitenwänden jeder Kammer sind rillenförmige Öffnungen, durch die bei Erweiterung der Kammer das Blut ins Herz eintritt (eingesaugt wird). Wird die Kammer zusammengezogen, fließt das Blut vom Herzen in die Aorta und ergießt sich daraus durch die Öffnungen in die Kopfhöhle, wo es das Gehirn, die Sinnesorgane, die im Kopf liegen, und danach die Brustmuskeln umfließt.

Beim Umspülen des Mitteldarms erhält das Blut Nährstoffe, die gewissermaßen durch die Darmwand gefiltert werden. Das Blut befreit den Organismus der Biene auch von Stoffwechselprodukten, die von den Ausscheidungsorganen, den Malpighischen Gefäßen, aufgefangen und entfernt werden. Die Malpighischen Gefäße entsprechen in ihrer Funktion den Nieren der Wirbeltiere.

Das Herz der erwachsenen Biene pulsiert folgendermaßen (je nach ihrer Aktivität, der Außentemperatur und vielen anderen Faktoren): Bei der ruhig auf der Wabe oder einer Blüte sitzenden Biene zieht sich das Herz 65- bis 70mal in der Minute zusammen, bei der sich bewegenden 100mal und beim Flug 150mal. Ein so häufiges Pulsieren ist unerläßlich, damit das Blut ständig bewegt wird und den Zellen Nährstoffe und auch Sauerstoff liefert.

Das Blut der Biene, die sogenannte Haemolymphe, besteht aus Plasma (dem flüssigen Teil) und Haemozytzellen, von denen die Leukozyten und Phagozyten besonders wichtig sind, die für die Phagozytose sorgen, d. h. den Organismus von Mikroben befreien. Das Blut führt gleichzeitig auch die Funktionen der Lymphe aus.

Das Atemsystem (Tracheensystem) der Biene ist hochentwickelt: Es besteht aus Luftsäcken, Tracheensäulen und -zweigen und mikroskopischen Tracheenkapillaren, den Tracheolen. Die letzteren sind enge Röhrchen von einem Mikron Durchmesser. Die Luft dringt durch besondere Öffnungen in den Körper der Biene – die Atemlöcher (jede hat auf der Brust je drei Paare, am Hinterleib je sechs, nur der Drohn hat je sieben). Sie sind mit einem Verschlußventil versehen, das den Staub daran hindert, mit der Luft zusammen einzutreten, und das außerdem die Feuchtigkeit konstant hält. Wenn die Biene sich nicht bewegt, sind die Atemlöcher geschlossen; wenn sie arbeitet oder fliegt, wenn der Organismus also viel Sauerstoff braucht, sind sie weit geöffnet.

Die Atmung der Biene wird vom Atemzentrum aus geregelt. Entsprechend dem Sauerstoff- und Kohlensäuregehalt öffnen oder schließen sich die Atemlöcher.

Das Zeitgefühl ist bei den Arbeitsbienen gut entwickelt. Sie fliegen nur dann zu blühenden Pflanzen, wenn sie von ihnen Nektar oder Blütenstaub erhalten. Eine Reihe von Forschern hat festgestellt, daß die Bienen ein Zeitgefühl haben und unabhängig von der Sonnenbewegung, atmosphärischen Bedingungen und geographischer Lage handeln. Man ermittelte, daß

Versuchsbienen mit der Genauigkeit eines Uhrwerks täglich zur selben Zeit Tränken mit gesüßtem Wasser aufsuchten. Ihr Verhalten wurde nicht im geringsten dadurch beeinflußt, daß man sie des natürlichen Lichtes beraubte.

Nach der Meinung verschiedener Forscher befinden sich die Hörorgane der Biene entweder in den Fühlern oder in den Unterschenkeln der Vorderbeine, d. h., die Bienen besitzen kein Hörorgan im gewöhnlichen Sinne. Wie aber die Beobachtungen von Bienenzüchtern (Amos Ives Root u. a.) und auch historische und literarische Quellen belegen (die Werke von Vergil und François Rabelais zum Beispiel), verfügen die Bienen über einen ausgezeichneten Vibrationssinn (»Gehör«). Besonders gut nehmen sie das Geräusch von Metall wahr.

Einer der interessantesten Aspekte im Leben der Bienen ist ihre gegenseitige Kommunikation. Seit langem hatten die Forscher bemerkt, daß sich die Bienen gegenseitig den Fund einer reichen Nektar- oder Blütenstaubtracht mitteilen. Doch erst vor kurzem wurde diese Frage geklärt.

Der österreichische Biologe K. Frisch, der viele Jahre lang das Leben der Bienen erforschte, kam zu dem Ergebnis, daß die Lösung in den »Bienentänzen« zu suchen sei, d. h. in bestimmten Flugbewegungen der Kundschafterinnen. Der »Rundtanz« zum Beispiel erzählt von einer reichen Nektar- oder Blütenstaubquelle, die nicht weit vom Stock entfernt ist, der »Schwänzeltanz« davon, daß sich die Bienen auf längere Flüge einstellen müssen.

Die Arbeit von K. Frisch zur »Entzifferung« der Bienensprache wird in der internationalen Wissenschaft als wichtige Entdeckung betrachtet.

Vincent Marteka[1] berichtet von der Entdeckung von Harold Ash, USA (zusammen mit den Gelehrten der kalifornischen Universität Andreas Wenner, Robert King und weiteren), daß die Bienen außer Tänzen für ihre »Unterhaltungen« auch Laute verwenden. Ash brachte zur Zeit des Bienentanzes

---

[1] Marteka, V., Bionika, M., 1967.

ein Miniaturmikrophon im Stock an und hörte ein lautes »tr-tr-trr«, das in kurzen Abständen wiederholt wurde. Einige Bienen, die diese Signale gehört hatten, verließen den Bienenstock und machten sich auf die Nektarsuche. In der Annahme, den Bienencode enträtselt zu haben, stellte Ash eine künstliche Biene her und brachte sie in den Stock, wo sie den Tanz einer lebendigen Sammelbiene nachahmte, so, als wäre sie mit der Nachricht über eine Nektarquelle herbeigeflogen. Ein Miniaturlautsprecher gab die entsprechenden Geräusche wieder, doch die Bienen verließen den Korb nicht und flogen nicht zu der Nektarquelle, sondern versuchten, die künstliche Biene totzustechen. Bald sah Ash seinen Fehler ein: Er vergaß, daß den Lauten, die von den Flügeln der Kundschafterin ausgingen, oft andere Geräusche von den Bienen ringsum folgten. Diese Laute bedeuteten anscheinend: »Verstanden, wir fliegen los!«

Die Gelehrten vermuten, daß die Bienen die Geräusche mit ihren empfindlichen Antennenfühlern wahrnehmen, indem sie die Schwingungen auffangen, und einander sich so auch über Nektarvorkommen informieren.

A. Root, K. Frisch, I. Chalifman und andere Forscher meinen, daß jeder Bienenfamilie ein spezifischer Korb- oder »Volksgeruch« eigen ist. Nur selten riskiert eine Biene, in einen anderen Stock einzudringen; dadurch sind die Honigvorräte verläßlich vor Diebstahl geschützt. Beobachtungen am Bienenstand zeigen, daß die Bienengarde, die den Korbeingang streng bewacht, ihren Geruchssinn gebraucht, wenn sie ihre Stammesangehörigen in die Bienenstadt einläßt, und daß der »Volksgeruch« für sie die beste Parole ist. Der Geruch dient den Bienen als Kompaß.

K. Frisch schreibt zu diesem Thema: »Jede Arbeitsbiene hat immer ein kleines Fläschchen mit Parfüm bereit. In der Nähe des Hinterleibsendes kann man auf der Rückenseite eine Hautfalte sehen, die gewöhnlich nach innen gekehrt und daher nicht zu bemerken ist, die aber beliebig als feuchtglänzender Zylinder vorgewölbt werden kann. Wenn das der Fall ist, wird aus besonderen Drüsen in dieses Säckchen eine Substanz abgesondert, die einen starken Zitronengeruch verbreitet, der für die bekannte honigliefernde Melisse charakteristisch ist. Sogar der Mensch kann diesen Geruch deutlich spüren.« Eben dieser Geruch erlaubt den Bienen, ohne sich zu irren, zum Korb zurückzukehren.

Die »Bienendressur«

Dabei handelt es sich um die Steuerung der Flugtätigkeit der Bienen, die Herstellung eines bedingten Reflexes auf bestimmte honigtragende Pflanzen mit Hilfe von parfümiertem Sirup.

In der Antike gaben die Bienenzüchter den Bienen aus alter Erfahrung nachts oder früh am Morgen Lindenhonig, wenn sie sie auf eine blühende Linde lenken wollten, und Buchweizenhonig, wenn der Buchweizen blühte.

Dieses einfache Verfahren hat außerordentlich große Bedeutung für die Landwirtschaft, denn ein durch aromatische Auffütterung dressiertes Bienenvolk kann in seiner Bestäubungsarbeit zehn Bienenvölker ersetzen, die nicht auf den entsprechenden Geruch abgerichtet sind.

Je reiner das Aroma der Blüten, auf die die Bienen gelenkt werden sollen, desto erfolgreicher und besser läßt sich die Dressur durchführen. Um den Flug der Bienen von einer Pflanzenart auf die andere zu ändern, wechselt man den aromatisierten Sirup aus.

Im Institut für Bienenforschung vollzog man die Abrichtung folgendermaßen: Die Bienen wurden in den Körben eingeschlossen, oder die Körbe wurden in einen Keller gestellt. Zur Erleichterung des Versuches nahm man fünf Völker nördlicher (schwarzer) und fünf Völker kaukasischer (gelber) Bienen. Die gelben Bienen wurden auf Klee dressiert, die schwarzen auf Heidekraut. Dank der unterschiedlichen Färbung der nördlichen und kaukasischen Bienen konnte man leicht feststellen, welche Bienen wo arbeiteten. Bei der Überprüfung wurden auf dem Klee 2225 gelbe Bienen, die Kleesirup erhalten hatten, und nur 149 schwarze Bienen gefunden, die mit Heidekrautsirup aufgefüttert worden waren. Auf dem Heidekraut dagegen saßen insgesamt 69 gelbe und 2250 schwarze Bienen.

Ein anderer Versuch bestand darin, den gelben Bienen, die vorher die Kleeauffütterung erhalten hatten, Heidekrautsirup zu geben und den schwarzen umgekehrt Kleesirup. Beim Nachzählen stellte sich heraus, daß 2837 schwarze (Klee-)Bienen und 266 gelbe (Heidekraut-)Bienen auf dem Klee waren und 2875 gelbe (Heidekraut-)Bienen und 414 schwarze (Klee-)Bienen auf dem Heidekraut.

Diese Versuche bewiesen deutlich, daß die Dressur der Bienen mit aromatisierter Auffütterung nicht nur die Möglichkeit gibt, sie künstlich – dem Wunsch des Menschen gemäß – auf bestimmte blühende Pflanzen zu lenken, sondern sogar die Gelegenheit, den Bienenflug von einer Pflanzenart auf die andere zu ändern.

Es ist erwiesen, daß die Bienen um so besser bestimmte Pflanzen bestäuben und um so mehr Honig sammeln, je näher der Bienenkorb den blühenden Pflanzen steht. Ein Versuch, der in der Kolchose »Sturmvogel« im Orlover Kreis durchgeführt wurde, zeigte, daß man fünf Zentner Kleesaat ernten konnte, wenn sich der Bienenstand neben dem blühenden Klee befand; war der Stand einen Kilometer entfernt, erntete man 4,48 Zentner; bei zwei Kilometern Entfernung 3 Zentner und bei einer Entfernung von drei Kilometern nur 1,5 Zentner.

Für die Bienen ist das Aroma blühender Honigträger ein Wegweiser eigener Art, eine Orientierungslinie in der Luft. Auf ihrer Route vom Korb zu den Blüten und zurück aromatisieren die Bienen diese Luftlinie gewissermaßen selbst.

Die Bienendressur, die Herstellung eines bedingten Reflexes, hilft ihnen, sich schneller bei der Auswahl des entsprechenden Honigträgers auf dem Feld oder im Garten zurechtzufinden, wenn dort gleichzeitig viele Pflanzen blühen, und trägt zur beträchtlichen Erhöhung des Frucht- und Saatertrages der betreffenden insektenbestäubten Pflanzen bei.

Die Bienendressur dient auch der Erhöhung des Ertrags. In diesem Zusammenhang ist ein Versuch von N.N. Kalugin interessant, den er in der Pensener Schule für Bienenzucht durchführte. Er stellte fest, daß auf Lindenblüten dressierte Bienenvölker je 100 Kilogramm Honig sammelten, während nicht dressierte Kontrollvölker, die keine Auffütterung erhalten hatten, es nur auf 66 Kilogramm brachten.

Die Dressur ist ein bedeutendes Mittel in den Händen des Bienenzüchters; durch sie erhält er die Möglichkeit, den Flug der Bienen zu lenken, d. h. die Völker bei der Bestäubung der gewünschten landwirtschaftlichen Kulturen zu steuern. Die in unserem Land durchgeführten Versuche und Beobachtungen haben gezeigt, daß auf diese Weise ein höherer Frucht- und Saatertrag zu erreichen ist.

Zum Beispiel bewiesen die Versuche A.F. Gubins, daß zehn Bienenvölker für die Bestäubung von bis zu 50 Hektar Kleesaatfrucht sorgen können. Um die Bienen zur Bestäubung des Klees zu lenken, wurden etwa 7,5 Kilogramm Zucker verbraucht, wovon die Bienen 6 Kilogramm (d.h. 80 Prozent davon) als Honig in den Waben ablegen. Das Manko von 1,5 Kilogramm Zucker macht sich dadurch vielfach bezahlt, daß die Bienen die Ernte der Kleesaat um etwa einen Zentner pro Hektar steigern.

Die Nutzung der Bienendressur im großen Umfang gewinnt besondere Bedeutung nach dem Märzplenum des ZK der KPdSU im Zusammenhang mit den Beschlüssen von Partei und Regierung, die alle landwirtschaftlichen Arbeiter zu einer beträchtlichen Steigerung des Ernteertrages mobilisieren. Wenn sie die Bienendressur großzügig und geschickt anwenden, können die Bienenzüchter der Kolchosen und Sowchosen dabei helfen, die Hauptaufgabe zu lösen – den Ertrag so wichtiger landwirtschaftlicher Kulturen wie folgt stark anzuheben: Buchweizen, roter Klee, Luzerne, zottige Wicke, Sonnenblumen, Baumwollstrauch, langfaseriger Flachs, Äpfel, Süßkirschen, Erdbeeren, Wein, Wassermelonen, Melonen, Kürbisse, Gurken, Kohl, Zwiebeln, Steckrüben und noch viele andere.[1]

Der erste, dem es einfiel, diese bewundernswerten Arbeiterinnen abzurichten und alle Produkte der Bienenzucht zu nutzen, vollbrachte wirklich ein großes Werk! Der Überlieferung nach, so schrieb vor mehr als 2000 Jahren Ovid, war Bacchus, der Gott des Weines und des Frohsinns, der erste Bienenzüchter. Eines Tages, als er mit seinen Begleitern durch ein blühendes Tal des Rhodope-Gebirges streifte, bemerkte er, wie die Bienen auf das Geräusch der Zimbel hin zusammenflogen. Bacchus vereinte sie zu einem Schwarm, setzte sie in einen Stock und erhielt als Belohnung dafür den Honig.

Die Behausung der Bienen

Alte Quellen bezeugen, daß der Mensch schon vor etwa 6000 Jahren versuchte, die Bienen zu Haustieren zu machen. Zu jener Zeit gab es in Ägypten und danach in anderen Ländern des Altertums schon primitive, nicht auseinandernehmbare Bienenstöcke, nämlich Gefäße aus gebranntem Ton von verschiedener Gestalt.

Der wissensdurstige Mensch begann, Bienenhäuschen herzustellen, die sich beträchtlich von der natürlichen Behausung der Bienen – Löcher, hohle Bäume, Bergspalten usw. – unterschieden. Dies erhöhte die Produktivität der Bienen und der Arbeit des Bienenzüchters. Ausgehöhlte Bäume und Rinden, die Vorgänger des modernen zerlegbaren Rahmenkorbes, mußten dem Korb weichen, weil er sich als bequemer für das Leben der Bienen und die Arbeit des Imkers erwies. Dieser Korb, entwickelt von unserem berühmten Landsmann, dem

---

[1] Wer sich für diese Frage interessiert, dem sei folgendes Buch empfohlen: I. Chalifman, »Sie fliegen im Auftrag«, Moskau, 1973.

Bienenzüchter P. I. Prokopovitsh, im Jahre 1814, war ein Meilenstein in der rationellen Bienenhaltung.

Mehr als 100 Jahre vergingen, bevor die zerlegbaren Körbe den angemessenen Platz auf unseren Ständen einnahmen. Dies erfolgte dann in den Jahren der Kollektivierung der Landwirtschaft und spielte eine gewaltige Rolle bei der beträchtlichen Erhöhung der Honig- und Wachsernte.

Wenn man sich der Geschichte zuwendet, so muß erwähnt werden, daß schon im Jahre 1789 der blinde Schweizer Bienenzüchter François Huber den ersten Blätterstock erfand, der an die Blätter eines Baumes erinnerte und deshalb als »Blätterstock« bezeichnet wurde. In diesem Korb lagen statt der Seiten rechteckige Wabenrahmen. Im Jahre 1851 entwickelte der Amerikaner Langstroth einen Stock mit herausnehmbaren Rahmen und einem abnehmbaren Dach, was sich als sehr günstig für die Arbeit erwies. Dieser Stock wurde danach von einem anderen amerikanischen Bienenzüchter, nämlich Root, perfektioniert und hieß deshalb »der Stock von Langstroth und Root«.

Die Bienenzüchter aller Länder waren daran interessiert, neue Beutenkonstruktionen zu entwickeln. Heute lassen sich einige hundert Namen von Beutenerfindern nennen, davon in Rußland Prokopovitsh, Val'vat'ev, Motshalkin, Gusev, Aleksandrov, Petrov, Kullanda; in Deutschland Berlepsch, Christ, Friedland, Zander; in Polen Dzierzon, Levitski, Dolinovski; in England Cheshire, Nutt; in den USA Hund, Queenby, Falts, Haydak, Bingel, Langstroth, Root; in Italien Dubini, Alberti; in Frankreich Debeauvoir, Lallance, Dadan; in der Schweiz Huber usw.

Es ist allgemein bekannt, daß eine gute Beute nicht nur die normale Lebenstätigkeit des vieltausendköpfigen Bienenvolkes sicherstellt. Wenn die Beute Ritzen hat und es den Bienen zu kalt ist, müssen sie viel Energie darauf verwenden, die Wärme in ihrer Behausung aufrechtzuerhalten. Wenn die Beute einen Holzboden hat, wird er feucht, wodurch sich der Honig verdünnt und zu säuern beginnt; außerdem bedecken sich die Waben und die Innenwände der Beute mit Schimmel. Es kann als erwiesen betrachtet werden, daß die Erfindung der zerlegbaren Rahmenbeute, der Honigschleuder, des Rauchbläsers und des künstlichen Wachsgerippes erst die moderne Bienenzucht auf industrieller Basis ermöglichte.

In den von uns konstruierten Beuten mit einem, vier, sechs oder acht Rahmen ist der tragbare Futtertrog ein entscheidendes neues Detail. Er gestattet, die Bienen zusammenzuhalten, Beobachtungen anzustellen, Versuche zu machen und die Bienen das ganze Jahr hindurch für Heilzwecke zu verwenden. Ein guter Futtertrog hat außerordentlich große Bedeutung. Der von uns vorgeschlagene Plastiktrog ist bequem, hygienisch und erleichtert die Arbeit des Bienenzüchters. Er ist dem Imker besonders von Nutzen bei der Verteilung der Auffütterung an die Bienenvölker, bei der Ergänzung der Futtervorräte im Frühling und Herbst, bei schlechter Honigernte, bei Reizfütterung, bei der Dressur usw. Der Futtertrog kann auch zum Transport, zur Haltung und zur Verwendung der Bienen für Heilzwecke benutzt werden.

Um die heutige Bedeutung der Bienen und der Bienenzucht bei den verschiedenen Verfahren und Methoden, die für hohe Frucht- und Saaterträge sorgen, noch besser zu verstehen, wollen wir jetzt eine andere nicht unwichtige Seite untersuchen: die Rolle der Bienen für die Hybridisierung der Pflanzen.

Die Hybridisierung der Pflanzen

Die Klassiker der Naturwissenschaft Ch. Darwin, K.A. Timirjazev, I.V. Mitshurin glauben, daß die Blütenorgane und die Organe der Insekten einander gut angepaßt sind; das Leben der Insekten und die geschlechtliche Vermehrung der Pflanzen sind sogar untrennbar.

Der Bienenzüchter I.A. Kirjuchin, der viele Jahre unter der Anleitung von I.V. Mitshurin arbeitete, verwirklichte eine äußerst scharfsinnige Methode der Hybridisierung von Pflanzen mit Hilfe der Arbeitsbienen. Sein Verfahren gab dem Züchter die Möglichkeit, die Bienen nach Wunsch mit einem bestimmten Blütenstaub auf blühende Bäume zu schicken. I.A. Kirjuchin rechnete aus, daß ein Mensch bei der Handbestäubung an einem achtstündigen Arbeitstag 500 bis 800, im Durchschnitt aber nicht mehr als 600 Blüten bestäuben kann. Dagegen besucht eine Biene bei einem einzigen Flug auf dem Apfel-, dem Kirschbaum, dem Klee oder der Sonnenblume 100 bis 900 Blüten. Folglich können 3500 Bienen (diese Anzahl läßt sich in dem von I.A. Kirjuchin vorgeschlagenen Brutstock unterbringen) in acht Stunden 400000 Blüten bestäuben. Wenn ein Mensch diese Arbeit machen müßte, so brauchte er dafür 1500 Arbeitstage, d.h. fast vier Jahre!

Die Brutstöcke sind ausgerüstet mit einer an einem Ende gebogenen Porzellanröhre und einem Metallverschluß. Der Verschluß gestattet der Biene, in den Korb zu gelangen, hindert sie aber am Verlassen. Der einzige Ausgang führt durch die Porzellanröhre, in der sich der Blütenstaub der gewünschten Überträgersorte befindet. Durch das gebogene Ende können die Bienen beim Verlassen des Korbes den Blütenstaub nicht ziellos verschütten. Damit die Bienen mit ihrer wertvollen Ladung, dem Blütenstaub, nur zu bestimmten Blüten fliegen, wird ein quadratischer Isolierrahmen aufgestellt, der auf einer Seite mit Gaze bespannt ist. Die Ausmaße dieses Isolators hängen von der Größe des Objekts ab und können von 2×2 bis 20×20 Quadratmeter betragen; auf diese Weise werden blühende Bäume und Büsche von anderen Überträgern abgesondert. Die Effektivität dieser Methode liegt auf der Hand.

I.A. Kirjuchin kreuzte mit Hilfe der Bienen an einem Tag Zehntausende von Blüten und studierte gleichzeitig die Wechselbeziehung von Blüten und Insekten beim Befruchtungsvorgang. Er stellte die Ursache für die Pollensterilität der Sonnenblume fest, klärte den Einfluß der Reizbarkeit des Stempels auf die Befruchtung und erforschte die Rolle des Nektars bei der Ernte. Außerdem wählte er die Überträgersorten für die 40 besten Mitshurinschen Sorten aus.

Die Hybridisierung der Pflanzen mit Hilfe der Bienen stellt also einen weiteren bemerkenswerten Sieg bei der Umwandlung der Natur dar, wobei die Gemeinschaft von Bienen und Blumen nicht an letzter Stelle steht. Sie ist dadurch begründet, daß Bienen und Blumen ohne einander nicht auskommen können, weil sie so beschaffen sind, daß sie sich gegenseitig brauchen. Die Blüten liefern den Bienen den süßen Nektar, aus dem sie geschickt Honig herstellen, und auch den Blütenstaub zum »Bienenbrot«, das aus Eiweiß, Zucker, Fett, Mineralsalzen und Vitaminen besteht. Ohne Blütenstaub können die Bienen die heranwachsende Generation nicht aufziehen. Aber auch die Bienen, die einen beträchtlichen und äußerst nützlichen Tribut von den Blüten entgegennehmen, leisten einen unschätzbaren, lebenswichtigen Dienst. Die Bestäubungsbienen, die im Verlaufe eines Tages eine gewaltige Menge von Blüten besuchen, sammeln auf ihrem flaumigen Körper unfreiwillig ein Gemisch aus Blütenstaub, das sie dann bei der Kreuzungsbestäubung auf die Blütennarben übertragen, und sorgen so für eine für die Pflanze günstige selektive Bestäubung.

Der russische Agronom A. T. Bolotov wies schon im Jahre 1780 auf die große Bedeutung der Gemeinschaft von Bienen und blühenden Apfelbäumen hin; er meinte, daß die Blüten ohne die Bestäubungshilfe durch Insekten keine Früchte und Saaten hervorbringen können.

Charles Darwin stellte fest, daß die kreuzende Bestäubung sich sehr vorteilhaft auf die biologischen Eigenschaften der Pflanzen auswirkt: Sie erzielt größere und kräftigere Nachkommenschaft.

K. A. Timirjazev betonte auch, daß die Blüten »für die Biene arbeiten, indem sie ihre Nahrung bereiten«, daß aber die Biene unbewußt für die Fortpflanzung und Erhaltung der Pflanzenart sorgt. I. V. Mitshurin schrieb den Bienen große Wichtigkeit zu, weil sie durch die kreuzende Bestäubung den Fruchtertrag beträchtlich erhöhen.

Die Erfahrung in Gärten und Feldern zeigt, daß die Arbeitsbienen echte geflügelte Helferinnen des Züchters und Agronomen sind und zur größeren Ernte landwirtschaftlicher Kulturen beitragen.

Folgende Naturprodukte vergrößern ihren Ertrag durch Bienenbestäubung erheblich: Äpfel, Birnen, Süß- und Sauerkirschen, Pflaumen, Himbeeren, Stachelbeeren, schwarze Johannisbeeren, Pfirsiche, Aprikosen, Mandeln, Weintrauben, Dattelpflaumen, Mandarinen, Apfelsinen, Zitronen, Sonnenblumen, Baumwollsträucher, langfaseriger Flachs und eine Vielzahl anderer in der Industrie anwendbarer Oliven-, Kernfrucht-, aber auch Melonen-, Gemüse- und Futterkulturen.

Interessant ist auch, daß die Bienen im Winter ebenfalls erfolgreich »arbeiten«, weil der Mensch ihre gewaltige Bestäubungskraft auch unter Dach nutzen kann. Zum Beispiel sind die Bienen in der ersten Gemüsefabrik in Marfino (in der Nähe von Moskau) im Dampftreibhaus seit dem Jahre 1930 »etatmäßige« Bestäuber. Mit dieser Arbeit werden die Bienen nicht nur ausgezeichnet fertig, sondern sie tragen auch zu einer größeren und qualitativ besseren Gurkenernte bei, weil sie die Blüten weitaus schneller, umfassender und gründlicher bestäuben. So verbessern sich Quantität und Qualität der Ernte: Die Gurken sind größer, von schöner heller Farbe und regelmäßiger Form.

Die Bienen leisten ihre Bestäubungsarbeit auch unter für sie ungewöhnlichen Bedingungen: in hellen (gläsernen) Häusern mit feuchter Luft und zu einer Jahreszeit, in der ihre Schwestern sich zu einer Traube gesammelt haben, in der Wärme ausruhen und blind die Wintervorräte vertilgen, die der fürsorgliche Züchter ihnen überlassen hat. Man muß allerdings feststellen, daß sich die Bestäubungsbienen bei intensiver Winterarbeit im Treibhaus stark »abnutzen« und geschwächt werden. Der Verlust durch »Abnutzung« ist jedoch gering im Vergleich zu der ungeheuren, nützlichen Arbeit, die sie bei der Kreuzungsbestäubung durchführen. In unseren Tagen, da viele Kolchosen und Sowchosen eigene Treibhäuser besitzen, die die Versorgung der Bevölkerung mit frischem Gemüse auch im Winter sichern, kann der Einsatz der Bienen in diesem Bereich zweifellos positive Ergebnisse zeitigen.

Der Bienenhonig

Wie die ältesten erhaltenen Kulturdenkmäler beweisen, maßen schon in fernsten Zeiten alle Völker der Gesundheit der Menschen außerordentlich große Bedeutung bei. Zum Beispiel ist der vor mehr als 3500 Jahren geschriebene Ebers-Papyrus aus Ägypten: »Leitfaden der Medikamente für alle (menschlichen) Körperteile«, der Verhütung von Krankheiten und der Erhaltung der Gesundheit gewidmet. In diesem Papyrus sind dem Bienenhonig und seinen medizinisch-prophylaktischen Eigenschaften viele Zeilen eingeräumt. Auch in den von hohem Alter vergilbten Seiten chinesischer Manuskripte kann man Aussagen über die großen medizinisch-prophylaktischen Qualitäten des Bienenhonigs finden. In einem Buch mit dem Titel »Beschreibung der Pflanzen und Kräuter des Gottes der Fruchtbarkeit« wird der Honig folgendermaßen charakterisiert: »Der Honig... macht alle inneren Organe gesund, gibt Kraft, senkt Fieber..., seine ständige Verwendung stärkt die Energie, gibt dem Körper Leichtigkeit, bewahrt die Jugend, verlängert die Jahre des Lebens.«

Schon die alten Inder bedienten sich in großem Maßstab der Inhalierung von Medikamenten, Blutegel, Schröpfköpfe, der Aderlassung und des Honigs. In den berühmten Manu-Gesetzen wird von der Kunst gesprochen, das menschliche Leben mit Hilfe von Elixieren, Honig und Milch bis auf 500 Jahre und mehr zu verlängern. Die alten Inder glaubten, daß der Honig nicht nur viele heilsame und allgemein kräftigende Eigenschaften besitzt, sondern auch dazu fähig ist, dem Menschen Zufriedenheit zu schenken und sogar »seine Jugend zu bewahren«.

Auch im alten Persien gehörte der Honig zu den wertvollen Heilmitteln. Im Avesta-Kanon, einer Sammlung von Hymnen und religiösen Texten, die im Verlaufe vieler Jahrhunderte zusammengestellt wurde (9. Jahrhundert v.Chr. – 3. Jahrhundert n.Chr.), wurde die Verhütung von Erkrankungen als sehr wichtig angesehen. Dem Arzt wird vorgeschrieben: »Reiße das Leiden heraus, bevor es dich berührt.« Im Kanon werden meistens Mittel tierischer Herkunft empfohlen: Leber, Galle, Honig und Wachs. Die alten Perser waren schon in der Lage, die Menschen von Schlangenbissen zu heilen.

Der große Homer – der Schöpfer der unsterblichen »Ilias« und »Odyssee« – pries schon neun Jahrhunderte vor unserer Zeitrechnung die heilsamen Eigenschaften des Honigs. Auch der Vater der Mathematik, Pythagoras, zollte in seinen Werken über die Medizin der Heilkraft des Honigs Tribut.

Der Philosoph und Schöpfer der atomistischen Theorie, Demokrit, nutzte den Honig zu seiner Ernährung und glaubte, daß er außerordentliche medizinisch-prophylaktische und verjüngende Wirkung besitzt.

Der geniale antike Philosoph und Naturwissenschaftler Aristoteles, der den Beinamen »Sonne der antiken Bienenzucht« trägt, behauptete, daß der Honig das menschliche Leben verlängern kann und über besondere Eigenschaften verfügt, die sich äußerst vorteilhaft auf den menschlichen Organismus auswirken. Aristoteles untersuchte nicht nur die Biologie des Bienenvolkes, sondern arbeitete auch Methoden zur praktischen Bienenzucht aus, da im alten Griechenland und anderen Ländern jener Zeit Imkereiprodukte eine höchst wichtige Rolle spielten. Der Honig war damals das einzige süße Nahrungsmittel und ein seltenes Produkt, das den Göttern zum Opfer gebracht wurde. Man legte ihn zu den Toten ins Grab, weil man ihn für die beste und wertvollste Nahrung Verstorbener hielt.

Hippokrates, der hervorragende Gelehrte, Arzt, Denker und Reformator der antiken Medizin, wandte Bienenhonig erfolgreich bei vielen Krankheiten an und aß ihn selbst. Er sagte zu Recht, daß »Honig, mit anderen Speisen gegessen, nahrhaft ist und eine gute Gesichtsfarbe gibt«.

Der griechische Arzt Dioskorid, der als Vater der Pharmakognosie[1] bezeichnet wird, meinte, daß Honig zur Heilung verschiedener Darmkrankheiten, infizierter Wunden und Fisteln verwendet werden könne.

---

[1] *Pharmakognosie* (von griechisch pharmakon = Medizin und gnosis = Wissen) ist die Wissenschaft, die Heilstoffe (getrocknete Pflanzen und Tiere oder deren Teile) und Erzeugnisse pflanzlicher und tierischer Herkunft erforscht.

Der römische Arzt Claudius Galenus war ebenfalls davon überzeugt, daß der Honig ein Heilmittel mit vielfältigen heilsamen Eigenschaften ist. Er empfahl, verschiedene Vergiftungen und besonders die Noma, den häufig bei Kindern beobachteten Wasserkrebs, mit Honig zu kurieren.

Plinius der Ältere schrieb, daß Honig in Verbindung mit Fischfett Heilkraft besitzt, besonders beim Kurieren von Wunden, Fisteln und Geschwüren.

Alexander von Tralleis benutzte Honig als Abführmittel und außerdem bei Erkrankungen der Atemorgane, der Leber und der Nieren.

Die arabische Medizin entwickelte sich unter dem Einfluß der altgriechischen Heilkunde und besonders unter dem der zeitgenössischen fortgeschrittenen Medizin Zentralasiens, Transkaukasiens und des Iran. Der »Scheich der Wissenschaft« Ibn Sina, in Europa unter dem Namen Avicenna bekannt, verwandte Honig und Wachs mit großem Erfolg in seiner therapeutischen Praxis. In seinem »Kanon der ärztlichen Wissenschaft« finden wir Dutzende von Rezepten, zu deren Bestandteilen Honig und Wachs gehören. Zum Beispiel half das »Gottesgabe« genannte Rezept, das in der Schatzkammer des Kaisers Iakulun gefunden wurde und zu dem Honig gehört, »die Gesundheit zu bewahren, wenn man diese Medizin im Frühling und Winter drei Monate lang trinkt«.

In den dreißiger Jahren des 12. Jahrhunderts wurde auf Griechisch das Traktat »Alimma« (»Salben«) geschrieben. In dem Kapitel »Ernährungshygiene« wird der Bienenhonig ausführlich behandelt. Die Autorin dieses originellen Buches war die erste russische Heilerin Eupraxiya-Zoya, die Tochter des Großfürsten Mstislav Vladimirovitsh und die Enkelin von Vladimir Monomach, die vom Volk Wohltäterin genannt wurde. Der gelehrte Historiograph Ch.M. Loparev, der dieses medizinische Traktat als erster in der Bibliothek von Lorenzo Medici in Florenz entdeckte, schrieb: »Während die zeitgenössische westliche Kultur noch tief im Nebel der Unwissenheit steckte, dachte eine russische Frau in den Palästen des kaiserlichen Byzanz schon ernsthaft über die menschliche Gesundheit nach, schrieb eine Anleitung zur Hygiene und überlieferte der Nachwelt ihre Beobachtungen...«

In altertümlichen russischen Heilkundehandschriften werden Dutzende von Rezepten angefügt, die Honig miteinbeziehen. Er wird so definiert: »Honig ist der Saft vom Himmelstau, den die Bienen zur guten Zeit von wohlriechenden Blüten sammeln, der viele Kräfte in sich birgt und als Heilmittel für viele Krankheiten taugt...«

Die Erfahrung des Volkes und die in den letzten Jahrzehnten durchgeführten wissenschaftlichen Untersuchungen bestätigen die Meinung der alten Ärzte, daß der Honig alle Voraussetzungen hat, um als wertvolles Medikament mit vielseitigen therapeutischen Eigenschaften angesehen zu werden. In den Jahren des Großen Vaterländischen Krieges wurde Honig erfolgreich zur Heilung Verwundeter und Kranker benutzt. Man kann kühn behaupten, daß die jahrtausendealte Geschichte des Honigs eine so umfangreiche therapeutische Anwendung wie in den Hospitälern und Kliniken der UdSSR zur Zeit des Großen Vaterländischen Krieges nie gekannt hat. Der Honig hat die Prüfung als Medikament bei der Heilung infizierter Wunden, von Erkrankungen des Magen-Darm-Traktes, des Herzens, der Lungen und anderer Leiden bestanden.

In der Nachkriegszeit, vor allem in den letzten Jahren, wurde Honig bei vielen Erkrankungen herangezogen; außerordentlich beliebt ist er bei der Heilung von Geschwüren (Geschwüre des Magens und des Zwölffingerdarmes), von Kinderkrankheiten und anderen.

Der Honig hat spezielle Vorteile vor anderen heutzutage bekannten Mitteln. Er schmeckt gut, kann ohne ärztliches Rezept erworben (aber natürlich auf den Rat des Arztes hin) und zu Hause eingenommen werden; er ist gleichzeitig eine wertvolle Medizin und ein ausgezeichnetes Nahrungsmittel.

Der Bienenhonig ist eine wunderbare Gabe der Natur, die Kinder und Erwachsene wegen ihres feinen Aromas, des angenehmen Geschmacks, der großen Nahrhaftigkeit und medizinisch-prophylaktischen Wirkung schätzen.

Die neuesten wissenschaftlichen Forschungen haben gezeigt, daß die alten Ärzte und Philosophen den Bienenhonig nicht ohne Grund so hoch einstuften und ihn für die »Diät der Langlebigkeit« hielten. Jetzt kann auf der Grundlage von Laboruntersuchungen, experimentellen Daten und klinischen Untersuchungen als erwiesen gelten, daß ein Arzt, der einem Kranken Honig verschreibt, ihm damit gleichzeitig ein Rezept für mehr als 100 verschiedene und für den Organismus außerordentlich wichtige Komponenten gibt: Glukose, Lävulose, Fermente, organische Säuren, Mineralstoffe, Mikroelemente, Vitamine, Hormone, antibiotische und andere sehr wertvolle heilsame Substanzen.

Man kann sich nur darüber wundern, daß so kleine Insekten in der Lage sind, ein so wertvolles, nützliches und schmackhaftes Produkt herzustellen. Und wie sehr müssen sie sich mühen, damit die Menschen den Honig als Heil- und Nahrungsmittel verwenden können!

Wie die Bienen den Honig herstellen

An warmen, sonnigen Tagen kreisen die Bienen über den Blumen, von denen sie die Tröpfchen süßen Nektars sammeln. Um 100 Gramm Honig zu schaffen, muß eine Biene etwa eine Million nektarspendender Blüten besuchen. Mit ihrem Rüssel sammelt sie so lange Nektar, bis ihre Honigblase vollkommen gefüllt ist, und fliegt dann in ihren Stock zurück. Die Biene fliegt mit einer durchschnittlichen Geschwindigkeit von 26 bis 30 Kilometern pro Stunde. Sogar mit einer Last, die drei Viertel ihres Körpergewichtes beträgt, kommt die Biene auf eine derartige Geschwindigkeit. Als Maximalwerte wurden in Ausnahmefällen Fluggeschwindigkeiten von 14 Metern pro Sekunde gemessen. Nicht zufällig spricht das Volk davon, daß die Biene wie ein Pfeil fliegt.

Für ein Kilogramm Honig muß die Biene ungefähr 150 000 Ladungen Nektar zurückbringen. Wenn die Blumen, von denen sie die Tracht erhält, 1,5 Kilometer vom Stock entfernt sind, durchfliegt die Biene mit jeder Ladung hin und zurück 3 Kilometer, für ein Kilogramm Honig muß also ein Weg von etwa 450 000 Kilometern zurückgelegt werden. Diese Entfernung ist 11mal größer als die Länge des Äquators.

In den Stock gelangt die Biene durch das Flugloch, das von einer Wache geschützt wird, die keine anderen Bienen oder andere honigliebende Insekten einläßt. Der Trachtbiene kommen die Empfängerbienen entgegen. Sie befreien die Sammlerin vom Nektar und bewahren ihn für einige Zeit in ihrer Honigblase auf, wo er einer komplizierten Weiterverarbeitung unterzogen wird, die schon in der Blase der Sammlerbiene begonnen hat.

Ab und zu öffnet die Empfängerbiene die Oberkiefer und streckt den Rüssel etwas nach vorne und nach unten. Auf seiner Oberfläche erscheint dann ein Nektartropfen. Danach schluckt sie diesen Tropfen wieder in die Honigblase, der Rüssel faltet sich und zieht sich zurück. Diese Prozedur wiederholt sich 120- bis 240mal. Erst dann sucht die Empfängerbiene eine freie Wachszelle und legt den Nektartropfen dort ab. Dabei handelt es sich noch nicht um Honig. Die schwierige Umarbeitung des Nektars zu Honig wird von anderen Bienen fortgesetzt.

Wenn die Empfängerbienen allzu beschäftigt sind, hängen die Sammlerbienen den Tropfen an die obere Wand einer Wachszelle. Das ist eine sehr interessante Methode von praktischer Wichtigkeit, weil die hängenden Tropfen eine höhere Verdunstungsoberfläche haben und die Nektarflüssigkeit schneller verdampft. Der Nektar enthält 40−80 Prozent Wasser, der Honig dagegen nur 18−20 Prozent. Um drei Viertel dieser Flüssigkeitsmenge zu entfernen, tragen die Bienen jeden Tropfen viele Male von einer Wachszelle in die andere, bevor sich der noch nicht reife Honig (das Halbfabrikat) verdickt.

Viele Bienen kümmern sich sorgsam um einen einzigen Honigtropfen. Durch das Schwingen der Flügel (jede Biene macht

15 000 Schwingungen in der Minute = 250 Hertz) schaffen sie eine zusätzliche Luftzirkulation im Stock, die den Verdunstungsprozeß beschleunigt. In der Honigblase der Arbeitsbiene vollzieht sich die Verdickung des Nektars. Das Volumen des Nektartropfens verringert sich, weil ihm das Wasser durch die Zellen der Honigblase entzogen wird. Im Organismus der Biene wird der Nektar durch Fermente, organische Säuren, antibakterielle Stoffe usw. bereichert.

Die Wachszellen, die bis oben mit Honig gefüllt sind, werden von den Bienen mit Wachsdeckeln versiegelt. In dieser Form ist der Honig viele Jahre lang haltbar. Während eines Sommers sammelt ein einziges Bienenvolk bis zu 150 Kilogramm und mehr Honig.

Die Aufzählung der Eigenschaften des Honigs reicht aus, um seinen Wert zu verstehen.

Der Blütenhonig ist entweder einblütig, d. h. aus dem Nektar einer einzigen Trachtpflanzenart hergestellt (Buchweizen, Linde, weißer Akazie, Weidenröschen, Sonnenblume, Onobrychis, Phacelia u. a.), oder mehrblütig, d. h. hergestellt aus dem Nektar verschiedener Honigträger. Ganz und gar einblütige Honigsorten gibt es nur selten. Es genügt jedoch für die Bestimmung einer Honigsorte, wenn in ihr der Nektar irgendeiner Pflanze überwiegt, zum Beispiel der Lindennektar im Lindenhonig. Kleine Beimischungen des Nektars anderer Trachtpflanzen haben wenig Einfluß auf das spezifische Aroma, die Farbe und den Geschmack einer gegebenen Honigsorte. Zu den mehrblütigen Sorten gehören Wiesen-, Steppen-, Wald-, Frucht-, Berg-Taiga-Honig u. a.

Daneben unterscheidet man in verschiedenen Gebieten gesammelte Honigarten, zum Beispiel den fernöstlichen oder den baschkirischen Lindenhonig.

Nach der Gewinnungs- und Verarbeitungsmethode trennt man den Wabenhonig und den Schleuderhonig. Die mit Honig gefüllten und mit Wachsdeckeln versiegelten Zellen ergeben den Wabenhonig. Er gelangt in der natürlichen Verpackung zum Verbraucher, in ideal reiner Form, in vollkommen reifem und sterilem Zustand. Den Schleuderhonig erhält man aus den Waben durch Extrahieren mit einer Honigschleuder. Er kommt verpackt in Gläsern oder abgewogen aus Fässern zum Verbraucher.

Einige Honigsorten kann man nach Farbe, Aroma und Geschmack bestimmen. Manche Sorten unterscheiden sich voneinander nicht nur durch ihre Färbung, sondern auch durch eine Vielzahl von Nuancen. Der Honig der weißen Akazie ist zum Beispiel vollkommen farblos, d. h. hell und durchsichtig wie Wasser. Wenn man auf Waben blickt, die mit diesem Honig gefüllt sind, wirken sie leer, und ein Glas davon sieht durchscheinend aus.

Gemeinhin wird heller Honig als erstklassig eingestuft. Daneben besteht die Meinung, daß dunkler Honig mehr Mineralsalze, vor allem Eisen, Kupfer und Mangan, enthält, weshalb er für den Organismus wertvoller sein soll.

Der Honig wird auch nach seiner Aromastärke klassifiziert. Einige Sorten haben ein ausgesprochen sanftes, angenehmes Aroma. N.V. Gogol' beschreibt es so mit den Worten des Bienenzüchters Rudyj Pan'ko: »...Stellt euch vor, ein Duft erfüllt das Zimmer, wenn die Wabe hereingetragen wird. Es ist unmöglich, sich auszumalen, was für ein Duft: klar wie eine Träne oder teures Kristall, wie Ohrringe es haben.« (»Abende auf einem Gehöft in der Nähe von Dikan'ka«.)

Die meisten Naturhonigsorten haben einen sehr feinen Geschmack, darüber finden sich in der Literatur und besonders in der Folklore Beweise. So sagt der große Homer von einer Rede Nestors: »Die Worte fließen von der Zunge wie die Süße des Honigs.« William Shakespeare verglich die reizvollen Klänge der Musik mit der Süße des Honigs. Der Arzt, Schriftsteller und Lexikograph V.I. Dal' führt im »Sinnwörterbuch der großrussischen Sprache« folgende Sprichwörter an: »Mit Honig läßt sich auch ein Meißel hinunterschlucken«, »Mit Honig kann man auch alte Schuhe essen«, »Der Bauer hat mit Honig sogar einen Bastschuh gegessen«.

Die Vielfalt der Honigsorten

Ich gebe im folgenden eine kurze Charakteristik der am weitesten verbreiteten, heute bekannten Honigsorten. Die Angaben über Trachtwerte und Honigerträge der einzelnen Pflanzen stellen hypothetische Maximalwerte dar (Abhängigkeit von Boden und Klima).

Ahornhonig gehört zu den hellen Sorten und hat ausgezeichnete geschmackliche Eigenschaften. Die Bienen sammeln ihn eifrig von den schönen gelblichgrünen Blüten des schmuckvollen Strauches oder des scharfblättrigen Ahorns, der in fast allen Wäldern der Sowjetunion anzutreffen ist. Von einem Hektar blühenden Ahorns bringen sie 200 Kilogramm Honig ein, vom Feldahorn noch beträchtlich mehr.

Akazienhonig (von der weißen Akazie) ist eine der besten Sorten. In flüssiger Form ist er durchsichtig, bei der Kristallisierung (Kandierung) wird er weiß und feinkörnig und erinnert an Schnee. Akazienhonig enthält 35,98 Prozent Glukose und 40,35 Prozent Lävulose (Fruktose) – das ist der süßeste in der Natur vorkommende Zucker (Lävulose ist 1,7mal süßer als Saccharose, die aus Zuckerrübe und Zuckerrohr gewonnen wird, und 2- bis 2,5mal süßer als Glukose). Aus dem Nektar, den ein Hektar der duftenden weißen Akazienblüten einbringt, stellen die Bienen 1700 Kilogramm Honig her.

Die Bienen bereiten aus den Blüten der gelben Akazie Honig. Er ist sehr hell, ähnelt nach der Kristallisierung weißem Speck und ist von mittlerer Körnigkeit. Der Honig der gelben Akazie gehört zu den besten Sorten. Von einem Hektar blühender Akazien sammeln die Bienen 350 Kilogramm erstklassigen Honigs.

Apfelhonig ist von hellgelber Farbe und besitzt ein sehr angenehmes Aroma. Er enthält 31,67 Prozent Glukose und 42 Prozent Lävulose. Die Bienen stellen ihn aus dem Nektar der Apfelblüten her, Apfelbäume nehmen in der Sowjetunion fast 70 Prozent der gesamten Gartenfläche ein. Ein Hektar liefert 20 Kilogramm Honig.

Asclepiashonig produzieren die Bienen aus dem duftenden Nektar der äußerst wertvollen Trachtpflanze Asclepias. Man hat ausgerechnet, daß ein Hektar im Durchschnitt 600 Kilogramm Honig bringt. Asclepiashonig ist hell mit gelbem Unterton, besitzt ein zartes Aroma und schmeckt ausgezeichnet. Bei heißem, trockenem Wetter verdickt er sich in den Waben so, daß er sogar bei Anwärmung nur mit Mühe herausgepumpt werden kann.

Baumwollhonig ist hell und wird erst nach der Kristallisierung weiß. Er hat ein eigenartiges Aroma und einen zarten Geschmack. Er kristallisiert gewöhnlich schnell und wird dann fast weiß und feinkörnig. Baumwollhonig enthält 36,19 Prozent Glukose und 39,42 Prozent Lävulose. Der Honig, den die Bienen von den Blättern (von Nektarbehältern außerhalb der Blüten) sammeln, unterscheidet sich im Geschmack nicht im geringsten von dem, den die großen Blüten des Baumwollstrauches liefern. Aus einem Hektar blühender Baumwolle stellen die Bienen 100 bis 300 Kilogramm Honig her. Durch Kreuzungsbestäubung erhöhen die Bienen die Ertragfähigkeit der Baumwolle um 40 bis 56 Prozent.

Berberitzenhonig ist von goldgelber Farbe, aromatisch und weich im Geschmack. Ihn gewinnen die Bienen aus dem Blütennektar des Beerenstrauches der gewöhnlichen Berberitze (Strauchhöhe 3 Meter), die in westlichen, mittleren und südlichen Teilen der Sowjetunion vorkommt und weithin als wertvolles blutstillendes Mittel kultiviert wird. Am Ende des letzten Jahrhunderts interessierte sich I. V. Mitshurin für die Berberitze und entwickelte ihre samenlose Frucht.

Borretschhonig geht aus dem Nektar der großen schönen blauen Blüten des Borretsch hervor, eines Gurkengewächses, das bei uns als wertvolle Honig- und Heilpflanze gezüchtet wird. Der Honig ist durchsichtig, hell und hat einen angenehmen Geschmack. Ein Hektar von blühendem Borretsch bringt 200 Kilogramm guten Honigs.

Brombeerhonig machen die Bienen aus dem Nektar der

schönen, in der UdSSR weitverbreiteten Brombeersträucher. Er ist durchsichtig wie Wasser und besitzt sehr gute geschmackliche Eigenschaften. Ein Hektar liefert den Bienen 20 Kilogramm Honig.

Buchweizenhonig ist im allgemeinen dunkelgelb mit rötlichem Unterton oder dunkelbraun. Er besitzt ein eigenartiges Aroma und einen spezifischen Geschmack. Bei der Kristallisierung verwandelt er sich in eine breiartige Masse. Einige Abschmecker (Verkoster) bemerken, daß der Buchweizenhonig »die Kehle kitzelt«. Er enthält 36,75 Prozent Glukose und 40,29 Prozent Lävulose sowie beträchtlich mehr Eiweiß und Eisen als die übrigen Honigsorten. Deshalb empfiehlt sich dieser Honig bei der Behandlung von Blutarmut. Er wird aus dem Nektar des blühenden Buchweizens hergestellt, von dem allein in der Ukrainischen SSR alljährlich Hunderttausende von Hektar geät werden. Von einem Hektar sammeln die Bienen 60 Kilogramm Honig.

Cirsiumhonig gehört zu den ersten Sorten. Er ist farblos, grünlich, goldfarben (wie heller Bernstein) und besitzt ein angenehmes Aroma und guten Geschmack. Bei der Kristallisierung wird er feinkörnig. Die Bienen sammeln ihn von den schönen himbeerfarbenen Blüten des Cirsiums, eines Unkrauts mit stachligen Stengeln und Blättern von grauer Farbe, oder von der hängenden Distel.

Distelhonig ist von weißer Farbe, aromatisch und schmackhaft. Diesen erstklassigen Honig machen die Bienen aus dem Nektar, den sie auf den vielen goldgelben Blüten des Distelunkrauts gesammelt haben.

Drachenwurzhonig geht aus den blau-violetten Blüten der einjährigen ätherisch-öligen Pflanze hervor, die im Kaukasus, Altai, in der Ukrainischen SSR usw. wild wächst. Dieser Honig ist hell, durchsichtig, mit gutem Aroma und angenehmem Geschmack. Die Drachenwurz ist eine sehr wertvolle Trachtpflanze, weil in ihr eine große Menge hochzuckerhaltigen Nektars mit Zitronengeschmack ist. Ein Hektar liefert 290 Kilogramm Honig.

Ebereschenhonig hat rötliche Farbe, ein starkes Aroma und gute Geschmackseigenschaften. Die Eberesche ist in unserem Land weit verbreitet. Aus einem Hektar blühender Eberesche stellen die Bienen 40 Kilogramm Honig her.

Echiumhonig gehört zu den besten Sorten, hat die Farbe hellen Bernsteins, ein angenehmes Aroma und sehr guten Geschmack. Dieser Honig ist von dichter Konsistenz und kristallisiert langsam. Die Bienen sammeln ihn von den blaßroten und hellblauen Blüten des Echiums, das im Süden der Sowjetunion weit verbreitet ist. Das blühende Echium ist eine sehr wertvolle Trachtpflanze, die pro Hektar 300 bis 400 Kilogramm Honig einbringt.

Eibischhonig ist in frisch geschleuderter Form gelblichtrübe und schmeckt sehr unangenehm. Ein Hektar liefert 40 Kilogramm Honig.

Engelwurzhonig erhalten die Bienen aus den Blüten der Heilengelwurz, die in der Sowjetunion häufig anzutreffen ist. Dieser Honig hat angenehme Aroma- und Geschmackseigenschaften.

Erbsenhonig erhalten die Bienen von den Blüten der feinblättrigen Erbse, die in den Steppengebieten Sibiriens gedeiht. Der Honig ist durchsichtig und von feinem Aroma und Geschmack. In Sibirien bringen die Bienenvölker von der Erbse 5 Kilogramm Honig pro Tag in den Stock ein.

Eukalyptushonig schmeckt unangenehm, wird aber hoch geschätzt, weil er in der Volksmedizin für die Heilung von Lungentuberkulose verwendet wird. Die Angaben in der Literatur über die Heilsamkeit des Eukalyptushonigs bei Tuberkulose sind widersprüchlich: Die einen preisen ihn, die anderen halten seinen Ruf für übertrieben.

Die Bienen stellen diesen Honig aus dem Nektar des großen, vielblättrigen, staubgefäßreichen Eukalyptus her, eines immergrünen Baumes, der hauptsächlich in subtropischen Gebieten kultiviert wird.

Wenn man berücksichtigt, daß das Eukalyptusöl und andere Heilsubstanzen nicht in den Blüten der Eukalyptusbäume, sondern nur in den Blättern enthalten sind, läßt sich mit Recht annehmen, daß die Ansicht von der hohen medizinischen Bedeutung des Eukalyptushonigs unbegründet ist.

Fetthennenhonig gewinnen die Bienen aus den Blüten der ätzenden Fetthenne. Aus Blüten ergibt sich ein hoher Ertrag an Nektar und Bienenbrot. Die Bienen besuchen die Fetthenne von morgens bis abends. Der Honig ist goldgelb und sehr süß.

Giftiger oder »trunkener« Honig war schon im tiefsten Altertum bekannt. Der griechische Heerführer und Schriftsteller Xenophon beschreibt in der historischen Erzählung »Anabasis« (Rückzug von 10 000 Griechen aus Kleinasien) ausführlich, wie Krieger, die Honig gegessen hatten, erkrankten: »Eigentlich gab nichts zum Erstaunen Anlaß, doch viele Bienenstöcke standen dort, und all die Soldaten, die sich an den Waben sattgegessen hatten, verloren das Bewußtsein. Sie erbrachen sich und bekamen Durchfall, so daß keiner von ihnen mehr gerade stehen konnte. Wer wenig gegessen hatte, glich einem stark Angetrunkenen, wer mehr gegessen hatte, schien verrückt; einige starben sogar. Es gab viele Kranke, fast wie nach einer Niederlage, so daß sich große Schwermut ausbreitete. Doch am nächsten Tag starb niemand mehr, und zur gleichen Zeit (zu der die Kranken den Honig gegessen hatten) kamen sie wieder zu sich. Am dritten und vierten Tag standen sie auf, als hätten sie eine Medizin bekommen.«

Die Bienenzüchter einzelner Gebiete von Batumi, das nicht weit von dem Ort der von Xenophon beschriebenen Vergiftung entfernt ist, können oft nur das Wachs nutzen, weil der Genuß des Honigs Schwindel, Trunkenheit und Übelkeit hervorruft.

Auch in den gebirgigen Landschaften Mittel- und Nordjapans ruft der Verzehr von Honig bei Menschen eine Krankheit hervor, die mit der Wirkung des giftigen Nektars verbunden ist. Die Bienen sammeln ihn von der Pflanze Chotsutsaji aus der Familie der Heidekräuter. Es ist erwiesen, daß der Honig von den Blüten der Azalee, des Aconitums, der Andromeda giftige Substanzen enthält.

A.M. Gorkij schrieb in der Erzählung »Die Geburt des Menschen«: »...in den Löchern alter Buchen und Linden kann man den ›trunkenen‹ Honig finden, der im Altertum fast die Soldaten von Pompejus dem Großen durch seine berauschende Süße umbrachte und eine ganze Legion eiserner Römer umwarf. Die Bienen machen ihn aus den Blüten des Lorbeers und der Azaleen.«

Im Fernen Osten stellen die Bienen giftigen Honig her, indem sie Nektar von den Blüten des kelchblättrigen Heidekrauts, eines Sumpfstrauches, sammeln. Dieser Strauch nimmt Tausende von Hektar ein und bildet gewaltige Dickichte: Er blüht 20 bis 30 Tage lang und liefert einer Bienenfamilie bis zu 3 Kilogramm Honig am Tag. Der Honig des Sumpfheidekrauts ist gelblich, etwas bitter und kristallisiert (kandiert) schnell. Der Genuß dieses Honigs ruft beim Menschen eine Vergiftung hervor, die sich in kaltem Schweiß, Frösteln, Übelkeit, Brechreiz und Kopfschmerzen äußert.

Beobachtungen haben gezeigt, daß der Verzehr von 100 bis 120 Gramm dieses Honigs beim Menschen zum Bewußtseinsverlust und zu Fieberphantasien führt. Die Bienen sind dagegen immun.

»Trunkenen« Honig sammeln die Bienen im Bezirk von Chabarovsk von den Blüten des Ledum, eines kleinen Strauches, der in Sumpf- und Torfgebieten gedeiht. Die weißen, zu einem kleinen Schild vereinten Blüten duften betäubend und locken die Bienen an. Aus dem gewonnenen Nektar entsteht giftiger Honig. I. Molotshnyj schlug vor, den »trunkenen« Honig durch dreistündige Erwärmung auf eine Temperatur von 80 bis 90 Grad Celsius unschädlich zu machen. Dabei wird der Honig umgerührt, so daß er nicht zum Kochen kommt. Die dauernde Erhitzung zerstört die giftigen Stoffe, der Honig wird genießbar, verliert aber seine hervorragenden Geschmackseigenschaften. In diesem Zusammenhang arbeitete K. Sh. Sharashidze 1951 ein Verfahren aus, mit dessen Hilfe »trunkener« Honig bei einer Erwärmung bis zu 40 Grad Celsius und einem Druck von 67 Millimeter unschädlich gemacht werden kann. Dieses Verfahren zerstört keine seiner Eigenschaften.

Man könnte noch viele Beispiele anführen, die überzeugend beweisen, daß die Bienen zusammen mit dem Nektar giftiger Pflanzen Giftstoffe in den Honig einbringen. Die Bienen selbst ernähren sich ganzjährig von diesem giftigen Honig, ohne den geringsten Schaden davonzutragen. Diese jahrhundertealten Beobachtungen werden durch Tierexperimente bestätigt. Man hat festgestellt, daß giftiger Honig, der sich vom normalen in nichts unterscheidet, eine Substanz enthält, die Krankheiten hervorruft. Die dabei entstehenden Symptome fallen zusammen mit denen, die Xenophon vor mehr als 2000 Jahren beschrieben hat. Der giftige Honig heißt deshalb auch »trunkener«, weil ein Mensch, der ihn gegessen hat, an Schwindel, Übelkeit und Krämpfen leidet. Er erinnert an einen Betrunkenen.

Später führte K. Sh. Sharashidze (1954) eine Serie biologischer Versuche durch, die belegten, daß die Giftigkeit des »trunkenen« Honigs vom Nektar der Azaleen und Rhododendronblüten bestimmt wird.

Gurkenhonig gewinnen die Bienen aus dem Nektar der goldgelben Blüten. Sie ziehen den Gurkenhonig sogar dem Buchweizennektar vor. Dieser Honig hat ausgezeichnete Eigenschaften.

Halimodendronhonig ist hell mit gelblicher Tönung und kristallisiert recht schnell. Die Bienen stellen ihn aus dem Nektar der großen blaßroten Blüten des stachligen Busches her, der in der Kasachischen SSR gedeiht. Ein Hektar blühenden Halimodendrons liefert den Bienen mehr als 190 Kilogramm Honig.

Heidekrauthonig gewinnen die Bienen aus dem Nektar der

kleinen blaßroten Blüten des gewöhnlichen Heidekrauts, eines immergrünen verzweigten Strauches. Der Honig ist dunkel, dunkelgelb oder rotbraun, hat ein schwaches Aroma und einen angenehmen oder herben, leicht bitteren Geschmack. Dieser Honig ist sehr dickflüssig und kristallisiert langsam. Ein Hektar ergibt 200 Kilogramm Honig.

Heidelbeerhonig ist rötlich, hat ein außerordentliches Aroma und einen angenehmen Geschmack. Die Bienen stellen ihn aus dem Nektar der allgemein bekannten halbstrauchartigen Heidelbeere her. Die blühende Heidelbeere ist ein guter Honigträger, von dem die Bienenfamilien 2,5 Kilogramm Honig pro Tag sammeln.

Himbeerhonig hat helle Farbe, ein sehr angenehmes Aroma und einen hervorragenden Geschmack. Himbeerwabenhonig ist sehr zart und zergeht buchstäblich auf der Zunge. Die Bienen gewinnen ihn aus dem Nektar der Wald- und Gartenhimbeere. Himbeeren sind häufig in den Wäldern Sibiriens, am Ural, im Kreis von Kirov und Gor'kij und vielen anderen Gebieten zu finden. Auch werden sie in unserem Land in großem Umfang gezüchtet und nehmen einen Ehrenplatz unter den Beerenpflanzen ein. Wenn die Himbeere blüht, fliegen die Bienen an anderen Honigträgern vorbei, ohne ihnen Aufmerksamkeit zu schenken. Da die Himbeerblüte nach unten geneigt ist, befindet sich die Biene, die den Nektar entnimmt, gewissermaßen unter einem natürlichen Schutzdach oder Schirm und kann, während es regnet, sammeln. Ein Hektar blühender Waldhimbeeren liefert 70 Kilogramm, ein Hektar Gartenhimbeeren 50 Kilogramm Honig. Himbeerhonig enthält 33,57 Prozent Glukose und 41,34 Prozent Lävulose.

Howeniahonig erinnert an den Lindenhonig und unterscheidet sich von ihm nur durch seine dunklere Färbung. Er hat ein starkes Aroma und gute geschmackliche Eigenschaften. Die Bienen erhalten ihn von den Blüten des Howeniabaumes, der in den subtropischen Gebieten der Sowjetunion gedeiht und den man auch gerne zum Dekorieren verwendet.

Hyssopushonig gehört zu den besten Sorten. Die Bienen

produzieren ihn aus dem Nektar der dunkelblauen Blüten des Hyssopus, eines medizinischen halbstrauchartigen Honigträgers, der in der Ukrainischen SSR, in Zentralasien, im Kaukasus, im Altai usw. wild wächst. Der Hyssopus wird zum Gewinn ätherischen Öles und als wichtiger Honigträger auf den Bienenständen angepflanzt.

Kastanienhonig ist von dunkler Farbe, hat ein schwaches Aroma und einen unangenehmen Geschmack. Die Bienen machen den Honig aus dem Nektar der Kastanienblüten. Dieser Baum wächst in unserem Land hauptsächlich auf der Krim und im Transkaukasus.

Die Bienen gewinnen den Honig auch aus den glockenförmigen blaßroten Blüten der Roßkastanie, eines Zierbaumes. Im Unterschied zu dem ersten ist dieser Honig durchsichtig (farblos), flüssig, doch er kristallisiert leicht und schnell und schmeckt manchmal bitter. Kastanienhonig zählt zu den Sorten niedrigerer Qualität.

Kleehonig ist farblos, durchsichtig, hat hohe Geschmackseigenschaften und wird zu den besten hellen Sorten gerechnet. Bei der Kristallisierung verwandelt er sich in eine harte weiße Masse. Er enthält 34,96 Prozent Glukose und 40,24 Prozent Lävulose. Ein Hektar blühenden weißen oder kriechenden Klees liefert den Bienen 100 Kilogramm Honig.

Klettenhonig hat einen scharfen, würzigen Geruch, ist von dunklem Olivengrün und sehr dickflüssig. Diesen Honig erhalten die Bienen aus den kleinen, dunkelroten Blüten der behaarten Klette. Ein Hektar blühender Kletten bringt im Durchschnitt 600 Kilogramm hellgelben würzigen, schmackhaften Honigs ein.

Korianderhonig sammeln die Bienen gern von den weißen oder blaßroten Blüten der wertvolle ätherische Öle enthaltenden Pflanze, die wild in Zentralasien und im Transkaukasus wächst. Aus einem Hektar blühenden Korianders gewinnen die Bienen 500 Kilogramm Honig, der ein scharfes Aroma und einen spezifischen Beigeschmack hat.

Kornblumenhonig ist von grünlichgelber Farbe, hat ein angenehmes, an Mandelgeruch erinnerndes Aroma und einen eigenartigen, leicht bitteren Beigeschmack. Die blaue oder Feldkornblume ist eine ausgezeichnete Trachtpflanze.

Kürbishonig hat goldgelbe Farbe, ist angenehm im Geschmack und kristallisiert recht schnell. Die Bienen produzieren ihn aus dem Nektar der großen goldenen Kürbisblüten. Aus einem Hektar stellen sie 30 Kilogramm guten Honigs her.

Lavendelhonig ist eine erstklassige Sorte. Diesen goldfarbenen Honig, der ein zartes Aroma besitzt, gewinnen die Bienen aus den hellblauen oder blauvioletten Blüten der mehrjährigen, an ätherischen Ölen reichen Lavendelpflanze. Sie wird am Südufer der Krim, am Kuban, im Kaukasus und in Südfrankreich angebaut.

Leonurushonig hat die Farbe hellen Goldes (sie erinnert an Stroh), ein leichtes Aroma und einen spezifischen, guten Geschmack. Die Bienen sammeln ihn von den blaßvioletten Blüten des Leonurus oder Herzpflanze, der überall in Wüsten, Abladeplätzen, Abfallhalden usw. gedeiht. Auf jeder Pflanze sind mehr als 2500 Blüten zu zählen, die dichte Trauben bilden und viel hochzuckerhaltigen Nektar absondern. Der Leonurus ist eine wichtige Trachtpflanze, die die Bienen gern bei jedem Wetter aufsuchen.

Lindenhonig gehört zu den besten Sorten. Er wird wegen seines außerordentlich angenehmen Geschmacks hoch geschätzt. Frisch geschleudert ist er sehr wohlriechend, gewöhnlich durchsichtig, von schwach gelber oder grünlicher Farbe; er enthält 36,19 Prozent Glukose und 39,27 Prozent Lävulose. Der Ufimer (baschkirische) Lindenhonig ist farblos und wird bei der Kristallisierung zu einer weißen, grobkörnigen Masse mit goldenem Unterton. Der Amur- (fernöstliche) Lindenhonig ist von trüber gelber Farbe. Alle Lindenhonige haben ein vorzügliches spezifisches Aroma und einen ausgezeichneten Geschmack. Der Ufimer Lindenhonig steht jedoch dem fernöstlichen nach, da er geschmacklich leichte Bitterkeit hervorruft, die aber schnell verschwindet. Die Bienen erhalten den Nektar aus den grünlichgelben Blüten der Linde, die das Volk wegen ihrer Qualitäten als Kaiserin der Trachtpflanzen bezeichnet. Ein Hektar liefert 1000 Kilogramm und mehr Honig.

Löwenzahnhonig ist goldgelb, sehr dickflüssig, klebrig, kristallisiert schnell, hat einen starken Geruch und einen scharfen Geschmack. Ihn erhalten die Bienen aus dem Nektar des weithin bekannten und verbreiteten Unkrautes. Löwenzahnhonig enthält 35,64 Prozent Glukose und 41,5 Prozent Fruktose.

Luzernenhonig gewinnen die Bienen aus den lila oder violetten Blüten der Saatluzerne. Der frisch geschleuderte Honig hat verschiedene Färbungen – von farblos bis bernsteinfarben; er kristallisiert schnell, nimmt weiße Farbe an und erinnert der Konsistenz nach an dicke Schlagsahne. Dieser Honig hat ein angenehmes Aroma und einen spezifischen Beigeschmack. Er enthält 36,85 Prozent Glukose und 40,24 Prozent Lävulose. Ein Hektar künstlich bewässerter blühender Luzerne erbringt 380 Kilogramm Honig.

Marrubiumhonig gehört zu den hellen Sorten und besitzt ein außerordentlich angenehmes Aroma und hohe Geschmackseigenschaften. Die Bienen erzielen ihn aus dem Nektar der grauweißen Blüten des weißen Marrubiums (Minze), einer verzweigten mehrjährigen Pflanze, die im Südwesten der europäischen UdSSR, im Kaukasus und in Zentralasien vorkommt. Die Bienen suchen das Marrubium gern auf, dessen Blüten sie durch ihren konzentrierten süßen und sehr stark riechenden Nektar anziehen. Ein Hektar liefert 50 Kilogramm sehr guten Honigs.

Melissenhonig schmeckt vorzüglich. Die Bienen machen ihn aus dem Nektar der hellvioletten oder blaßroten stark riechenden Blüten der Melisse (oder Zitronenminze), die in wilder Form im Kaukasus und auf der Krim weit verbreitet ist, aber auch in der Ukrainischen SSR angebaut wird. Die Pflanze wird für Parfüm- und Heilzwecke verwendet. Die Bienen lieben den Melissengeruch sehr und sammeln von einem Hektar 150 Kilogramm Honig.

Minzenhonig wird aus dem Nektar der stark duftenden Blüten der Pfefferminze hergestellt, einer vierjährigen ätherische Öle enthaltenden, würzigen Pflanze. Sie wird in großem Umfang in der Sowjetunion kultiviert und liefert große Trachten erstklassigen Honigs. Er ist bernsteinfarben und besitzt das angenehme Aroma der Minze.

Möhrenhonig ist dunkelgelb und aromatisch. Die Bienen gewinnen ihn aus den wohlriechenden weißen schirmförmigen Blütenständen der Möhre, einer zweijährigen Kulturpflanze.

Onobrychishonig ist goldgelb, sehr aromatisch und angenehm im Geschmack. Die Bienen produzieren ihn aus den blaßroten oder roten Blüten der Saat- oder wickenblättrigen Onobrychis, einer vieljährigen Futterpflanze, die in wilder Form in Sibirien und in der Ukrainischen SSR gedeiht. Ein Hektar bringt 100 bis 600 Kilogramm Honig ein.

Pastinakenhonig gehört zu den hellen Sorten und hat einen guten Geschmack. Die Bienen stellen ihn aus den großen gelben Blüten der zweijährigen Pastinake her, die wild an der Wolga und in der Baschkirischen ASSR wächst. Der Literatur zufolge ist die Pastinake nach der Linde in der Baschkirischen ASSR die wichtigste Trachtpflanze.

Phaceliahonig ist hellgrünlich oder weiß, hat ein zartes Aroma und einen angenehmen, feinen Geschmack. Nach der Kristallisierung erinnert er an Teig. Er gehört zu den hochklassigen Sorten und wird vom Verbraucher sehr geschätzt. Die Bienen gewinnen ihn aus dem Nektar der bläulichen Blüten der Phacelia, einer der wichtigsten Trachtpflanzen. Ein Hektar liefert durchschnittlich 150 Kilogramm Honig, im Süden sogar 500 Kilogramm.

Pomeranzenhonig gehört zu den besten Sorten. Sein Aroma erinnert an den Duft von Zitrusblüten, und er ist angenehm im Geschmack. Die Bienen erhalten ihn aus den Blüten von Zitruspflanzen – Mandarinen, Zitronen und Apfelsinen –, die in Abchasien, Adsharien und Georgien wachsen.

Radioaktiver Honig. Schon lange steht fest, daß sich die Honigsorten nicht nur durch die Farbe, ihr spezifisches Aroma und ihren Geschmack unterscheiden, sondern auch durch ihre chemische Zusammensetzung und ihre medizinischen Eigenschaften. Die chemische Zusammensetzung des Honigs hängt zum Teil von den blühenden Trachtpflanzen ab, von denen die Bienen den Nektar sammeln, und sogar von dem Boden, auf dem die Honigträger gedeihen. Der französische Bienenzüchter Alain Caillas, der viel für die Erforschung der Honigmineralien getan hat, zeigte schon im Jahre 1908, daß einige Bienenhonigsorten Radium enthalten. Die Ursache dafür ist der Boden, auf dem die Trachtpflanzen wachsen.

Rapshonig ist weißlich, manchmal gelblich, hat ein angenehmes Aroma, ist sehr süß und dickflüssig. Er kristallisiert schnell, löst sich schlecht in Wasser auf, wird aber bei längerer Aufbewahrung schnell sauer. Die Bienen machen diesen Honig aus den gelben Blüten des durch seine ätherischen Öle bemerkenswerten Rapses. Im Südwesten der Ukraine wurde beobachtet, daß ein einziges Bienenvolk an einem Tag etwa 8 Kilogramm Rapshonig einbrachte. Ein Hektar blühenden Rapses liefert 50 Kilogramm Honig.

Resedenhonig geht aus den Blüten der stark duftenden Reseda hervor. Er gehört zu den besten Sorten, besitzt ein außerordentlich angenehmes Aroma und kann sich im Geschmack mit dem Lindenhonig vergleichen. Die Bienen erhalten aus den Resedenblüten viel Nektar und rötlich-orangefarbenen Blütenstaub. Aus einem Hektar stellen sie mehr als 200 Kilogramm ausgezeichneten Honigs her.

Rhododendronhonig hat einen unangenehmen Geschmack. Beim Verzehr ruft er allgemeine Schwäche, Schwindelgefühl, Übelkeit, Ohnmacht usw. hervor. In der Literatur wird darauf hingewiesen, daß die Vergiftung durch Rhododendronhonig von dem in ihm enthaltenen Andromedotoxinalkaloid verursacht wird. Die Bienen sammeln diesen Honig von den Blüten des Rhododendronbusches, der wild im Transkaukasus wächst. (Siehe giftiger oder »trunkener« Honig.)

Rübsamenhonig ist grünlichgelb, hat ein schwaches Aroma und einen lieblichen Geschmack; er läßt sich nicht lange aufbewahren. Die Bienen gewinnen ihn aus den goldgelben Blüten des Unkrauts, das häufig in der Nähe von Seen, Sümpfen, auf feuchten Wiesen usw. anzutreffen ist. Ein Hektar blühenden Rübsamens bringt etwa 40 Kilogramm Honig ein.

Salbeihonig ist von heller Bernstein- oder dunkler Goldfarbe, besitzt ein zartes, angenehmes Aroma und einen guten Geschmack. Die Bienen sammeln ihn energisch von den bläulichvioletten Blüten des vieljährigen halbstrauchartigen Apothekensalbeis, der in großem Umfang in der Ukrainischen SSR, am Kuban usw. angebaut wird. Ein Hektar blühenden Salbeis ergibt 650 Kilogramm Honig.

Senfhonig erhalten die Bienen aus den großen gelben Blüten des weißen Senfs. Ein Hektar liefert bis zu 40 Kilogramm goldenen Honigs, der nach der Kristallisierung eine gelbliche Cremefarbe annimmt.

Sonnenblumenhonig ist goldfarben und wird nach der Kristallisierung hellbernsteinfarben, manchmal sogar mit einem grünlichen Schimmer. Er besitzt ein schwaches Aroma und einen etwas herben Geschmack. Die Bienen stellen ihn aus den goldgelben breitstieligen Blüten der an ätherischen Ölen reichen Sonnenblume her. Bei häufigem Bienenbesuch vergrößert sich der Saatertrag der Sonnenblume um das Doppelte. Ein Hektar erbringt 50 Kilogramm Honig.

Steinhonig ist selten und eigenartig. Ihn sammeln wilde Bienen, die ihn dann in den tiefen Spalten von Steinschluchten ablegen. Dieser Honig ist hellgelb, hat ein angenehmes Aroma und guten Geschmack. Die Waben enthalten wenig Wachs und stellen eine kristallisierte Masse dar, die zum Verzehr stückchenweise abgehauen werden muß wie harter Fruchtbonbon. Steinhonig ist im Unterschied zum gewöhnlichen Bienenhonig fast nicht klebrig und benötigt deshalb keine besondere Verpackung. Er hält sich gut und ändert seine Eigenschaften im Laufe einiger Jahre nicht. Nach regionalen Kennzeichen, d. h. nach seinem Herkunftsort, heißt er auch »*Abchaser*« *Honig*.

Es muß auch auf den künstlichen Steinhonig hingewiesen werden, der früher in Baschkirien aus kristallisiertem Lindenhonig hergestellt wurde. In besonderen Öfen ließ man die Feuchtigkeit dieses Honigs verdampfen, so daß er steinhart wurde. Man braucht nicht zu betonen, daß vom ernährungshygienischen Standpunkt solch ein Honig seine wertvollen Substanzen (Fermente, Vitamine u. a.) verliert.

Steinkleehonig ist weiß oder von der Farbe hellen Bernsteins. Er gehört zu den besten Sorten, zeichnet sich durch hohe geschmackliche Qualitäten aus und hat ein feines, angenehmes Aroma, das an Vanillegeruch erinnert. Die Bienen bringen ihn von den hellgelben Blüten des medizinischen oder gelben Steinklees ein. Der Honig enthält 36,78 Prozent Glukose und 39,59 Prozent Fruktose. Zu Heilzwecken werden die Blüten und Blätter der Pflanze verwandt. Außerdem stellt man aus ihr ein Heilpflaster her. Aus einem Hektar wild wachsenden Steinklees gewinnen die Bienen 200 Kilogramm Honig, aus einem Hektar kultivierten Steinklees 600 Kilogramm.

Tabakhonig variiert von hell bis dunkel und besitzt einen unangenehmen Geruch und einen bitteren Beigeschmack. Wegen seiner ungenügenden Geschmackseigenschaften wird er fast gar nicht vom Menschen verzehrt. Man benutzt ihn in Tabakfabriken, um hochklassige aromatisierte Tabaksorten herzustellen. Für die Fütterung der Bienen zur Zeit der Überwinterung ist er durchaus tauglich. Die Bienen stellen ihn aus dem Nektar der blühenden Tabakpflanze her.

Tauhonig machen die Bienen nicht aus Blütennektar, sondern vor allem aus den Exkrementen von Insekten: Blattläusen, Schildläusen, Blattflöhen u. a. (Honigtau). Diese Insekten ernähren sich von Pflanzensäften, und die von ihnen in der Form flüssiger süßer Tropfen ausgeschiedenen Exkremente (Honigtau) waren schon im Altertum bekannt. Der Naturwissenschaftler Plinius vermutete zum Beispiel, daß die »Fallstoffe« (Honigtau) von den Sternen kommen; an diese Vorstellung wurde viele Jahrhunderte geglaubt. Chemische Analysen haben gezeigt, daß Honigtau sich stark von Blütennektar unterscheidet. Man hat festgestellt, daß Honigtau viele Dextrine und Mineralien enthält, während Blütennektar fast ausschließlich aus Zucker besteht. Honigtauhonig hat gewöhnlich dunkelgrüne Farbe, ist dickflüssig und häufig von unangenehmem Geschmack. Professor Enoch Zander erläuterte, daß frisch geschleuderter Honigtauhonig von Laubbäumen dunkelbraun, fast schwarz mit grünlichem Schimmer ist. Von der Kiefer ist er dunkelgrün, von der Weißtanne grünschwarz, von der Lärche hellbraun, von der Fichte braun.

Tauhonig hat im Vergleich zu Blütenhonig zum Teil höhere bakterizide Eigenschaften. Wird er im Winter in den Stöcken gelassen, so richtet er meistens Schaden an, indem er bei den Bienen Durchfall und danach ihren Tod hervorruft. Seine schädliche Wirkung auf die Bienen erklärt sich durch den hohen Gehalt an Mineralsalzen, Kalium, Phosphor, Schwefel und Chlor. Zur Bestimmung des Honigtauhonigs oder seiner Beimischung zu anderen Honigsorten wird die Alkoholreaktion angewandt. Zu einer Honiglösung in destilliertem Wasser (1:1) werden sechs Teile eines 96prozentigen Methylalkohols hinzugefügt. Ist Tauhonig vorhanden, wird der Honig trüb. Auch die Kalkreaktion wird angewandt. Mit Hilfe dieser Reaktion läßt sich jedoch nur der Gehalt echten Tauhonigs, der nicht mit Blütenhonig gemischt ist, feststellen. Zur Bestimmung des Tauhoniggehalts im Blütenhonig hat das Institut für Bienenforschung ein bewegliches Laboratorium vorgeschlagen.

Forschungen der letzten Zeit haben gezeigt, daß der Honigtauhonig allseitige Laboruntersuchungen und klinisches Studium verdient.

Der tschechische Gelehrte O. Haragsim hat durch chromatographische Analysen nachgewiesen, daß der Honigtau Raffinose, Maltose, Melezitose, Sacharose, Glukose, Fruktose und sieben nicht definierte Zuckerarten sowie 16 freie Aminosäuren enthält. Diese kurze Aufzählung macht schon deutlich, daß Tauhonig gründlicher untersucht werden muß und vielleicht schon in der nächsten Zukunft einen Ehrenplatz unter den Heilmitteln einnimmt.

In der Monographie von Werner Kloft, Anna Maurizio und Walter Kaeser, »Das Waldbienenbuch« (das sich mit Honigtauhonig befaßt), wird überzeugend nachgewiesen, daß der Tauhonig in vielen europäischen Ländern höher geschätzt wird als die Blütenhonigsorten, weil man ihm große Heilwirkung zumißt. In der UdSSR bemühen sich die Imker gar nicht, den Tauhonig zu sammeln, obwohl er vielleicht eine wichtige Rolle bei der Prophylaxe und Heilung einiger Krankheiten spielen könnte.

Über die bakteriziden Eigenschaften des Tauhonigs gibt es widersprüchliche Aussagen: Der Kandidat der landwirtschaftlichen Wissenschaften V. Temnov schreibt, daß sowohl Blüten- wie Tauhonig nur schwach bakterizid sind, doch Dr. Oshman meint, daß »Berghonig mit einem großen Anteil Honigtaus besonders bakterizid ist«.

In der UdSSR wird der Tauhonig in der Konditor- und Tabakindustrie verwendet.

Tulpenbaumhonig ist rötlich und hat ein ansprechendes Aroma und einen guten Geschmack. Die Bienen gewinnen ihn aus den grünlichrötlichen Blüten des schönen schmuckvollen Tulpenbaumes. Dieser Baum ist eine gute Trachtpflanze, da er im Vergleich zu anderen subtropischen Honigträgern die höchste Nektarmenge enthält. Ein Tulpenbaum liefert den Bienen 1 Kilogramm Honig.

Weidenhonig ist goldgelb, wird bei der Kristallisierung feinkörnig und nimmt eine Cremefärbung an. Er schmeckt ausgezeichnet. Die Bienen sammeln ihn von den Blüten verschiedener Weidenbäume und -sträucher, von denen es etwa 170 gibt. Die Weide wächst wild überall in unserem Land. Die Bienen erhalten viel Honig von ihr, manchmal 3–4 Kilogramm pro Tag und von einem Hektar 150 Kilogramm.

Weidenröschenhonig ist durchsichtig mit grünlichem Unterton. Nach der Kristallisierung wird er weiß wie Schneeflocken und erinnert manchmal an Schlagsahne oder Fett. Bei Erwärmung wird er gelb; er hat ein zartes Aroma und ist ansprechend im Geschmack. Die Bienen gewinnen ihn aus den lila-roten Blüten des Weideröschens (oder Antoniuskraut), das in unserem Land recht häufig wild wächst. Ein Hektar erbringt 600 Kilogramm Honig.

Wiesenhonig ist goldgelb, manchmal gelbbraun, hat ein angenehmes Aroma und einen guten Geschmack. Diesen Honig, der auch »Sammelhonig« genannt wird, stellen die Bienen aus dem Nektar verschiedener Wiesenblüten her.

Zwiebelhonig ist goldfarben oder gelb und hat einen leichten Zwiebelgeruch und -geschmack, der aber nach einiger Zeit verschwindet. Die Zwiebel blüht im Juli an heißen Tagen, wenn die Blüten anderer Honigträger fast keinen Nektar absondern. Die Bienen suchen sie gern auf und erhalten außer dem Nektar auch viel Blütenstaub. Ein Hektar liefert im Durchschnitt 150 Kilogramm Nektar, was 70 Kilogramm Honig entspricht. Die Honigbienen gelten als gute Bestäuber der Zwiebel, die in unserem Land in den Gebieten um Pensa, Belgogorod, Tshernigov, Rostov, Jaroslav, Moskau u. a. Kreisen angebaut wird.

Sogar diese unvollkommene Aufzählung macht deutlich, daß es viele Honigsorten gibt, die die Bienen aus den natürlichen Trachten der verschiedensten blühenden Pflanzen herstellen. Dem Autor ist es jedoch gelungen, mehr als 85 neue medizinische Vitaminhonige zu erhalten, die die Bienen nicht aus natürlichen Quellen gewinnen können. Dieses Herstellungsverfahren wird als Expreßmethode bezeichnet. Die neuen Honigsorten, die im Fernen Osten, in der Ukraine, in Zentralasien, im Ural und in der Gegend von Moskau entwickelt wurden, haben die großen Zukunftsaussichten der Expreßmethode bewiesen.

Zusammensetzung, Nährwert und Kaloriengehalt des Honigs

Beobachtungen haben erwiesen, daß Sportler, die viel Zucker verzehren, erheblich ausdauernder sind. Doch Zucker (Rüben- und Rohrzucker) und Glukose werden von unserem Organismus auf verschiedene Weise aufgenommen. Während Glukose ohne jede Umwandlung ins Blut übertritt (man kann sie direkt ins Blut überführen, was bei vielen Krankheiten angewandt wird), muß der Zucker zunächst der Hydrolyse, d.h. der Aufsplitterung, unterzogen werden.

Die Zuckerhydrolyse vollzieht sich nur im Dünndarm, wo sich der Zucker unter der Einwirkung der Darmsäfte in Glukose und Lävulose aufspaltet, die danach aufgesaugt werden und ins Blut der Pfortader eintreten. Aus der Pfortader gelangt die Glukose in die Leber, von wo aus sie sich mit dem Blutstrom über die Gewebe des Organismus verteilt.

Im Vergleich zum Zucker ist der Honig hochwertiger, weil er außer leicht aufzunehmenden Zuckern auch noch andere wertvolle Nährstoffe enthält. Die Glukose geht schnell ins Blut über und wird zu einem guten Energiespender. Daher empfiehlt sich der Verzehr von Honig zur Wiederherstellung der Kräfte nach schwerer körperlicher Arbeit, bei Krankheiten usw.

Sportler essen Honig vor Wettkämpfen oder in den Pausen dazwischen, um die verbrauchte Muskelenergie sofort wieder aufzubauen. Zum gleichen Zweck empfehlen die Ärzte alten Leuten und Kindern, die auch zuweilen schnell ihre Kräfte regenerieren müssen, Honig zu essen.

Der Honig besteht aus fast reiner Glukose und Lävulose, deshalb ist er ein sehr nützliches Nahrungsmittel. Außerdem setzt er sich aus Stoffen (Fermente, Mineralsalze, Vitamine u.a.) zusammen, die für die normale Lebenstätigkeit der Zellen, der Gewebe und Organe unerläßlich sind. Die Fermente sind das wunderbare Elixier, von dem die Alchimisten des Mittelalters träumten, eine wirksamere und erstaunlichere Waffe des Organismus als die vollkommensten Reagenzien in den

Händen eines erfahrenen Chemikers. Um die Hydrolyse der Stärke zu bewirken, erhitzen die Chemiker sie mit Wasser in verlöteten Röhrchen oder Autoklaven bis zu einer Temperatur von 170 Grad Celsius. Dieser Prozeß vollzieht sich jedoch weit schneller unter dem Einfluß des Speichelferments, des Ptialins.

Die Verseifung des Fettes geschieht bei hoher Temperatur (mehr als 100 Grad Celsius), wobei Alkali gekocht wird, während dies im Organismus durch das Ferment Lipase bei Körpertemperatur möglich ist. Das korrespondierende Mitglied der Akademie der Wissenschaften der UdSSR V. N. Bukin schreibt, daß der Organismus ohne Fermente an Erschöpfung zugrunde ginge, selbst wenn nahrhafte Speise im Überfluß vorhanden wäre, weil sie nicht aufgenommen werden könnte.

Welch winzige Fermentmengen für die Fermenttätigkeit nötig sind, kann man sich am Beispiel der Peroxydase vorstellen, die das Akademiemitglied A. N. Bach aus Rettich extrahierte. Sie erwies sich sogar in einer Verdünnung von 1:200000000 noch als wirksam. Der deutsche Gelehrte Zander (1931) erklärte die ungewöhnlichen Eigenschaften des Honigs mit den in ihm vorhandenen Fermenten. Er meinte, daß die Fermente das tote Stoffgemisch, das die Sommerbienen in den Stock einbringen, zu einer lebendigen Substanz machen, die auch noch außerhalb des Bienenkörpers arbeitet, reift und stirbt.

Dr. Anna Maurizio glaubt auch, daß die Fermentprozesse nicht unterbrochen werden, wenn die Bienen den Honig in den Waben versiegeln, sondern sich auch zur Zeit der Aufbewahrung fortsetzen. In der Schweiz wurde in einem alten Haus Honig gefunden, den die Bienen schon im Jahre 1895 gesammelt hatten. Der Honig war schon fast 60 Jahre alt, als er analysiert wurde. Das Chromatogramm fiel so aus wie erwartet: Auf ihm waren helle Fruktose- und Glukoseflecke zu sehen und daneben auch die Spuren von nichthydrolisierter Saccharose und die typischen Flecke von Maltose und Oligosacchariden.

Die Bedeutung von Mineralsalzen für den Organismus ist sehr groß. Experimente haben gezeigt, daß Versuchstiere, die Futter ohne Mineralsalze, aber mit einer großen Menge Eiweiß, Kohlehydrate, Fette und Vitamine erhielten, zugrunde gingen. A. Vojnar hat hervorgehoben, daß Mikroelemente und Mineralsalze, die im Organismus in unbeträchtlicher Konzentration vorkommen, eine äußerst wichtige biologische Rolle spielen, weil sie mit einer Reihe von Fermenten, Vitaminen und Hormonen zusammenwirken und die Reizbarkeit des Nervensystems, die Gewebeatmung, die Prozesse des Blutkreislaufs usw. beeinflussen. Im Zusammenhang mit den altersbedingten Veränderungen des Stoffwechsels schwankt die Quantität so wichtiger biologischer Spurenelemente wie Kupfer, Mangan, Kobalt, Nickel, Zink u. a. im Blut und in den Organen. In Mangelfällen ist die Zuführung dieser Elemente mit der Speise, insbesondere mit dem Honig, sehr bedeutsam.

Der Bienenhonig ist auch reich an organischen Säuren: Apfel-, Wein-, Zitronen-, Milch-, Oxalsäure. Zu dieser Frage schrieb Zander, daß über die Beschaffenheit der Säuren im Honig früher viel Fehlerhaftes ausgesagt wurde. So war man damals allgemein davon überzeugt, daß der Säuregehalt durch die Ameisensäure erreicht wird, die die Bienen vor dem Versiegeln des Honigs mit Hilfe des Stachels aus den Giftdrüsen in den Honig einbringen, um ihn zu konservieren.

Im Bienenhonig sind auch Vitamine, Acetylcholin, antibakterielle und antimykologische (schimmelverhütende), phytozide, hormonelle, antidiabetische und andere für den Organismus äußerst wichtige Stoffe enthalten.

Das Akademiemitglied V. P. Filatov vertritt die Meinung, daß Bienenhonig biogene Stimulatoren enthält, d. h. Substanzen, die die Lebenstätigkeit des Organismus erhöhen.

Im Botanischen Garten der Staatsuniversität von L'vov wurden interessante Versuche durchgeführt, die zeigten, daß im Bienenhonig Wachstumsstoffe zu finden sind: die Biosen. Vom Baum abgetrennte Zweige wurden in die Erde gepflanzt, nachdem man sie mit einer wäßrigen Honiglösung bearbeitet hatte. Sie schlugen schnell Wurzel und wuchsen normal.

Zum Bestand des Honigs gehören auch Kalzium-, Natrium-, Kalium-, Magnesium-, Eisen-, Chlor-, Phosphor- und Jodsalze. Einige Honigsorten weisen sogar Radium auf. Die Quantität verschiedener Mineralsalze im Honig ist fast identisch mit jener im Blutserum des Menschen (Tabelle 1).

Tabelle 1
Mineralbestand des menschlichen Blutserums und des Honigs in Prozent

Element	Menschl. Blut	Bienenhonig
Magnesium	0,018	0,018
Schwefel	0,004	0,001
Phosphor	0,005	0,019
Eisen	Spuren	0,0007
Kalzium	0,011	0,004
Chlor	0,360	0,029
Kalium	0,030	0,386
Jod	Spuren	Spuren
Natrium	0,320	0,001

Bei der Spektralanalyse von Buchweizen- und mehrblütigem Honig, die im Laboratorium der Moskauer Lomonossov-Universität angestellt wurde, ermittelte man, daß der Honig auch Mangan-, Silizium-, Aluminium-, Bor-, Chrom-, Kupfer-, Lithium-, Nickel-, Blei-, Zinn-, Titan-, Zink- und Osmiumsalz enthält; bei der Untersuchung von Honigsorten im Tscheljabiner Kreis wurde ein erhöhter Anteil von Molybdän, Kupfer, Titan, Silber, Beryllium, Vanadium und Zirkonium festgestellt. St. Mladenov (Bulgarien) entdeckte im Honig auch Wismut, Gallium, Germanium und Gold. Also enthält der Honig nach den Angaben verschiedener Forscher: Aluminium, Barium, Beryllium, Blei, Bor, Chrom, Eisen, Gallium, Germanium, Kali, Kalzium, Kupfer, Lithium, Magnesium, Mangan, Molybdän, Natrium, Nickel, Phosphor, Radium, Silber, Silizium, Strontium, Titan, Vanadium, Wismut, Zink, Zinn, Zirkonium.

Es ist nachweisbar, daß der Mineralbestand der verschiedenen Honigsorten von dem Boden abhängt, auf dem die blühenden Trachtpflanzen wachsen.

Honig ist ein Produkt von hohem Kalorienwert: Ein Kilogramm enthält 3150 bis 3350 Kalorien. Er ist ein außerordentlich wertvolles Diäterzeugnis, das zusammen mit Medikamenten eingenommen werden oder allein Heilzwecken dienen kann. Der Honig hat die ihm gebührende Anerkennung gefunden und wird in modernen Kliniken und in medizinisch-prophylaktischen Einrichtungen angewandt.

Der Vitamingehalt

Vitamine sind organische Stoffe, unerläßliche Elemente der normalen Ernährung. Sie verhindern Krankheiten, wie z.B. Skorbut, Beriberi, Rachitis, Pellagra usw.

Das Akademiemitglied A. N. Bach schrieb, daß die Vitamine, die noch vor nicht allzu langer Zeit zweitrangige Ernährungsfaktoren mit engbegrenzter spezifischer Wirkung schienen, außerordentlich hohe biologische Bedeutung gewonnen haben. Es ist schwer, einen Bereich der Physiologie und Biochemie zu finden, in dem nicht die Rede von Vitaminen ist. Der Stoffwechsel des Organismus, die Tätigkeit der Sinnesorgane, die Funktion des Nervensystems, die Fermentprozesse, das Wachstum und die Vermehrung – all diese verschiedenartigen und grundlegenden Vorgänge sind auf engste Weise mit den Vitaminen verbunden.

Das Akademiemitglied A. I. Oparin hält dafür, daß die Vitaminologie einen Eckstein der modernen Lehre über die vollwertige Ernährung darstellt. Ohne Kenntnis dieses wichtigen Problems gibt es kein richtiges Verständnis der modernen Prinzipien in Biochemie und Physiologie. Heute steht fest, daß die Vitamine an allen Aktivitäten des Organismus teilhaben.

In der Literatur zur Bienenzucht finden sich häufig widersprüchliche Angaben über den Gehalt an Vitaminen, insbesondere an Vitamin C, im Bienenhonig. Es besteht die Auffassung, daß in Gegenden, wo Früchte und Gemüse nicht gedeihen (Arktik, äußerster Norden), Honig erfolgreich als skorbuthemmendes Mittel verwendet werden kann. Diese Behauptung entspricht nicht den Tatsachen. Der englische Forscher Stark (zweite Hälfte des 18. Jahrhunderts) rief bei sich selbst auf experimenteller Basis Skorbut hervor, indem er sich im Laufe von sechs Monaten nur von Honig und Mehlspeisen ernährte. Dem Vitamingehalt des Bienenhonigs sind viele Arbeiten sowjetischer und ausländischer Wissenschaftler gewidmet. Es ist nachgewiesen, daß man, um den täglichen Bedarf des Organismus an Vitamin C zu decken, 2–3 Kilogramm Honig essen müßte, was selbstverständlich gar nicht durchführbar ist. Einheimische und ausländische Forscher haben im Honig folgende Vitamine entdeckt: B_1 (Aneurin), B_2 (Riboflavin), B_3 (Pantothensäure), B_c (Folsäure), B_6 (Pyridoxin), H (Biotin), K (Phyllochinon), C (Ascorbinsäure), E (Tokopherol), Provitamin A (Karotin) u. a. Die Vitaminmenge im Honig hängt im Grunde davon ab, ob in ihm Blütenstaub vorhanden ist. Versuche haben gezeigt, daß die völlige Ausfilterung des Blütenstaubs einen fast vollkommenen Verlust der Vitamine nach sich zieht. Obwohl die aufgezählten Vitamine im Honig nur in winzigen Mengen enthalten sind, haben sie doch gewaltige Bedeutung, weil sie sich in günstiger Verbindung mit anderen für den Organismus äußerst wichtigen Stoffen befinden.

Antibakterielle Stoffe im Bienenhonig

Bienenhonig verdirbt bei richtiger Aufbewahrung auch über einen sehr langen Zeitraum hin nicht. Archäologische Funde in Ägypten haben erwiesen, daß der Honig seine Geschmackseigenschaften über Jahrtausende hinweg erhalten kann.

Den Autor dieses Buches interessierte die Frage: Enthalten die neuen Honigsorten, die er durch die Expreßmethode aus

Milch, Eiweiß, Tierblut usw. gewann, bakterizide Eigenschaften, da diese Stoffe unter normalen Bedingungen ein gutes Milieu für die Entwicklung einer Mikrobenflora bilden?

Im Laboratorium des Lehrstuhls für Mikrobiologie am Kiewer Medizinischen Institut untersuchten Professor M. P. Neshchadimenko, der Assistent A. P. Moroz und der Verfasser die antibakteriellen Eigenschaften von zehn Honigsorten, die durch die Expreßmethode gewonnen wurden. Zur Kontrolle wurden Lindenhonig und ein Gemisch aus 40 Prozent Glukose, 30 Prozent Lävulose und 0,02prozentiger Ameisensäure in physiologischer Lösung genommen. Erforscht wurden Vitamin-, Hämatogen-, Mammino-Vitamin-, Kakao-Milch-Ei-Vitamin-Sorten. Für die Keimung wurden gewählt Kulturen aus eiterbildenden Mikroben, aus den Bakterien von Breslau und Gärtner und den Ruhrbakterien von Shig und Schmitz und solchen, die Erkrankungen des Darmtraktes (Bauchtyphus, Paratyphus A und B) hervorrufen.

Die Keime wurden nach 1–8 Tagen in Agar-Agar, Agarserum und Bouillon überführt. 2080 Saaten wurden angelegt. Der Versuch wurde zweimal wiederholt, und die Ergebnisse blieben die gleichen.

Die Untersuchungen zeigten, daß die oben angeführten Mikroben in einem Milieu mit hoher Zuckerkonzentration (Glukose: 40 Prozent, Lävulose: 30 Prozent) und 0,02prozentiger Ameisensäure in physiologischer Lösung unter Thermostatbedingungen wachsen. Die neuen Honigarten und der gewöhnliche Lindenhonig (die Kontrollsorte) besitzen hohe antibakterielle Eigenschaften. Im Vergleich zu den neuen Arten erwies sich der gewöhnliche Lindenhonig als weniger bakterizid. Diese Forschungen und die 85 neuen Honigsorten, die durch die Expreßmethode gewonnen wurden, überzeugen davon, daß die antibakteriellen Honigstoffe ein Ergebnis der Sekrettätigkeit der Arbeitsbienen sind. Eine Reihe von Autoren hat solche Versuche mit denselben Resultaten durchgeführt.

Professor M. P. Neshchadimenko studierte die bakterizide Wirkung einiger neuer Honigsorten auf den Brucellose-Erreger. Er stellte fest, daß Urotropinhonig die Brucellen abtötet. Das ist ein weiterer Beweis dafür, daß die neuen Honigsorten starke bakterizide Fähigkeiten haben. Der künstliche Nektar wurde in einem komplizierten lebendigen Laboratorium, dem Organismus der Biene, umgewandelt. Anzumerken ist, daß die Brucellenstäbchen durch hohe Widerstandskraft gekennzeichnet sind: Sie bleiben in Milch über 60 Tage hinweg lebensfähig und in feuchtem Boden bis zu 72 Tagen. Doch zwei Honigtropfen haben eine derartig große bakterizide Kraft, daß die Brucelle darin abstirbt. Diese Forschungen berechtigen zu der Annahme, daß Expreßhonig über ausgeprägte antibakterielle Eigenschaften verfügt.

Die antimykologischen (schimmelverhütenden) Eigenschaften des Honigs

In der Luft befindet sich eine gewaltige Zahl von Schimmelpilzsporen. Unter günstigen Bedingungen (bei entsprechender Temperatur, Feuchtigkeit und nahrhaftem Milieu) wachsen die Sporen schnell, und es entsteht ein Myzelium, das in die Tiefe des Substrats vordringt. Deshalb nehmen Produkte wie Mehl, Zucker, Makkaroni, Konfitüre, Marmelade, weiche Bonbons und Fruchtsäfte einen unappetitlichen Geruch und Geschmack und ein unangenehmes Aussehen an. Im Unterschied zu anderen Nahrungsmitteln schimmelt Honig bei richtiger Aufbewahrung niemals.

Die wissenschaftliche Mitarbeiterin des mykologischen Laboratoriums im Kiewer Nahrungsforschungsinstitut F. O. Kaganova-Joyrish untersuchte die antimykologischen Eigenschaften von Buchweizenhonig und 20 Honigsorten, die durch die Expreßmethode gewonnen wurden. All diese Muster wurden mit zehn verschiedenen Schimmelpilzen, die aus Nahrungsmitteln extrahiert worden waren, infiziert. Ungeachtet der Tatsache, daß im Honig Eiweiße, Kohlehydrate, Vitamine, Mineralien und andere Stoffe vorhanden sind, ohne die keine

Zelle leben kann, starben die in den Honig eingedrungenen Pilze ab. Offenbar sind im Honig Substanzen enthalten, die nicht nur mikrobentötende, sondern auch schimmelverhütende Eigenschaften besitzen.

Konservierungsfähigkeiten

Avicenna erläuterte vor fast eintausend Jahren, daß der Honig wichtige Charakteristika hat, die »der Fäulnis und dem Verderben des Fleisches entgegenwirken«. Der arabische Arzt und Reisende des 12. Jahrhunderts Abd-al-Latifa fand in einer der Pyramiden von Gizeh ein festverschlossenes Gefäß mit Honig, das die fast unversehrte Leiche eines Jünglings enthielt, der zur Familie eines Pharaos gehörte.

In der Literatur gibt es Angaben darüber, daß die alten Ägypter und Griechen Bienenhonig zur Konservierung von Toten benutzten.

In späteren Zeiten verlangten die im Essen wählerischen reichen Römer ausgesuchtes und kostspieliges Wild, das aus weit entfernten Ländern mit Honig übergossen geliefert wurde. Diese Methode der Fleischkonservierung bewährte sich so, daß das Wildbret auch aus großen Entfernungen frisch herbeigeschafft werden konnte.

Vor mehr als anderthalb Jahrhunderten schrieb P. Sumarokov (1808), daß der Honig die erstaunliche Fähigkeit habe, Pflanzensäfte, Wurzelgemüse, Blumen, Früchte und sogar Fleisch vor Fäulnis zu bewahren. Die Einwohner der Insel Ceylon schneiden Fleisch in kleine Stücke, reiben es mit Honig ein und legen es in Baumlöcher in einer Höhe von 72 Zentimetern vom Boden; dann verstopfen sie das Loch mit Zweigen, lassen das Fleisch manchmal ein ganzes Jahr lang dort und holen es vollkommen frisch mit einem sogar noch besseren Geschmack wieder heraus.

St. Mladenov (Bulgarien) nahm zur Erforschung der Konservierungseigenschaften des Bienenhonigs fünf Sorten (Linden-, Akazienhonig und drei Blütensorten: Wiesen-, Feldhonig und eine Sorte aus balkanischen Blüten) und tat sie in sterile flache Glasbehälter. Auf den Honig legte er je hundert Bohnen-, Gersten-, Weizen-, Roggen- und Maissamen sowie frische Produkte tierischer Herkunft: Nieren-, Muskel-, Leber-, Fisch-, Hühnerei-, Frosch- und Schlangenstücke. Diese Behälter (mit dem Honig und den organischen Stoffen) verschloß er mit flachen Glasdeckeln und bewahrte sie dann bei Zimmertemperatur ein Jahr lang auf. Zur Kontrolle wurden die gleichen Versuche mit Kunsthonig gemacht, d. h. 40 Prozent Glukose und 30 Prozent Lävulose in physiologischer Lösung. Die Versuche zeigten, daß die Samen, die ein Jahr lang im Honig aufbewahrt worden waren, ihr typisches Aussehen und ihre hohe Keimfähigkeit behalten hatten. Die Nieren-, Leber-, Fisch-, Schlangen-, Frosch- und Eistücke, die im Honig vier Jahre lang aufbewahrt worden waren, hatten weiterhin frisches Aussehen und frischen Geruch. Dagegen zeigten die Produkte des Gegenversuches (Invertzucker in physiologischer Lösung) schon am fünften und achten Tag Zeichen der Fäulnis. Die Versuche zur Erforschung der konstanten Haltbarkeit von Geweben in Honiglösung, die von einheimischen und ausländischen Forschern durchgeführt wurden, bestätigten den Standpunkt, den der Autor in einer Reihe von Arbeiten geäußert hat, daß die bakteriziden Eigenschaften (Inhibitoren) des Honigs von der Sekrettätigkeit der Arbeitsbiene und nicht vom Blütennektar und Blütenstaub abhängen.

Bestimmung der Honigbeschaffenheit

Die Beschaffenheit von Bienenhonig kann man durch Geschmack und Geruch oder auf andere unkomplizierte Weise bestimmen. Große Bedeutung hat dabei die Klebrigkeit des Honigs, sein Widerstand gegen das Ausfließen durch eine Öffnung, der in festgesetzten Einheiten ausgedrückt wird (gemessen an der Fließgeschwindigkeit des Wassers).

Die Klebrigkeit des Honigs hängt von seinem Gehalt an Wasser, Kolloiden und Zuckern ab. Die Honigsorten werden je nach ihrer Klebrigkeit gewöhnlich in fünf Gruppen eingeteilt. Zur ersten gehört Honig mit hohem Wassergehalt, zum Beispiel Akazien-, Kleehonig u.a.; zur zweiten flüssiger Honig: Buchweizen-, Lindenhonig, zur dritten dichter Honig: Raps-, Löwenzahn-, Onobrychishonig u.a.; zur vierten klebriger Honig, wie zum Beispiel Tauhonig; zur fünften Gruppe sülzeartiger Honig, wie zum Beispiel Heidekrauthonig.

Um die Klebrigkeit des Honigs festzustellen, nimmt man einen Eßlöffel zentrifugierten (der Honigschleuder entnommenen) Honig und dreht ihn mit schnellen, kreisenden Bewegungen: Wenn er nicht hinunterläuft, sondern sich um den Löffel herumlegt, handelt es sich um guten, reifen Honig; flüssiger (unreifer) Honig läuft dabei vom Löffel. Diese Probe muß bei einer Temperatur von nicht weniger als 20 Grad Celsius gemacht werden, weil sich bei niedrigerer Temperatur die Klebrigkeit vergrößert.

Die Klebrigkeit des Honigs ist ein Zeichen für seine Reife. Der Honig der aus dem Stock genommenen Waben muß sofort extrahiert werden, da sich seine Klebrigkeit bei Aufbewahrung und Abkühlung vergrößert und das Extrahieren auf der Honigschleuder erschwert wird.

Das spezifische Gewicht des Honigs hängt auch von seinem Wassergehalt ab: Je mehr Wasser, desto niedriger sein spezifisches Gewicht. Es ändert sich auch je nach seiner Temperatur: Je höher die Temperatur, desto geringer ist das spezifische Gewicht. Deshalb gibt man bei der Bestimmung des spezifischen Honiggewichts immer seine Temperatur an. Ein Honig, der weniger als 18 Prozent Wasser enthält, gilt als völlig reif, wenn sein spezifisches Gewicht bei einer Temperatur von 15 Grad Celsius höher als 1,429 liegt. Honigsorten, die 20 Prozent Wasser enthalten, werden bei einem spezifischen Gewicht von weniger als 1,416 zu den unreifen gerechnet.

Unter Laborbedingungen wird das spezifische Gewicht auf folgende Art festgestellt: Ein Teil Honig wird in zwei Teilen

Wasser aufgelöst. Diese Lösung wird in Pyknometer (besondere Glaskolben) gefüllt, zwei Stunden lang bei einer Temperatur von 15 Grad Celsius im Wasser gehalten und dann gewogen (eine gewöhnliche Haushaltswaage genügt). Das Verhältnis des Gewichts der Honiglösung (nach Abzug des Gewichts des leeren Pyknometers) zum Wassergewicht ergibt ihr spezifisches Gewicht.

Zur Bestimmung der Wäßrigkeit des Honigs nimmt man ein Litergefäß, wiegt es, füllt es mit einem Kilogramm Wasser und kennzeichnet den Wasserstand am Gefäß. Danach wird das Wasser ausgegossen, das Gefäß getrocknet, bis zu der Kennzeichnung mit Honig gefüllt und von neuem gewogen. Wenn man das Reingewicht des Honigs (nach Abzug des Gefäßgewichts) kennt, ist seine Wäßrigkeit auf Tafel 2 abzulesen. Der Honig muß unbedingt sorgfältig durch einen Trichter in das Gefäß gefüllt werden, um keine Blasenbildung zuzulassen.

Die *Kristallisierung* (Kandierung) des Honigs ist ein natürlicher Prozeß, der seine Qualität nicht beeinflußt. Hierbei kristallisieren einige Zuckerarten im Honig aus. Bienenhonig ist eine übersättigte Glukoselösung, deren Kristalle als Bodensatz ausfallen; die Lävulose bleibt in der Lösung und umhüllt die Kristalle gewissermaßen. Die Kristallisierung beginnt von der Oberfläche des Honigs her, wobei das Wasser der übersättigten Lösung verdampft. Der Ausfall der Glukosekristalle ist damit zu erklären, daß das spezifische Gewicht der Glukose 1,56 beträgt, d.h. höher ist als das des Honigs.

Man unterscheidet drei Kristallisationsarten des Honigs: die großkörnige (Kristallkörner größer als 0,5 Millimeter), die feinkörnige (weniger als 0,5 Millimeter) und die speckförmige (Kristalle mit bloßem Auge nicht erkennbar), wenn der Honig Speck oder Butter gleicht.

Die Honigkandierung beschleunigt sich bei erhöhtem Glukosegehalt. Einige Tauhonige kristallisieren schnell, weil in ihnen Melezitose (ein Trisaccharid) enthalten ist. Auch erhöhter Saccharosegehalt beschleunigt die Kristallisierung des Honigs. Lävulose, Kolloide und Dextrine dagegen machen den Honig

Tabelle 2
Tabelle zur Bestimmung der Wäßrigkeit des Honigs nach seinem spezifischen Gewicht

Spezifisches Gewicht	Wassergehalt in Prozent
1,446	15,5
1,443	16,0
1,439	16,5
1,432	17,5
1,429	18,0
1,426	18,5
1,422	19,0
1,419	19,5
1,415	20,0
1,412	20,5
1,409	21,0
1,402	22,0
1,392	23,5
1,386	24,5
1,351	30,0

dicht und klebrig und verlangsamen seine Kristallisation. Nicht alle Sorten kristallisieren mit gleicher Geschwindigkeit. Zum Beispiel kandieren Akazien-, Salbei- und Tauhonig mühsam, während Senf-, Rübsamen-, Raps-, Onobrychis-, Distel-, Sonnenblumen- und Luzernenhonig rasch kandieren. Die Kristallisierung des Honigs in den Waben kann zum Tod der Bienen führen, da sie ihn nicht nutzen können.

Unter *Verschnitt* versteht man die Mischung einiger Honigsorten zur Verbesserung der Farbe, der Klebrigkeit und der Geschmackseigenschaften von minderwertigem Honig. Zum Beispiel ist Weidenröschenhonig im flüssigen Zustand wäßrig und durchsichtig; bei seiner Vermischung mit einer bestimmten Menge bernsteinfarbenen oder gelben Honigs ergibt sich eine Sorte, die den Geschmack der Verbraucher zufriedenstellt.

Kleehonig mit schwachem (zartem) Aroma und Geschmack fügt man Fernöstlichen oder Ufimer Lindenhonig hinzu, die beide Aroma, Geschmack und Klebrigkeit verbessern.

Um einen Honig mit dem nötigen Wassergehalt zu erzielen, werden zwei Sorten gemischt: eine mit hohem Wassergehalt, die andere mit übergroßer Klebrigkeit. Der Verschnitt ist mit großer Sorgfalt vorzunehmen, weil manchmal sogar kleine Mengen minderwertigen Honigs (zum Beispiel des Tabakhonigs, der ätherische Öle enthält, die Aroma und Geschmack verschlechtern) große Mengen hochwertigen Honigs verderben können. Beim Verschnitt ist es angebracht, zunächst einen kleinen Anteil des minderwertigen Honigs zur Probe mit dem besseren zu vermischen, da ja »ein Löffel Teer ein Faß Honig verdirbt«.

Aufbewahrung

Es empfiehlt sich, den Honig in einem trockenen, gut gelüfteten Raum bei einer Temperatur von 5 bis 10 Grad Celsius zu lagern.

Versuche haben gezeigt, daß sich das Gewicht des Honigs bei beträchtlicher Luftfeuchtigkeit um die Menge des ihm aus der Luft entnommenen Wassers vermindert. Honig ist stark hygroskopisch, saugt also viel Feuchtigkeit auf und kann sauer werden.

Ein Honigtropfen zeigt unter dem Mikroskop eine Anzahl Hefepilze, die bei einer bestimmten Temperatur die Gärung der in ihm vorhandenen Zucker hervorrufen können. Forschungsergebnisse zeigen, daß die wesentlichen Gärungserreger im Honig die Hefepilze aus der Familie Zygosaccharomyces sind.

Offener Honig darf nicht in einem Raum aufbewahrt werden, in dem sich Salzheringe, gesäuerter Kohl, gesalzene Gurken und andere Nahrungsmittel sowie Stoffe (Kerosin, Teer, Benzin, Terpentin) befinden, die einen scharfen Geruch haben.

Hygienisch und bequem ist die Aufbewahrung des Honigs in Glasbehältern. Für kristallisierten Honig kann man auch eine Verpackung aus festem Pergamentpapier verwenden.

Große Honigmengen bewahrt man in Fässern aus Linden-, Espen-, Erlen-, Pappelholz u. a. auf. Das Holz zur Herstellung des Gefäßes darf nicht mehr als 20 Prozent Feuchtigkeit enthalten, was der Feuchtigkeit des Honigs entspricht. Nadelholz eignet sich nicht für die Herstellung von Honigbehältern, weil es stark duftet. Auch Eichenholz empfiehlt sich nicht zu diesem Zweck, da der Honig darin schwarz wird.

Es ist gefährlich, Honig in Behältern aus Eisen oder Zinkblech aufzubewahren, da sich das Eisen mit den Zuckern des Honigs verbindet und der Zink giftige Verbindungen mit den organischen Säuren eingeht.

Markierung und Etikettierung des Honigs haben große Bedeutung für den Verbraucher. Auf dem Etikett müssen folgende Angaben vorhanden sein: Sorte (Linden-, Buchweizen-, Akazienhonig usw.), Zeit und Ort seiner Ernte, Farbe (hellgolden, dunkelbraun usw.), Gewicht (brutto und netto), Name der Organisation oder des Unternehmens, die den Honig geliefert haben.

Säuberung

Der Bienenhonig gehört zu den Nahrungsmitteln, die ohne jede Verarbeitung (thermischer oder anderer Art) genossen werden. Im Zusammenhang damit ist unerläßlich, daß die Bienenzüchter bei ihrer Arbeit sanitär-hygienische Regeln beachten.

Unter dem Mikroskop sind in einem Honigtropfen Blütenstaubkörnchen, Hefepilze, Algen, mikroskopische Milben, Wachsplättchen, Bienenhärchen und andere natürliche Beimischungen sichtbar. Die Nachlässigkeit des Imkers und ein unreinlicher Zustand des Bienenstandes, der Nebenunterkünfte und des Imkerinventars können dazu führen, daß der Honig mit Asche, Sand, Staub aus der Verpackung, die die Bienennester wärmen, toten Bienen, Wabenstücken usw. verschmutzt wird. Bei ungeschickter Benutzung des Rauchbläsers fallen nicht nur Asche und Ruß in die Wabenzellen, sondern häufig auch Teertropfen. Wenn der Imker die aus dem Bienenstock genommenen Wabenrahmen mit dem Honig auf die Erde stellt und nicht in einen besonderen sauberen Kasten, dann klebt an den Rahmenbrettern Sand fest, der beim Abpumpen auf der Honigschleuder mit in den Honig gerät. Wenn das Fenster des Arbeitsgebäudes beim Abpumpen nicht mit einem Netzvorhang versehen ist, fliegen die Bienen hinein und geraten in die Trommel der Honigschleuder, wo sie umkommen.

Die Reinigung des Honigs von verschmutzenden Beimischungen vollzieht sich auf zwei Arten: durch Filterung und durch Klärung. Die erste Methode besteht darin, daß der Honig von der Honigschleuder durch ein verzinntes Metallsieb verschiedener Größen (Nr. 28, 32, 40, 45) läuft. Bei der Klärung (zweite Methode) setzen sich die schweren Beimischungen, die den Honig verschmutzen (Sand u. a.), auf den Boden des Gefäßes ab, in dem der Honig aufbewahrt wird, und die Wachsplättchen und Wachsstückchen treiben nach oben.

Die Säuberung des Honigs von den ihn verschmutzenden Beimischungen geschieht in einem Klärbecken von einem Meter Höhe bei einer Temperatur von 18–20 Grad Celsius nicht später als drei Tage nach dem Abschleudern des Honigs. Bei erhöhter Temperatur beschleunigt sich die Klärung. Sie dauert bei einer Temperatur von 10 Grad Celsius 15 Tage, bei 15 Grad Celsius 6½ Tage, bei 20 Grad Celsius 3 Tage, bei 35 Grad Celsius 10 Stunden und bei 50 Grad Celsius 2 Stunden. Forschungen belegen, daß die Menge der im Wasser nicht löslichen Schmutzpartikel des Honigs nach dreitägiger Klärung 0,008–0,012 Prozent vom Honiggewicht beträgt.

Honigprodukte

In unserem Land ist der Honig seit langem als schmackhaftes, nahrhaftes und nützliches Produkt beliebt. Die alten Chroniken bezeugen, daß in Rußland kein einziges Festmahl ohne Honig und Honiggetränke gefeiert wurde. Honig gab es in armen Bauernhütten, in prächtigen Bojarenschlössern, in reichen Kaufmannshäusern und in Zarenpalästen.

Es ist zum Beispiel bekannt, daß schon zur Zeit des Großfürsten Vladimir von Kiew auf Festmahlzeiten schmackhafte Honigpfefferkuchen, die auch heute noch geschätzt werden, gegessen wurden.

Wir wollen einige Rezepte und die Herstellung der gebräuchlichsten Produkte aus Honig und in Verbindung mit Honig betrachten.

Apfelkonfitürengelee mit Honig. 1 Kilogramm gewaschener Äpfel (am besten von der Sorte Antonovka) wird vom Gehäuse befreit, in Stücke geschnitten, in einen Topf gelegt, mit zweieinhalb Bechern Wasser übergossen, dann zugedeckt und 30 Minuten auf kleiner Flamme gekocht. Darauf gibt man die Äpfel auf ein Sieb und läßt die Brühe abfließen. In die Brühe füllt man 600 Gramm Honig und kocht sie auf kleiner Flamme, wobei man mit einem Löffel den Schaum entfernt. Wenn beim Ausgießen des heißen Sirups die Tropfen gerinnen und sich am Löffel halten, ist die Konfitüre fertig. Das Konfitürengelee muß sofort in Einmachgläser (vorgewärmt) gefüllt, mit Paraffin- oder Pergamentpapier zugedeckt und an einem kühlen Ort aufbewahrt werden.

Apfelkuchen. Ausgelassener Butter flüssigen Honig, Streuzucker und Eier hinzufügen und sorgfältig umrühren. Weizenmehl und Soda hineinschütten und einen Teig kneten. Äpfel mit der Schale in kleine Stücke schneiden (das Gehäuse ist entfernt), mit dem Teig vermischen, in eine vorher mit Sahnebutter gut eingeriebene Form legen und im Backofen bei einer Temperatur von 170 Grad Celsius backen. Zutaten: 100

Gramm Honig, ein halber Becher Streuzucker, 500 Gramm Äpfel (am besten von der Sorte Antonovka), 100 Gramm Sahnebutter, 2 Eier, ein halber Teelöffel kohlensaures Natrium, eineinhalb Becher Weizenmehl, 1 Eßlöffel Sahnebutter zum Einreiben der Form.

Arishta. Eiweiße schlagen, Eigelbe mit Zucker verreiben, gesiebtes Mehl hinzugeben und sorgfältig 20–25 Minuten umrühren. Den entstandenen Teig auf den Tisch legen, zu dünnen Fladen auswalzen und in Nudelform schneiden. Die Stücke mit Mehl bestreuen und in kochendem russischem Öl braun rösten, danach auf ein Sieb legen, damit das Öl abfließt. Die gerösteten Nudeln in kochenden Honigsirup senken, auf ein Sieb geben, in kreuzförmigen Reihen auf einen Teller legen und zu kleinen Quadraten zurechtschneiden. Für ein Kilogramm Mehl braucht man: 20 Eiweiße, 10 Eigelbe, 700 Gramm Öl, 600 Gramm Honig, 200 Gramm Zucker. (Aus der armenischen Küche.)

Asuda. Weizenmehl in russischem Öl so lange rösten, bis es dunkelbraun ist, und dann Honig hineinrühren. Diese Masse 5–7 Minuten kochen. Für 50 Gramm Weizenmehl werden gebraucht: 20 Gramm warmes Öl, 30 Gramm Honig. (Aus der armenischen Küche.)

Badrok (Halwa aus geröstetem Mais und Walnüssen). Den gerösteten Mais und die gerösteten Nußkerne durch einen Fleischwolf drehen und in eine Porzellanschüssel geben, die leicht mit russischem Öl eingerieben wurde. Den Honig in einem Aluminiumtopf auslassen; 5–7 Minuten kochen, darauf in die Schüssel mit der vorbereiteten Masse gießen, gründlich umrühren, auf einen Teller geben, zu einer Schicht von 1 Zentimeter Dicke glattwalzen, Rhomben ausschneiden und in eine Schüssel legen. Die Halwa wird zum Tee gereicht. Für 200 Gramm gerösteten Mais benötigt man 200 Gramm Nußkerne, einen halben Becher Honig, einen Teelöffel russisches Öl. (Aus der usbekischen Küche.)

Fleisch in Soße gedünstet, mit getrockneten Pflaumen und Honig. Fleisch in Portionen schneiden, anbraten und in eine runde Bratpfanne legen. Zwiebel, Tomate, gewaschene und entsteinte Trockenpflaumen hinzufügen: alles auf kleiner Flamme dünsten, bis es gar ist. Kurz vor dem Verzehr Honig hinzugeben. Dieses Gericht wird in »Teigpfannen« oder in einer Pfanne aus rostfreiem Stahl mit der Soße gereicht, in der das Fleisch gedünstet wurde. Als Beilage ist gedünstetes Gemüse gut geeignet. Für eine Portion sind nötig: 83 Gramm Fleisch, 5 Gramm Fett, 15 Gramm Zwiebel, 15 Gramm entsteinte Trockenpflaumen, 1 Gramm Gewürze und Salz, 10 Gramm Honig.

Früchte, mit Honig konserviert. Honig eignet sich zum Konservieren von Früchten. 2 Kilogramm Honig mit 100 Gramm Milch verrühren, die mit einem kräftig geschlagenen Eiweiß vermischt ist. Die Mischung kochen und den Schaum entfernen. Aus dem so vorbereiteten Honig Sirup kochen, der noch heiß über die Früchte in einem Glas gegossen wird. Der weitere Prozeß vollzieht sich so wie bei der gewöhnlichen Konservierung mit Zucker. Man kann Früchte auch mit Honigsirup konservieren, der auf folgende Weise gewonnen wird: In einem Liter Wasser 1 Kilogramm Honig auflösen. Die Lösung wird aufgekocht und auf die vorbereiteten Früchte gegossen. Früchte können auch mit Honig konserviert werden, ohne die Gläser mit Dampf zu erhitzen, doch in diesem Falle müssen die Früchte mit einem dickeren Honigsirup (1 Kilogramm Honig auf 700 Gramm Wasser) übergossen werden. Wenn die Gläser mit Sirup gefüllt sind, müssen sie sofort mit *Cellophan* bedeckt und mit einem Bindfaden fest verschnürt werden. Auf den Gläsern unbedingt das Datum verzeichnen.

Gebäck aus Haferflocken mit Honig. Mehl mit kohlensaurem Natrium mischen und sieben. Butter mit Zucker verrühren, bis sie weiß ist. Dabei Honig, saure Sahne, Ei, Haferflocken und Mehl und kohlensaures Natrium hinzugeben. Nach der Zugabe des Mehls 1–2 Minuten umrühren, den Teig mit einer

Rolle zu einem dünnen Fladen (3–5 Millimeter Dicke) auswalzen und mit Formen verschiedene Figuren ausstechen. Das Gebäck 10–15 Minuten bei einer Temperatur von 200–220 Grad Celsius ausbacken. Für 750–800 Gramm Gebäck braucht man durchschnittlich: 1 Becher Mehl, 1 Becher Haferflocken, einen halben Becher Streuzucker, einen halben Becher Honig, einen halben Becher saure Sahne, 1 Ei, 100 Gramm Butter, einen halben Teelöffel kohlensaures Natrium.

Gemüsesalat mit Honig. Salat vor dem Servieren mit Honig übergießen und umrühren. Für 100 Gramm sind erforderlich: 10 Gramm Mohrrüben, 15 Gramm Rüben, 20 Gramm gekochte Kartoffeln, 30 Gramm Gurken, 15 Gramm grüner Schnittlauch, 10 Gramm Honig.

Gozinach. Honig mit Zucker aufkochen. In den Sirup gesäuberte, zerkleinerte, leicht geröstete Walnußkerne geben und 15 Minuten kochen. Das fertige Gozinach (heiß) auf Teller füllen, die leicht mit kaltem Wasser befeuchtet sind, die Oberfläche glätten und abkühlen lassen. Danach die Teller schwach erwärmen, das Gozinach als Ganzes abnehmen und in kleine Rhomben zerschneiden; das zerschnittene Gozinach wieder auf die Teller legen. Statt Walnüssen kann man Mandeln benutzen. Für 500 Gramm Walnüsse: 500 Gramm Honig, 100 Gramm Zucker. (Aus der armenischen Küche.)

Gurken, frisch, mit Honig. Frische Gurken von mittlerer Größe sorgfältig waschen, säubern, in längliche Scheiben schneiden und mit flüssigem Honig übergießen. Das ist ein sehr schmackhaftes und nahrhaftes Gericht. Auf 120 Gramm Gurken werden 25 Gramm Honig gegeben.

Halwa aus Honig und Nüssen. Honig unter ständigem Umrühren erhitzen, zerkleinerte Walnußkerne und einen halben Becher Streuzucker hinzugeben und alles zu einer dichten, klebrigen (fast festen) Konsistenz kochen. Die Masse auf ein angefeuchtetes Brett legen und auf eine Dicke von 1–1,5 Zentimeter auswalzen. Die Schicht in rechteckige oder quadratische Stücke schneiden, bevor sie abkühlt. Durchschnittlich:

1 Kilogramm Honig, ein halber Becher Streuzucker, 1 Kilogramm Walnüsse. Statt der Walnüsse kann man auch Pistazien-, Erdnuß- oder Mandelkerne verwenden. Sie müssen jedoch vorher geröstet werden. (Nationale Süßspeise der Tadshiken.)

Halwa mit Honig. Gesiebtes Mehl in eine Pfanne geben, erhitzte Butter hinzufügen, gründlich umrühren und rösten, bis sich eine einheitliche mürbe Masse von gelber Farbe ergibt. Die Masse danach mit Honig übergießen und 5 Minuten lang rösten. Die heiße Halwa auf einen Teller legen, ausgleichen und in quadratische Stücke schneiden. Für eine Portion Halwa braucht man: 1 Kilogramm Mehl, 400 Gramm erhitzte Butter, 400 Gramm Honig. (Aus der jugoslawischen Küche.)

Halwojtar mit Honig. Feuchte Halwa aus Honig, Mehl und Butter zubereiten. Gesiebtes Weizenmehl in einem Kessel mit russischem Öl oder Hammelschmalz unter dauerndem Umrühren rösten, bis sich eine einheitliche mürbe Masse von hellbrauner Farbe bildet. Danach Honig und Wasser hinzugeben und weitere 5 Minuten lang kochen. Die fertige Halwa in eine Schüssel geben, mit gemahlenen Walnußkernen bestreuen und in Stücke verschiedener Form schneiden. Für 2 Kilogramm Halwojtar benötigt man: 6 Becher Weizenmehl, 2 Becher erhitztes Öl oder Hammelschmalz, 2 Becher Honig, einen halben Becher Walnußkerne, 2 Becher Wasser.

Hammelfleisch, gedünstet, mit Honig. Hammelfleisch pro Portion in zwei bis drei Stücke schneiden, salzen und pfeffern und in Schmalz braten. Die gebratenen Fleischstücke in eine runde Bratpfanne legen, mit einer Bouillon aus Hammelknochen übergießen; Honig, Tomatenpaste und einen Mullbeutel mit Gewürzen (Koriander, Zimt, Gewürznelke; im allgemeinen 0,5 Gramm auf 1 Kilogramm Fleisch) hinzugeben und bis zur Gare dünsten. Danach die Bouillon abgießen, aus ihr eine dünne rote Soße zubereiten, die über das Fleisch gegeben wird. Alles aufkochen. Das Fleisch wird mit Soße und weichem Reisbrei oder Bohnenpüree serviert. Für eine Portion sind erforderlich: 120 Gramm Hammelfleisch (Hinter- und Vorderkeule), 7 Gramm erhitztes Schmalz, 5 Gramm Tomatenpaste, 20 Gramm Bienenhonig, 3 Gramm Weizenmehl, 150 Gramm Gemüsebeilage, Gewürz und Salz nach Geschmack.

Honigbaiser. Weizenmehl gut mit Puderzucker verrühren, die zerriebene Schale einer Zitrone, zerstoßenen Zimt und Gewürznelke nach Geschmack, etwas kohlensaures Natrium und Honig hinzugeben – so viel, daß der Teig nicht zu fest, aber auch nicht zu weich ist. Aus dem Teig Fladen von 0,5 Zentimeter Dicke auswalzen, kreisförmige Stücke mit einem runden Metall oder der Öffnung eines Kruges bilden und auf einem mit Sahnebutter eingeriebenen Blech backen. Nach dem Abkühlen weißen Zuckerguß aufstreichen oder aufspritzen. (Aus der ungarischen Küche.)

Honigbonbons. Honig in einem gußeisernen Kessel 15–20 Minuten bei ununterbrochenem Umrühren kochen, bis er dunkelbraun ist. Danach auf ein mit Fett eingeriebenes Tablett legen, zusammendrücken und bis zur Bildung von dicken Fäden auseinanderziehen. Aus diesen Fäden Rädchen und Kringel machen oder mit dem Messer kissenförmige Stücke ausschneiden. Für die Herstellung eines Kilogramms Honigbonbons werden 5 Becher Honig benötigt. (Nationale Süßspeise der Tadshiken.)

Honiggebäck mit Mohn. Den Teig 15–20 Minuten kneten, danach zu einer Schicht von 1 Zentimeter Dicke auswalzen und in Stücke (figurenförmige oder einfache) schneiden. Die vorbereiteten Teigstücke auf ein eingeriebenes Backblech legen und mit Eiweiß bestreichen. Dieses Gebäck muß in einem mäßig heißen Backofen gebacken werden. Für seine Zubereitung braucht man: 100 Gramm Honig, 5 Eßlöffel Streuzucker, 1 Teelöffel kohlensaures Natrium, 1 Eßlöffel Sahnebutter, je 1 Teelöffel Zimt und Gewürznelken, 2–3 Eier, Weizenmehl.

Honiggebäck-Kügelchen. Honig mit Puderzucker verrühren, erhitzen, Pflanzenöl, Eier, kohlensaures Natrium und einige mit einem Mörser zerstoßene Gewürznelken hinzugeben. Danach das Gemisch schlagen und allmählich soviel Mehl hinzufügen, wie für einen Teig von mäßiger Dichte nötig ist.

Aus dem fertigen Teig formt man Kügelchen, die etwas größer als Haselnüsse sind, legt sie auf ein Blech und backt sie bei niedriger Temperatur. Durchschnittlich: 100 Gramm Honig, einen halben bis dreiviertel Becher Puderzucker, 1 Becher Pflanzenöl, 2 Eier, 1 Teelöffel kohlensaures Natrium.

Honigkeks[1]. Honig in einem Becher mit starkem Tee auflösen. Unter ständigem Umrühren hinzugeben: Puderzucker, Pflanzenöl, kohlensaures Natrium und Zimt, zerstoßene Gewürznelken, etwas geriebene Apfelsinen- oder Zitronenschale, große Walnußstücke und Weizenmehl. Die Mischung gründlich umrühren und in eine mit Butter eingeriebene und mit Mehl bestreute Keksform legen. In mäßig heißem Ofen backen. Den gebackenen Keks aus der Form nehmen, mit Puderzucker überstreuen und abkühlen lassen. Durchschnittlich: 200 Gramm Honig, 1 Becher Puderzucker, 3 Eßlöffel Pflanzenöl, je 1 Löffel kohlensaures Natrium und Zimt, 5–6 Gewürznelken, 1 Becher Walnüsse, 3 Becher Weizenmehl.

Honigkuchen. Zum Honig Streuzucker und Sahnebutter geben und zum Kochen bringen. Vom Feuer nehmen, in die Mischung Mehl hineinschütten und kneten. Den Teig abkühlen lassen und mit Eiern, kohlensaurem Natrium, Gewürznelken und Zimt sorgfältig verrühren. Den so vorbereiteten Teig für zwei Tage an einen kühlen Ort stellen. Danach den Teig auf 2–3 Zentimeter Dicke auswalzen, auf ein mit Butter eingeriebenes Blech legen und in den Backofen schieben. Zur Zubereitung des Honigkuchens sind erforderlich: 1 Kilogramm Honig, 1 Becher Streuzucker, 2–3 Eßlöffel Sahnebutter, 4 Becher Weizenmehl, 4–5 Eier, ein halber Teelöffel kohlensaures Natrium, ein halber Teelöffel Zimt.

Honigkuchen für die Geliebte. Flüssigen Honig mit ausgelassener Butter, Zucker, Ei, Tee, Gewürznelken gründlich verrühren. Weizenmehl und kohlensaures Natrium darüberschütten und einen Teig kneten. Die Backform gut mit Sahnebutter einreiben, den Teig hineinlegen und bei einer Temperatur von

---

[1] Anm. d. Übers.: »Keks« bezeichnet hier einen Kuchen in Brotform

200 Grad Celsius backen. Durchschnittlich: 300 Gramm Honig, drei Viertel Becher kräftigen Tee, 1 Ei, einen halben Becher Streuzucker, 60 Gramm Sahnebutter, 550 Gramm Mehl, ein halber Teelöffel kohlensaures Natrium, 20 Gramm Sahnebutter für das Einreiben der Form, 10–15 zerkleinerte Gewürznelken.

Honigkuchen mit Zitronenschale. In angewärmten Honig ausgelassene Sahnebutter geben und sorgfältig umrühren. Zucker, Ingwer und Salz hinzuschütten und gründlich vermischen. Danach Eier, Gewürznelken und Zimt und allmählich beim Umrühren Mehl hinzugeben. Den Teig gut kneten, zu einer Dicke von 1 Zentimeter auswalzen und mit Formen oder einem Messer ausschneiden. Die vorbereiteten Teigstücke auf ein mit Butter eingeriebenes Blech legen und backen. Für 200 Gramm Honig werden gebraucht: 100 Gramm Sahnebutter, 1 Becher Streuzucker, 1 Gramm Ingwer, 2–3 Eier, ein Viertel Teelöffel Zimt, 3 Teelöffel Zitronenschale, ein Viertel Teelöffel Gewürznelken, 3 Becher Weizenmehl.

Honigkuchen nach Butlerovart. 5 Eiweiße und 3 Eigelbe mit Honig (am besten Buchweizenhonig) schlagen, Weizenmehl, geriebene Muskatnuß, Zimt und etwas Anis hinzufügen. Alle Bestandteile gründlich umrühren und angeröstete, grob zerstoßene Mandeln hinzugeben. Den fertigen Teig zu einer Dicke von 1 Zentimeter auswalzen und mit Formen Figuren ausstechen oder ganz backen. Man braucht: 200 Gramm Honig, 120 Gramm Weizenmehl, 2 Muskatnüsse, 2 Gramm Zimt, 200 Gramm Mandeln.

Honigkügelchen mit Nüssen. Honig mit Puderzucker vermischen. Hinzu kommen gemahlene Walnüsse, kohlensaures Natrium, Zimt, zerstoßene Gewürznelken, schwarzer Pfeffer und Weizenmehl, bis sich ein Teig von mäßiger Dichte ergibt. Danach Teigstückchen ausschneiden, um Kügelchen in Walnußgröße zu bilden. Die Kügelchen auf ein Blech legen, das mit Butter eingerieben und mit Mehl bestreut wurde. Das Gebäck in einem mäßig heißen Ofen zubereiten. Durchschnittlich: 5 Eßlöffel Honig, 1 Becher Puderzucker, 1 Becher gemahlener

Walnüsse, 1 Teelöffel kohlensaures Natrium, ein halber Teelöffel Zimt, 5–6 Gewürznelken, 3–4 Prisen schwarzen Pfeffers.
Honiglebkuchen. Aus Zucker und Honig muß ein Sirup gekocht werden. In den heißen Sirup schüttet man drei Viertel des benötigten Mehls und rührt schnell mit einem Kochlöffel um, bis man einen festen Teig erhält. Wenn der Teig bis auf Zimmertemperatur abgekühlt ist, werden ausgelassene Sahnebutter, kohlensaures Natrium, das vorher mit einem Eßlöffel Mehl verrührt wurde, und eine Zitronenschale dazugegeben. Den fertigen Teig 1 Zentimeter dick auswalzen, mit Mehl bestreuen, mit Formen ausstechen oder dem Messer schneiden und auf ein gebuttertes Backblech legen. Vor dem Backen jedes Teigstück mit Eigelb bestreichen. Die fertigen Lebkuchen besitzen einen angenehmen Geruch und Geschmack, werden für lange Zeit nicht hart und schimmeln nicht. Gebraucht werden: 250 Gramm Weizenmehl, 100 Gramm Honig, 2 Gramm kohlensaures Natrium, 1 Eigelb, 70 Gramm Zucker, 30 Gramm Sahnebutter, 50 Gramm Wasser, ein Viertel Zitrone.
Honigpfefferkuchen. Ein Ei in eine Schüssel schlagen, Zucker damit vermengen, Honig, Zimt, Gewürznelken in Pulverform und kohlensaures Natrium hinzugeben; alles verrühren, mit Mehl bestreuen und 5–10 Minuten mit dem Kochlöffel mischen. Damit der Teig dunkelbraun wird, Glühzucker (2 in kleiner Pfanne erhitzte Zuckerstücke) hinzugeben, mit 2 Löffeln Wasser verdünnen, aufkochen und mit dem Honig zusammen in den Teig mischen. Den Teig auf ein Blech legen, buttern und mit Mehl bestäuben, egalisieren, mit gemahlenen Nüssen bestreuen und 15–20 Minuten in einen nicht zu heißen Backofen schieben. Den fertigen Pfefferkuchen abkühlen lassen und schneiden. Häufig wird der Pfefferkuchen mittendurch geschnitten, mit Marmelade gefüllt und glasiert. Für die Zubereitung des Honigpfefferkuchens nimmt man: 2 Becher Mehl, einen halben Becher Streuzucker, 1 Ei, 150 Gramm Honig, 50 Gramm Nüsse, einen halben Teelöffel kohlensaures Natrium, Zimt und Gewürznelken in Pulverform.
Honigschaum. 4 Eiweiße und Eigelbe werden getrennt. Die

Eigelbe werden geschlagen, wobei man ihnen allmählich einen Becher Honig zusetzt. Danach werden sie auf schwacher Flamme bei ständigem Umrühren bis zur Verdickung gekocht. Die abgekühlten Eigelbe werden zu den zu einem festen Schaum geschlagenen Eiweißen gegeben und auf eine Untertasse getan. Nach Wunsch kann man Eiweiß durch Schlagsahne ersetzen. Dabei entspricht ein Dreiviertelbecher Schlagsahne 4 Eiweißen.

Honig-Schnittlauch-Mischung. Vor einigen Jahren veröffentlichte der Autor eine Empfehlung zur Zubereitung der Honig-Schnittlauch-Mischung. Diese Mischung wird im Verhältnis 1:1 hergestellt. Bei Sklerose der Gehirngefäße nimmt man morgens und abends zwei Monate lang einen Eßlöffel ein. Dieses Mittel hat, nach zahlreichen Aussagen von Kranken und Ärzten zu urteilen, eine gute therapeutische Wirkung.

Honigsenf. Mit Honig zubereiteter Senf zeichnet sich durch außerordentlich angenehme Geschmackseigenschaften aus und behält monatelang Farbe und Konsistenz (er trocknet nicht). Er wird folgendermaßen hergestellt: Gewöhnlichem Tafelsenf wird nach Geschmack Honig (am besten Buchweizenhonig) zugesetzt, außerdem etwas Sonnenblumenöl, Essig und gemahlener schwarzer Pfeffer.

Honigtorte. Honig in Wasser auflösen, Sonnenblumenöl hinzugeben. Darauf gesäuberte, zerkleinerte Walnuß- und Rosinenstückchen, kleingeschnittene Sukkade, Kakao und Zimt, Gewürznelken, kohlensaures Natrium und so viel Mehl hineingeben, daß sich ein lockerer Teig bildet. Den fertigen Teig 2 Zentimeter dick auswalzen, auf ein gebuttertes Blech legen und im mäßig heißen Ofen etwa eine Stunde backen. Die Torte abkühlen lassen und mit einer Eiweißglasierung versehen. Zur Verschönerung kann ein Teil der Glasierung mit Speisefarbe bemalt werden. Die Torte wird mit Puderzucker bestreut. Durchschnittlich: 250 Gramm Honig, ein halber Becher Wasser, 1 Becher Sonnenblumenöl, ein halber Becher zerkleinerte Walnüsse und Rosinen, 4–5 Sukkaden, je 1 Teelöffel Kakao und Zimt, 4–5 Gewürznelken, 1 Teelöffel kohlensaures Natrium. (Aus der bulgarischen Küche.)

Kalyapush. Honig mit Zucker und Wasser aufkochen. Mehl sieben, in der Mitte eine Vertiefung machen und den abgekühlten Honigzuckersirup sowie ausgelassene Butter und Margarine hineingeben. Zimt und Teesoda hinzufügen, gründlich umrühren und einen Teig kneten. Runde Fladen (Kalyapush) auswalzen, mit einem Messer durchstechen und für 20–22 Minuten in einen nicht allzu heißen Backofen schieben. Die Pfefferkuchen glasieren. (Aus der tatarischen Küche.)

Kisel aus Honig. Honig in heißem Wasser verdünnen, zum Kochen bringen und den sich bildenden Schaum abschöpfen. Mit kaltem Kochwasser verdünnte Kartoffelstärke nachgießen und nochmals aufkochen.

Den fertigen Kisel in Becher gießen, mit Zucker bestreuen und abkühlen lassen. Dazu läßt sich kalte abgekochte Milch oder Sahne reichen.

Für 200 Gramm Kisel braucht man: 40 Gramm Honig, 10 Gramm Stärke, 150 Gramm Milch oder 100 Milliliter Sahne, 2 Gramm Zucker.

Konfitüre mit verschiedenen Früchten. Moosbeeren auslesen, waschen und in einen Topf legen, ein halbes Glas Wasser hinzugießen und zugedeckt so lange kochen, bis die Beeren weich sind. Die gekochten Moosbeeren zerdrücken und durch ein Feinsieb pressen. In einer Emailleschüssel Honig aufkochen, die passierten Moosbeeren, vom Gehäuse befreite und in Scheibchen geschnittene Äpfel sowie gesäuberte Walnüsse hinzugeben und etwa eine Stunde lang kochen. Für ein Kilogramm Moosbeeren nimmt man: 3 Kilogramm Honig, 1 Kilogramm Äpfel, 1 Becher Walnüsse.

Kügelchen aus aufgegangenem Mais. Maiskörner in einem gußeisernen Kessel so lange erhitzen, bis sich Flocken bilden. Diese Flocken mit Honig vermischen und aus ihnen apfelgroße Kügelchen bilden. Für ein Kilogramm aufgegangener Maiskörner nimmt man einen Becher Honig. (Nationale Süßspeise der Tadshiken.)

Lebkuchen nach englischer Art. 600 Gramm flüssigen Honig und 150 Gramm Sahnebutter erhitzen und gut mischen. 1 Kilogramm Reis- oder Weizenmehl, 20 Gramm zerstoßenen Zimt, 10 Gramm zerstoßene Gewürznelken und 1 Teelöffel kohlensaures Natrium, das zuvor in etwas kochendem Wasser gelöst wurde, hinzugeben. Einen festen Teig mit so viel Mehl wie nötig kneten. Auf einem Blech 1,5–2 Stunden in mäßig heißem Ofen backen.

Masurka mit Honig. Eigelbe mit Streuzucker verrühren, flüssigen Honig (kristallisierter Honig muß mit Wasserdampf erhitzt werden), Nüsse, Rosinen, Mehl und kohlensaures Natrium hinzugeben. Gründlich umrühren, die geschlagenen Eiweiße vorsichtig hineinmischen und die Masse auf ein kleines Blech oder eine Bratpfanne setzen, die vorher mit Sahnebutter bestrichen werden müssen. Im Backofen bei einer Temperatur von 180–190 Grad Celsius backen. Die noch heiße Masurka in Stücke schneiden, mit Puderzucker bestreuen. Durchschnittlich benötigt man: 50 Gramm Honig, drei Viertel Becher Streuzucker, eineinhalb Becher gemahlene Walnüsse, 1 Becher Rosinen, 3 Eier, einen halben Becher Mehl, einen Viertel Teelöffel kohlensaures Natrium, 1 Eßlöffel Sahnebutter zum Bestreichen.

Milch mit Honig und Hefe. Sie ist wertvoll wegen des Aminosäuregehalts der Eiweiße, reich an Monosacchariden, Vitaminen, Mineralstoffen, Mikroelementen usw. Besonders nützlich ist sie für ältere Menschen, da sie positiv auf das Herzgefäß- und das Nervensystem sowie auf den Magen-Darm-Trakt einwirkt. Milch mit Honig und Hefe läßt sich im Hause folgendermaßen herstellen: In einen emaillierten Topf 1 Kilogramm frische Bäckerhefe geben und kräftig mit 400 Gramm Puderzucker oder Streuzucker verrühren, bis sich eine einheitliche Masse ergibt. Danach 1 Liter Wasser hinzugießen und 2 Stunden lang kochen. Die entstehende Zucker-Hefe-Paste mit 2,6 Liter Wasser verdünnen, von neuem für 18–20 Minuten kochen und danach in eine kochende Mischung aus 200

Gramm Mehl (am besten Roggenmehl mit Kleie) und 200 Gramm Sahnebutter umschütten. Der gefilterten und noch warmen Hefemilch 300 Gramm noch nicht kristallisierten Honig (am besten Buchweizenhonig) hinzufügen und wieder gründlich umrühren, bis sich eine homogene Masse bildet. Diese Honig-Hefe-Milch ist im Kühlschrank aufzubewahren. Man nimmt zwei-, dreimal am Tag 2 Eßlöffel der auf Zimmertemperatur erwärmten Milch ein.

Milchnudeln mit Honig. In drei Becher kochende Milch 50 Gramm Nudeln schütten, eine Prise Salz und 1 Eßlöffel Honig hinzugeben. 20 Minuten kochen, bis die Nudeln weich sind. Wenn die Nudeln fertig sind, fügt man einen Eßlöffel Sahnebutter hinzu.

Milchreisgrütze mit Honig. Grütze, die auf normale Weise zubereitet wurde, vor dem Servieren Honig zusetzen. Für eine Portion (200 Gramm) sind erforderlich: 50 Gramm Reis, 70 Gramm Wasser, 50 Gramm Milch, 20 Gramm Honig, 10 Gramm Sahnebutter, 1 Gramm Salz.

Milchreissuppe mit Honig. In 3 Becher kochende Milch gibt man einen Viertel Becher sorgfältig gewaschenen Reis sowie eine Prise Salz und 1 Eßlöffel Honig. Kochzeit 30 Minuten. Der fertigen Suppe wird 1 Teelöffel Sahnebutter zugesetzt.

Nudeln mit Honig. Hausgemachte oder gekaufte Nudeln abkochen (8 Gramm Salz auf 1 Liter Wasser) und in ein Sieb geben. Die gekochten Nudeln in eine runde Bratpfanne mit ausgelassener Sahnebutter legen und unter Umrühren gut erhitzen. Dann grobgemahlene Walnüsse und abgekochten heißen Honig hinzugeben und umrühren. In einer vorgewärmten Porzellanschüssel servieren.

Für eine Portion benötigt man: 80 Gramm Nudeln, 15 Gramm Sahnebutter, 10 Gramm Nuß- oder Mandelkerne, 25 Gramm Honig.

Nußbaiser mit Honig. Weißes Mehl gut mit Sahnebutter und Honig verrühren, 1 Ei und 2 Eiweiße, zerkleinerte Walnüsse, die zerriebene Schale und den Saft einer Zitrone, 1 Löffel Rum und etwas kohlensaures Natrium hinzugeben. Den Teig gut durchkneten, auswalzen und mit einer Form oder einem kleinen Glas runde Fladen ausstechen. Backen, bis sie rötlichbraun sind. Wenn der Teig abgekühlt ist, mit Schokoladenglasierung bestreichen und auf jedes Stück die Hälfte eines Walnußkerns legen. Für 140 Gramm Honig nimmt man: 300 Gramm weißes Mehl, 100 Gramm Sahnebutter. (Aus der ungarischen Küche.)

Nußsoufflé mit Honig. In eine heiße Mischung aus Milch und 1 Eigelb 1 Becher zerstoßene Nüsse geben. In einer Pfanne Sahnebutter auslassen und mit Mehl und Salz verrühren. Unter ständigem Umrühren die heiße Milch langsam hinzugießen. Honig hinzufügen, weiter umrühren, auf schwacher Flamme so lange kochen, bis sich die Masse verdickt. Eigelbe und Vanillezucker vermischen und langsam unter ständigem Rühren zugießen. 15 Minuten in den Eisschrank stellen. Eine Form (für eineinhalb Liter) buttern und leicht mit Puderzucker bestäuben.

Eiweiße mit dem Schneebesen schlagen, bis sich ein luftiger (doch nicht trockener) Schaum bildet, und vorsichtig in das Gemisch gießen. Umrühren. Das Gemisch in die Form füllen und 35 Minuten in den vorher gut geheizten (bis 180 Grad Celsius) Backofen stellen. Das heiße Soufflé mit süßer Soße servieren.

Für 10–12 Portionen sind erforderlich: 3 Eßlöffel Sahnebutter, 3 Eßlöffel Weizenmehl, 1 Prise Salz, drei Viertel Becher heiße Milch, ein Viertel Becher Honig, 1 Teelöffel Vanillezukker, 5 Eier.

Pachlava, mit Butter angemacht. In eine Schüssel mit Wasser und darin aufgelöster Hefe Eier schlagen und gründlich umrühren. Mehl hinzugeben und von neuem gut umrühren. Danach ausgelassene Butter hinzugeben und 10–15 Minuten lang einen Teig kneten. Den Teig für eineinhalb Stunden an einen warmen Ort stellen. Gleichzeitig die Füllung vorbereiten (Walnußkerne mit dem Fleischwolf zerkleinern und mit Zukker und zerstoßenem Kardamom vermischen). Den fertigen Teig auf den Tisch legen und in zwei Teile schneiden. Jeden Teil 1,5–2 Millimeter dick auswalzen. Eine Teigschicht auf ein gefettetes Backblech legen, darüber die Füllmasse von 3 Millimeter Dicke geben und mit einer zweiten Teigschicht bedekken. Die Teigränder zusammendrücken. Die Oberfläche mit Eigelb bestreichen und rhombusförmig einkerben. Die Pachlava 35–40 Minuten im heißen Ofen backen. Das Blech nach 10 Minuten herausnehmen, die Kerben mit ausgelassener Butter übergießen und wieder in den Backofen zurückstellen. Nach dem Überbacken die Kerben mit Honig füllen und den Teig schneiden.

Für die Herstellung des Teigs braucht man: 750 Gramm Mehl, 175 Gramm ausgelassene Butter, 2 Eier, 35 Gramm Hefe, 200 Gramm Wasser; für die Füllung: 500 Gramm Walnüsse, 500 Gramm Zucker, 5 Gramm Kardamom; für das Bestreichen: 110 Gramm ausgelassene Butter, 175 Gramm Honig. (Aus der armenischen Küche.)

Paste aus Honig und Hefe. Dieses wertvolle Diätprodukt ist besonders für ältere Menschen nützlich. Es kann auch im Hause leicht hergestellt werden (das Verhältnis von Honig zu Hefe ist 1:1 oder 1:2). Der tägliche Genuß von 50–75 Gramm Honig-Hefe-Paste stärkt die Gesundheit.

Perlgraupensuppe mit Honig. 3 Eßlöffel gewaschene Perlgraupen werden als dicke Grütze fast bis zum Garwerden 40–50 Minuten in Wasser gekocht. Danach gibt man 3 Becher Milch hinzu und kocht weitere 15 Minuten, nachdem 1 Prise Salz, 1 Eßlöffel Honig und 1 Eßlöffel Sahnebutter zugesetzt wurden.

Pfefferkuchen. Die Herstellung des Pfefferkuchens ist äußerst einfach: Zucker und Honig werden mit Wasser gemischt und aufgekocht. Der entstandene Sirup soll bis auf Zimmertemperatur abkühlen. Dann Zimt, Gewürznelken und kohlensaures Natrium hinzugeben. Mehl hinzurühren, um einen lockeren Teig zu erhalten. Den gründlich gekneteten Teig 1 Zentimeter dick auswalzen und auf ein gebuttertes Blech legen.

Man schiebt es in einen Brat- oder Backofen und steigert die Temperatur allmählich bis auf 200 Grad Celsius.

Zum Backen von Pfefferkuchen benötigt man: 250 Gramm Weizenmehl, 50 Gramm Wasser, 100 Gramm Streuzucker, 100 Gramm Honig, 5 Gramm Sonnenblumenöl, Zimtpulver, 1 Gewürznelke, 5 Gramm kohlensaures Natrium.

Pfefferkuchen nach Moskauer Art. Alle Bestandteile gründlich durchmischen. Den Teig 1 Zentimeter dick auswalzen und auf ein gebuttertes Backblech legen. Danach 2 Stunden stehen lassen, anschließend in den Backofen schieben. Die Backtemperatur beträgt 200 Grad Celsius. Zur Zubereitung werden gebraucht: 2 Becher Honig (am besten Buchweizenhonig), 2 Becher Weizenmehl, 2 Becher Roggenmehl, 4 Eier, 1 Teelöffel kohlensaures Natrium.

Piroggen nach französischer Art. 470 Gramm Honig und einen halben Becher Milch aufkochen. 500 Gramm Weizenmehl und 1 Teelöffel kohlensaures Natrium hinzufügen. Den Teig auswalzen, auf ein bemehltes Backblech legen, die Form einer großen Pirogge bilden und für eine Stunde in den Ofen schieben.

Preiselbeerkonfitüre mit Honig. 1 Kilogramm ausgelesene Preiselbeeren mit kochendem Wasser übergießen, umrühren und in ein Sieb geben. Darauf schüttet man die Preiselbeeren in eine Schüssel, fügt 1 Kilogramm Honig, 3 Gewürznelken und 1 Stück Zimt hinzu und kocht bis zum Garwerden. Die abgekühlte Konfitüre wird in ein Glas gefüllt, das mit Paraffin- oder Pergamentpapier bedeckt und verschnürt wird. Man bewahrt die Konfitüre an einem trockenen, kühlen Ort auf. Sie kann auch zu Fleischgerichten – gebratenem Geflügel, Wildbret, Kalb-, Hammel- und Rindfleisch – serviert werden.

Quark mit Honig. Sorgfältig gepreßten Quark mit Honig vermischen, bis sich eine einheitliche Masse ergibt. Für 450 Gramm Quark werden 3 Eßlöffel Honig benötigt. (Aus der polnischen Küche.)

Quarkauflauf. Zu gepreßtem Quark flüssigen Honig, Streuzucker, Eier und feinen Weizengrieß geben und gründlich umrühren. Die Masse in eine Pfanne legen, die zuvor gut mit Sahnebutter eingerieben wurde, und 35–40 Minuten im Ofen bakken. Durchschnittlich: 500 Gramm Quark, 50 Gramm Honig, ein halber Becher Streuzucker, 2 Eier, 3–4 Eßlöffel Weizengrieß, 1 Eßlöffel Sahnebutter zum Einreiben der Pfanne.

Quarkmasse mit Honig. Eigelb gut mit Streuzucker und angewärmtem Honig mischen, danach ausgelassene Sahnebutter dazugeben und bis zur Bildung einer einheitlichen Masse schlagen. Diese Masse mit gepreßtem Quark vermischen. Mit saurer Sahne oder Schlagsahne servieren.

Zutaten: 100 Gramm Quark, 10 Gramm Zucker, 10 Gramm Naturhonig, 1 Eigelb, 15 Gramm Sahnebutter, 30 Gramm saure Sahne oder Schlagsahne.

Quarknapfkuchen, gedämpft, mit Nüssen und Honig. In vorgewärmten Honig kleingehackte Nüsse, Eigelbe, Weizenmehl und Sahnebutter geben, gut umrühren, dann mit gepreßtem Quark vermischen. Geschlagenes Eiweiß vorsichtig beigeben. Die vorbereitete Quarkmasse in gebutterte und mit Zucker bestreute Backformen geben und mit Dampf ausbacken. Den fertigen Napfkuchen mit heißem Honig begießen. Für einen Napfkuchen benötigt man: 100 Gramm Quark, 10 Gramm Weizenmehl, ein halbes Ei, 15 Gramm Walnußkerne, 10 Gramm Sahnebutter, 5 Gramm Streuzucker, 50 Gramm Honig.

Quitten mit Honig. Die Früchte der Quitte sind aromatisch, angenehm im Geschmack, doch auch sehr herb und bitter. In Verbindung mit Bienenhonig gewinnt die Quitte einen vorzüglichen Geschmack und ein ausgezeichnetes Aroma. Die Früchte schälen, zerschneiden, das Gehäuse entfernen und die Scheiben in einen Topf legen. Mit kaltem Wasser übergießen, so daß die Früchte bedeckt sind, und so lange kochen, bis die Scheiben weich sind. Darauf herausnehmen und den Aufguß filtern. In eine Schüssel zum Konfitürekochen pro Kilogramm Quitten 2 Kilogramm Honig bringen, 1–1,5 Becher des Aufgusses hinzugießen und einen Sirup herstellen. In den kochenden Sirup die vorbereiteten Quittenscheiben geben und auf schwacher Flamme so lange kochen, bis sie durchsichtig geworden sind.

Rhomben aus Haferflocken mit Honig. Sahnebutter gründlich mit Zucker mischen, Honig, saure Sahne, Ei, Haferflocken, Mehl und kohlensaures Natrium hinzufügen. Alles umrühren und den Teig zu Fladen von 3–5 Millimeter Dicke auswalzen; Rhomben ausschneiden. Das Gebäck im Ofen 10–15 Minuten bei einer Temperatur von 200 Grad Celsius backen. Durchschnittlich benötigte Zutaten: ein halber Becher Honig, ein halber Becher Streuzucker, 1 Becher Mehl, ein halber Becher saure Sahne, 1 Ei, 100 Gramm Sahnebutter, ein halber Teelöffel kohlensaures Natrium.

Salat mit Honig. Man nehme verschiedene Gemüsearten, z. B. Gurke, Radieschen, süßen Pfeffer, verschiedene Kohlsorten, Mohrrüben, Tomaten, grüne Erbsen (eine Handvoll) und Zwiebeln. Alles kleinschneiden und mischen. Zum Würzen bereitet man eine indische Soße: der Saft einer Zitrone, 1 Teelöffel Salz, 1 Eßlöffel Honig, einen halben Eßlöffel Zucker, einen Viertel Teelöffel roten Pfeffer. Alles in ein Gefäß geben und gut umrühren. Der Zitronensaft löst den Honig auf, so daß die Soße nicht süß schmeckt. Der Pfeffer gibt dem Gemüse seine Würze. Beim Servieren den Salat mit der Soße übergießen und umrühren. Für eine Portion reichen 1–2 Löffel Soße. (Aus der indischen Küche.)

Salzgurken mit Honig. Die Gurken der Länge nach in vier Teile schneiden, mit Honig übergießen und als Nachtisch reichen.

Schneeballstrauchbeeren in Honig. Man erhitzt Honig, taucht die am Zweig gewaschenen Früchte hinein und legt sie dann auf einen Teller zum Trocknen. Auf diese Weise sind die Beeren sehr schmackhaft und halten sich lange. Die Beeren des Schneeballstrauchs enthalten viel Vitamin C (mehr als 30 Prozent), Gerbstoffe, organische Säuren, Zucker usw.

Der Aufguß dieser Beeren mit Honig empfiehlt sich als gutes Mittel gegen den Husten: 1 Becher Beeren wird gewaschen, mit 1 Liter kochendem Wasser übergossen und 8–10 Minuten gekocht. Danach wird die Mischung gefiltert, und 3 Eßlöffel Honig werden zugesetzt.

Schwarze Johannisbeeren mit Honig. Schwarze Johannisbeeren enthalten Provitamin A (Karotin), B_1 (Aneurin), Vitamin P (Rutin), Vitamin C_2 (antipneumonischer Faktor). Eine so hohe Sättigung mit Vitaminen, besonders mit Vitamin C, empfiehlt den Genuß der schwarzen Johannisbeere nicht nur im Sommer, sondern auch im Winter. Die von den Stengeln befreiten und gewaschenen Beeren mit einem Holzstößel zerreiben, mit Honig übergießen und gründlich umrühren. Die erhaltene Masse in Glasgefäße füllen, mit Wachs- oder Paraffinpapier bedecken, sorgfältig zubinden und an einem kühlen Ort aufbewahren. Noch besser ist, das Honig-Johannisbeer-Gemisch zu sterilisieren und in Glasbehältern mit Metalldeckeln aufzubewahren. Für 1 Kilogramm Honig nimmt man 1 Kilogramm schwarzer Johannisbeeren.

Ser und Tshor-ser. Beim Kochen in einem Gefäß mit breiter Öffnung bildet die Milch eine Haut. Diese Haut zu einer dünnen Schicht anwachsen lassen, dann abnehmen, salzen und zum Trocknen in ein anderes Gefäß geben. Die getrocknete Haut wird mit Honig bestrichen. (Aus der armenischen Küche.)

Tomaten, frisch, mit Honig. Nicht allzu reife Tomaten in Hälften schneiden, mit Honig übergießen und zum Nachtisch reichen.

Tshak-tshak. Mehl mit Eiern zu einem festen Teig kneten, ihn dann so dünn wie möglich auswalzen und zu nudelförmigen Streifen von 4–5 Zentimetern Länge zerschneiden. Das restliche Mehl von den Streifen entfernen und diese in einem Gemisch aus Hammelschmalz und Baumwollöl (oder in erhitzter Butter) braten. Die gerösteten Streifen auf einem Stück Papier abkühlen lassen. Währenddessen in einer Metallschüssel Honig zergehen lassen und mit Streuzucker verrühren (dadurch erhält das Tshak-tshak die gewünschte Härte). Auf dem Feuer halten, bis sich der Zucker auflöst. Danach einige Handvoll Streifen in eine tiefe Schale legen und langsam unter Umrühren mit Honig übergießen. Die Masse schnell in ein anderes Gefäß geben, das mit Pergamentpapier ausgelegt ist, gut mit den Händen zusammendrücken (die Hände vorher befeuchten) und der Mischung irgendeine Form geben. Das fertige Produkt in den Kühlschrank oder an einen anderen kühlen Ort stellen. Wenn die Masse recht hart geworden ist, wird sie mit kleinen Pralinen oder Fruchtbonbons verziert. Vor dem Servieren in appetitliche Stücke schneiden. Die Zutaten für eine Portion: 500 Gramm Mehl, 5–6 Eier, 500–600 Gramm Honig, 100–150 Gramm Zucker, 150 Gramm Hammelschmalz, 350 Gramm Baumwollöl oder 500 Gramm heiße Butter. (Aus der usbekischen Küche.)

Weintrauben, mariniert. Nicht allzu große reife, doch harte Weintrauben waschen, in Reihen in ein Gefäß legen und mit Marinade übergießen. Ebenso kann man Pflaumen, Aprikosen und andere Früchte und Beeren marinieren. Vor dem Marinieren die Trauben blanchieren (mit heißem Wasser übergießen) und danach zum Abkühlen in kaltes, abgekochtes Wasser legen. Für die Marinade eines Kilogramms Weintrauben werden gebraucht: 50 Gramm Zucker, 50 Gramm Honig, 200 Gramm Tafelessig, 200 Gramm Wasser, 20 Gramm Salz, 5 Gewürznelken, 5 Körnchen Kardamom. (Aus der armenischen Küche.)

Yugatert. Mehl sieben, darin eine Vertiefung machen, leicht geschlagene Eier, heiße Milch mit darin aufgelöstem kohlensaurem Natrium und ausgelassene Butter hineingießen und einen Teig kneten. Den Teig so dünn wie möglich auswalzen, mit heißer Butter bestreichen, leicht mit Mehl bestreuen und wie einen Umschlag falten. Darauf wiederum auswalzen, mit Butter bestreichen, leicht mit Mehl bestreuen und zum zweitenmal zu einem Umschlag falten. Der Teig muß sechsmal ausgewalzt und gefaltet werden. Danach wird er in eine gebutterte Pfanne gelegt und in einem heißen Ofen nicht länger als 10–15 Minuten gebacken. In Quadrate schneiden, auf einen Teller legen und mit ausgelassenem heißem Honig übergießen. Zutaten im Durchschnitt: 1 Kilogramm Mehl, 200 Gramm ausgelassene Butter (50 Gramm im Teig und 150 Gramm für das Einreiben der Teigschichten), 200 Gramm Milch, 6 Eier, 1–2 Gramm kohlensaures Natrium, 300 Gramm Honig. (Aus der armenischen Küche.)

Zul'biye. Festen, ungewürzten Teig aus Weizenmehl, Milch und Eiern 40–50 Minuten stehenlassen, danach in eine Schüssel legen und langsam mit Milch verdünnen, bis sich eine einheitliche Masse von sahneförmiger Konsistenz ergibt. Langsam in eine Bratpfanne oder einen Kessel mit viel geschmolzenem Fett gießen. Der Teig wird von 2 Seiten geröstet, bis er braun ist, und dann in einen vorbereiteten Sirup aus Honig und Zucker gebracht. Im Sirup bleibt er 5–7 Minuten. Zum Zul'biye kann man auch getrennt Honig und Säfte reichen. Man nimmt durchschnittlich: 5 Becher Weizenmehl, 4 Eier, eineinhalb bis zwei Becher Milch, einen Teelöffel Salz, 1 Becher Honig, zum Braten 600–800 Gramm Pflanzenöl. (Aus der tadshikischen Küche.)

Der vitaminreiche Honigwein

In Volksepen, -märchen, -legenden und -liedern wird der vorzügliche Met besungen. Die Geschichte der Metzubereitung reicht tief ins Altertum zurück. Ihr wurden viele aufschlußreiche Zeilen alter und neuer Dichter und Schriftsteller gewidmet. In Ägypten wurde Wein schon mehrere Jahrtausende vor unserer Zeitrechnung weithin genossen. Die griechische Mythologie erzählt, daß die Honignymphe Melissa die Amme des Obersten der Götter, Zeus, war. Sie lehrte ihn, schmackhafte Honiggetränke zuzubereiten.

Alte schottische Legenden berichten, daß die Pikten Met aus dem immergrünen Heidekraut herzustellen verstanden. Davon, daß im Altertum dem Met eine außerordentlich hohe Bedeutung beigemessen wurde, zeugen auch die Gesetze des Walisischen Fürstentums. Der Metbrauer am fürstlichen Hof galt als Beamter des elften Ranges und war in seinen Rechten einem Arzt gleichgestellt.

Die englische Königin Elizabeth I. liebte den Honigwein sehr. Nach ihrem Rezept wurden ihm die Blütenblätter wohlriechender Rosen, Rosmarin-, Thymian- und Lorbeerblätter sowie zerstoßene Gewürznelken, Muskatnüsse und andere schmackhafte und aromatische Substanzen zugesetzt.

In der Waffenkammer des Moskauer Kreml werden sorgsam die Gießpfannen gehütet, aus denen fremdländische Botschafter bei ihren Begegnungen mit den russischen Zaren Met tranken.

Der Bienenzüchter Professor I. I. Korablev schreibt, daß an Feiertagen und zu festlichen Anlässen in jedem Haushalt – am Fürstenhofe ebenso wie in den Hütten des einfachen Volkes – Met zum eigenen Genuß und zur Bewirtung gebraut wurde. Er machte nicht allzu betrunken, sondern hob die Stimmung und Fröhlichkeit. Met war in Rußland seit alter Zeit und bis zum 16. Jahrhundert ein höchst beliebtes und sehr weit verbreitetes Getränk; weder heidnische Leichenfeiern noch Hochzeiten kamen ohne ihn aus.

Die Honigweine, aus feuchtem Honig gewonnen, teilte man in natürliche Weine und solche, denen Fruchtsäfte zugesetzt waren. Die »gebrauten Weine« wurden, wie die Bezeichnung selbst sagt, aus eineinhalbfachem, doppeltem oder dreifachem Honigwasser gekocht, das heißt aus einer Maische mit hohem Zuckergehalt. Die gebrauten Metsorten ließ man sehr langsam gären; zu ihrer Herstellung wurden ein bis fünf Jahre benötigt. Bei der Zubereitung natürlicher Metsorten fügte man dem kochenden Honigwasser Hopfen, Ingwer, Zimt, Veilchenwurz, Muskatnüsse, Pfeffer, Vanille, Wacholderbeeren und Sellerie hinzu – je nach der Art des Getränks. Nach der Abkühlung, doch noch vor der Gärung, brachte man in das Honigwasser unzerschnittene Zitrusfrüchte ein. Es gab eine ganze Kollektion von gebrauten Metsorten: gewürzter, Feldmarsch-, Jungfrauen-, Litauer, Polnischer, Bernhardiner, Kapuziner, Kastellaner Met und andere.

Im 16. Jahrhundert wurden rote Metsorten sehr hoch geschätzt: Himbeer-, Kirsch-, Johannisbeer-, Faulbeer- und alter Wacholdermet. Die weißen Sorten kosteten etwas weniger.

Der polnische Bienenzüchter Prof. Theophil Tseselski (1846–1916) war ein großer Befürworter der Metbrauerei. Er behauptete, daß Stachelbeermet es mit den besten Weinen – etwa ungarischem Tokayer, Malaga und Madeira – aufnehmen könne. Met aus Heidelbeerhonig hat einen sehr angenehmen Geschmack und ist äußerst nützlich für geschwächte Menschen, die an Magenkrankheiten leiden. Auch Berberitzenmet ist ein schmackhaftes und gesundes Getränk, das besonders Genesenden hilft. Himbeermet ist von angenehmem, zartem Geschmack und Aroma.

Prof. T. Tseselski trat energisch für die Honigbrauerei ein, weil er meinte, sie erhöhe die Profitabilität der Bienenzucht und schaffe ein gutes, gesundheitsstärkendes Getränk. Der gleichen Meinung waren der Bakteriologe und große Kenner der Bienenkrankheiten Prof. I. L. Serbinov, der im Jahre 1913 das Buch »Die Weinherstellung aus Honig, Früchten und Beeren als einträglicher Zweig der Bienenzucht« veröffentlichte, I. I. Korablev, der das Buch »Metbrauerei und Weinherstellung aus Honig und Früchten« (1929) schrieb, und E. E. Popov, der Autor des Werkes »Honigweine« (1961).

In der großen Auswahl der hervorragenden sowjetischen Weine, Liköre, Kräuterschnäpse und Kognaks nimmt der Honigwein nur einen bescheidenen Platz ein, doch hat sich dieses uralte angenehme und nützliche Volksgetränk bis in unsere Tage erhalten. Es kann und muß ein Mittel zur Bekämpfung des Alkoholismus werden. Der vitaminreiche Honigwein ist ein Freund der Gesundheit und ein Prophylaktikum, das die Immunität gegenüber Krankheiten und schädlichen äußeren Einflüssen vergrößert.

Kwaß und andere Honiggetränke

Honiggetränke (Kwaßarten und andere Honiggewürzgetränke) zeichnen sich durch gute geschmackliche Qualitäten und für den Organismus nützliche Eigenschaften aus. Sie wirken vortrefflich auf Verdauung und Stoffwechsel, sind nützlich für Menschen, die von Blutarmut und chronischen Erkrankungen des Magen-Darm-Traktes (Gastritis mit herabgesetztem Säuregehalt, Kolitis mit schwacher Peristaltik usw.) genesen.

Kwaß (Getreide-, Beeren-, Honigkwaß u. a.) ist das beliebteste Getränk in unserem Land. Schon bevor sich das Kiewer Rußland bildete, beherrschten die Ostslaven die Kunst der Herstellung verschiedener Kwaßarten.

Die Herstellung der Honigkwaßsorten unterscheidet sich von jener der Getreidekwaßarten dadurch, daß als Ausgangsstoff für die Maischezubereitung natürlicher Bienenhonig genommen wird.

Für die Herstellung von Honigkwaß sind folgende Zutaten unerläßlich: natürlicher Bienenhonig, Hopfen, Zimt, Gewürznelken, Kardamom, Veilchenwurz, Ingwer, Vanille, Minze, Moosbeeren, Wacholderbeeren, Himbeeren, Sauerkirschen, Johannisbeeren und andere Beeren, Früchte, Rosenblütenblätter, Zitronen, Apfelsinen, Rosinen, Hefe – Wein- oder Kwaßhefe (die Reinkultur der Rasse M-Kwaß-5 in einer Dosierung von 10 Granula pro Flasche).

Die Kwaßbrauerei beginnt mit der Vorbereitung der Maische. Wenn man Wabenhonig verwendet, so treiben die Waben (das Wachs) bei schwach kochendem Wasser an die Oberfläche, so daß man sie mit dem Schaumlöffel entfernen kann. Beim Kochen von Schleuderhonig muß man den sich bildenden Schaum unbedingt abschöpfen. Die aromatischste und schmackhafteste Maische wird nicht mit Wasser gekocht. Jedoch werden die Honigkwaßsorten aus einer solchen Maische schneller sauer als jene, die mit gekochter Maische gebraut werden. Zur Herstellung der Maische den Honig mit Wasser im Verhältnis 1:6 verdünnen und mit Gewürzen versetzen.

Statt den Honig mit Wasser zu verdünnen, kann man ihn auch mit Beeren- und Fruchtsäften verschneiden. Den Honig mit Wasser, Gewürzen, Beeren- und Fruchtsäften sofort nach der Vermischung zur Gärung bringen, die Maische für den gebrauten Honigkwaß dagegen 2–4 Stunden lang kochen, d. h. bis sie hell ist. Dann abkühlen und gären lassen.

Wenn die Maische mit Hopfen hergestellt wird, wird er 15–20 Minuten vor dem Ende des Kochvorgangs hinzugefügt. Die fertige Maische wird vor der Gärung durch ein Gewebe gefiltert. Natürliche Säfte gibt man nach dem Kochen und Abkühlen des Honigs hinzu. Man kann den Honig mit oder ohne Hefe gären lassen. Bei der Hefemethode schüttet man reine oder verdünnte Weinhefe (mit Rosinen) in die Maische. Im anderen Falle wird die Maische aus Beeren- und Fruchtsäften mit Kwaßhefe gegoren und offen gelassen. Es gilt als Zeichen des Gärungsbeginns, wenn sich auf der Oberfläche der Maische weißer Schaum bildet, der danach bläschenförmig wird. Das Verschwinden des Schaumes kennzeichnet das Ende der Hauptgärung.

Der junge Honigkwaß wird verschlossen und in einen Kühlschrank oder einen kühlen Keller gebracht. Dort gärt und reift er 1–2 Monate und mehr langsam weiter. Die anhaltende Gärung bei niedriger Temperatur macht den Honigkwaß schmackhafter, aromatischer, klarer und beständiger. Es empfiehlt sich nicht, die Temperatur der gärenden Maische über 12–15 Grad Celsius hinaus anzuheben. Die Kwaßherstellung wird am besten bei einer Temperatur von 2–4 Grad Celsius abgerundet (durch Ausgärung und Reifung), weil sich unter diesen Bedingungen keine Nebenprodukte bilden, die die guten Kwaßeigenschaften herabsetzen.

Die Herstellung von Kwaß mit Hefe unterscheidet sich von jener ohne Hefe dadurch, daß vor der Hauptgärung in die Maische verdünnte Wein- oder Kwaßhefe aus reinen Kulturen (100 Gramm auf 18–20 Liter Maische) gegeben wird. Eben deshalb dauert die Gärung der Maische 1–3 Tage, die Ausgärung 2–4 Wochen und die Ablagerung 1–2 Monate. Vor der

Abfüllung in Flaschen bleibt der Honigkwaß mehr als zwei Wochen lang stehen. Man muß bedenken, daß Hefekwaß weniger beständig ist als solcher ohne Hefe. Die Erhellung der Maische vollzieht sich nach der Ausgärung und Reifung; danach wird der Kwaß durch ein Gewebe gefiltert. Honigkwaß kann durch Eiweiß (1 Eiweiß auf 3–5 Liter Kwaß) oder Fischleim (1 Gramm auf 5 Liter Kwaß) aufgehellt werden. Den Kwaß füllt man am besten in Champagnerflaschen ab und umwickelt die verkorkten Flaschen mit einem Draht. Das geschieht 3–8 Wochen nach dem Beginn der Herstellung. Die Flaschen mit Honigkwaß werden liegend auf Eis oder im Gefrierfach eines Kühlschranks aufbewahrt. Honigkwaß darf nicht weniger als 3–4 Monate lang kühl gelagert werden. Während dieser Zeit wird er auch ohne Verleimung heller, das heißt ohne Verwendung von Eiweiß oder Fischleim.

Bal. So wird in Zentralasien der Honig genannt. Aus ihm bereitet man ein schmackhaftes Getränk. In kochendes Wasser Ingwer, Zimt und Gewürznelken, feinen schwarzen Pfeffer und Lorbeerblätter geben und zum Kochen bringen. Vom Herd nehmen, fest mit einem Deckel abschließen und 5–10 Minuten ziehen lassen. Danach Honig hinzufügen, alles gründlich umrühren und filtern. Das Getränk wird heiß gereicht. Für eine Portion (einen Becher) benötigt man: 25 Gramm Honig, 0,05 Gramm schwarzen Pfeffer, 0,05 Gramm Lorbeerblätter, 1 Gramm Ingwer, 5 Gramm Zimt, 1 Gramm Gewürznelken.

Bal nach tatarischer Art. Geschleuderten Honig erhitzen, durch ein Sieb geben und in ein Holzfaß gießen. Danach mit abgekühltem Kochwasser auffüllen und Hefe hinzugeben. Das Faß 8–10 Tage bei Zimmertemperatur stehen lassen. Nach der Gärung abkühlen. Das Getränk wird kalt genossen. Es kann sechs Monate lang aufbewahrt werden. Für 10 Liter sind erforderlich: 8 Liter abgekochtes Wasser, 2,5 Kilogramm Honig, 100 Gramm Hefe.

Cocktail mit Pflaumen und Honig. Einen Becher zu einem Viertel mit kleingestoßenem Eis füllen, mit Honig übergießen, Kognak und frische Schlagsahne hinzugeben. Alle Bestandteile gründlich umrühren. Zutaten: 2 Eßlöffel Honig, 2 Schnapsgläser Kognak, 4 Löffel Schlagsahne. (Aus der ungarischen Küche.)

Getränk aus Honig, Mohrrüben und Zitronen. Mohrrüben sorgfältig reinigen und kleinraspeln, den Saft ausdrücken, mit abgekühltem Kochwasser vermischen und nach Geschmack mit Salz, Zitronensaft und Honig würzen. Dem fertigen Getränk kann man kleingehackten Dill zusetzen. Durchschnittlich: 2 Eßlöffel Honig, 1 Kilogramm Mohrrüben, eineinhalb Becher Wasser, Zitronensaft, Salz, Dill nach Geschmack. (Aus der polnischen Küche.)

Getreidekwaß mit Honig und Meerrettich. Meerrettich kleinraspeln, Honig erhitzen und mit einer Portion abgelagertem Kwaß vermischen. Den Meerrettich hineingeben und einen Tag in den Kühlschrank stellen. Danach wird das Getränk gefiltert und kann genossen werden. Für einen Liter Kwaß braucht man 25 Gramm Honig und 5 Gramm Meerrettich.

Gogol'-mogol'. Es handelt sich um ein schmackhaftes, angenehmes und sehr nahrhaftes Getränk. Es gibt folgende Methoden der Zubereitung:
- 1 Ei schlagen, 2 Eßlöffel Honig, etwas Salz und etwas zerriebene Muskatnuß hinzufügen; alles gründlich umrühren, mit drei Viertel Becher abgekochter Milch übergießen und filtern;
- 2 Eigelbe mit 3 Eßlöffeln Honig mischen, etwas Salz und Vanillepulver (oder Vanille) hinzugeben und eineinhalb Becher abgekochte Milch aufgießen; alles noch einmal umrühren und filtern;
- 2 Eigelbe schlagen, 3 Eßlöffel Honig und eineinhalb Becher abgekochte Milch hinzufügen; alles gut umrühren, filtern und mit den geschlagenen Eiweißen vereinen;
- 2 Eiweiße kräftig schlagen, bis eine gelbe Masse entsteht,

dazu 5 Eßlöffel Honig, einen halben Becher Erdbeersaft und eine Prise Salz geben; gut umrühren und mit 2 Bechern kalter abgekochter Milch und einem halben Becher kaltem abgekochtem Wasser vermischen. Die Mischung mit zu Schaum geschlagenem Eiweiß zusammengeben;
- 1 Ei, 3 Eßlöffel Honig, 1 Eßlöffel Apfelsinen- oder Zitronensaft, 1 Becher kalter abgekochter Milch hinzufügen; alles vermischen und so lange schlagen, bis man eine einheitliche feste Masse erhält.
Grog mit Honig. Honig in ein angewärmtes Glas geben, mit Kognak übergießen und mit heißem Wasser auffüllen. Eine Zitronenscheibe hinzugeben. Zutaten: 75 Gramm Kognak, 20 Gramm Honig, ein Zehntel einer mittelgroßen Zitrone.

Honig-Apfelsinen-Getränk. Auf eineinhalb Becher Milch und einen halben Becher Apfelsinensaft 3 Eßlöffel Honig geben und so lange rühren, bis sich eine einheitliche Masse ergibt.
Honig-Erdbeer-Getränk. Eineinhalb Becher Milch, 2 Eßlöffel Honig und einen halben Becher zerriebene Erdbeeren vermischen, 1 Prise Salz hinzufügen und zu einer einheitlichen Masse verrühren.
Honiggetränk aus schwarzen Johannisbeeren. Schwarze Johannisbeeren waschen, filtern, die Stengel entfernen, die Früchte zerdrücken und mit Honig mischen. In kleinen Bechern mit Sodawasser und einem Stück Eis reichen. Zutaten im Durchschnitt: 600 Gramm schwarze Johannisbeeren, 5 Eßlöffel Honig, 2 Becher Sodawasser. (Aus der polnischen Küche.)
Honig-Kirsch-Getränk. Einen halben Becher Sauerkirschsaft, 1 Eßlöffel Zitronensaft, 2 Eßlöffel Honig und 1 Prise Salz gründlich verrühren und mit eineinhalb Bechern Milch auffüllen.
Honigkwaß, einfacher. Auf 4 Kilogramm Honig kommen 200 Gramm Hopfen, 200 Gramm Hefe, 15 Liter Wasser. Das Ergebnis sind 15 Liter Honigkwaß.

Es gibt viele Rezepte der Kwaßbrauerei. Man kann sie nachlesen in der Broschüre von D. A. Korolev, »Der russische Kwaß« (Moskau, 1967).

Honigkwaß, lettischer. Honig in kochendes Wasser geben und gut umrühren. Wenn sich die Flüssigkeit auf 20 Grad Celsius abgekühlt hat, Hefe, Zitronensaft und Zitronensäure hinzufügen und 10–12 Stunden stehenlassen. Abkühlen, in Flaschen füllen und verkorken. Für 5 Liter Wasser braucht man: 800 Gramm Honig, 25 Gramm Hefe, 2 Zitronen.

Honigkwaß, roter. Auf 4 Kilogramm Honig kommen 100 Gramm Hopfen, 6 Gramm Veilchenwurz, 2–3 Körnchen Kardamom, 1 Eßlöffel gebrannter Zucker, 25 Liter Wasser. Man erhält 25 Liter Honigkwaß.

Honigkwaß, weißer. Für 4 Kilogramm Honig sind erforderlich: 100 Gramm Hopfen, 6 Gramm Veilchenwurz, 2–3 Körnchen Kardamom, 25 Liter Wasser. Das ergibt 25 Liter Honigkwaß.

Honig-Moosbeeren-Getränk. 3 Teelöffel Moosbeerensaft mit einem Becher kochendem Wasser und einem Löffel Honig sorgfältig verrühren.

Moldauer Honiggetränk »Tineretse«. In trockenen Weißwein Honig und Zitronensäure geben und aufkochen. Danach abkühlen, ein Stück Eis hinzufügen und mit Sodawasser mischen. Für eine Portion braucht man: 70 Gramm Wein, 30 Gramm Honig, 1 Gramm Zitronensäure, 80 Gramm Sodawasser, 20 Gramm Eis.

Schizandra chinensis mit Honig. Die Völker des Fernen Ostens halten die Beeren der Schizandra schon seit langem für einen natürlichen Stimulator. Die Golden und Nanaizen und andere Völkerschaften nehmen auf die Jagd einige getrocknete Früchte mit. Sie behaupten, daß es genügt, eine Handvoll dieser Beeren zu essen, um tagelang keinen Hunger zu spüren und genug Kraft für die Zobeljagd zu haben.

Experimente haben diese Beobachtungen bestätigt und gezeigt, daß die Schizandra besonders wirkungsvoll bei physischer und geistiger Erschöpfung sowie verminderter Arbeitsfähigkeit ist. Die Wirkung der Schizandra erinnert an Benzedrin und Cola, übertrifft sie aber bei weitem, da sich bereits 30–40 Minuten nach ihrer Einnahme die Arbeitsfähigkeit erhöht. Man hat festgestellt, daß das zarte Fruchtfleisch des Lianenstrauches reich an Vitamin C ist und (in trockenen Beeren sind 35–58 Milligramm pro 100 Gramm enthalten) viel Eisen, Mangan, Phosphor, Kalzium und andere Mineralstoffe enthält.

In Tierversuchen und klinisch am Menschen wurde bewiesen, daß die Schizandra das Herzgefäßsystem stärkt, den Blutdruck erhöht, den Blutkreislauf reguliert, Schläfrigkeit unterdrückt, die Lichtempfindlichkeit des Auges verstärkt und die Sehkraft erhöht. Diese Eigenschaften besitzt ein Spiritusextrakt aus den Samen der Schizandra. Die Wirkung des Fruchtfleisches ist weitaus schwächer – etwa zwölfmal geringer.

Auf einen Becher des Extraktes der Schizandra gibt man einen Teelöffel flüssigen (unkandierten) Honig (nach Geschmack variieren).

Volkskwaß. Malz mit Roggenmehl in kaltem Wasser vermischen. Den Teig gut umrühren, damit sich keine Klumpen bilden, in ein emailliertes Gefäß bringen und einen Tag in einen gut angeheizten Backofen stellen. Danach den Ofen von neuem durchheizen und den Teig einen zweiten Tag hineinstellen. Nach zwei Tagen den Teig in einen Backtrog (Holz oder Emaille) geben und langsam 12 Liter warmes Wasser unter ständigem Umrühren hinzugießen. Die verdünnte Maische bedecken und für 15–20 Stunden an einen warmen Ort stellen. Aus Weizen, Hefe und einem Glas Wasser einen Gärstoff bereiten. Die Maische vorsichtig zum Gären in ein gut vorgewärmtes und gewaschenes Fäßchen oder Emaillegefäß gießen. Gleichzeitig die vorbereitete Hefegärlösung und Honig (oder weiße Melasse) zusetzen. Gründlich umrühren und die Maische zur Gärung 12–16 Stunden lang an einem warmen Ort lagern. Wenn die Maische ausgegoren ist, muß der Kwaß stehenbleiben. Den aufgehellten Kwaß in Flaschen füllen, die liegend im Kühlschrank oder Keller zu verwahren sind.

Für 8 Liter Kwaß benötigt man: 3 Kilogramm Mehl aus Roggenmalz, 4 Kilogramm grobgemahlenes Roggenmehl, 100 Gramm Honig, 200 Gramm Mehl für die Gärung, 3 Eßlöffel flüssige Hefe.

Zitronenhonig. Honig und Hopfen mit 12 Litern Wasser kochen. In die abgekühlte Flüssigkeit Honigmaische einbringen. Dann Hefe und Zitronenscheiben hinzufügen und für 2–3 Wochen in den Keller stellen. Danach filtern und in Flaschen füllen. Die verkorkten Flaschen bis zum Verbrauch kalt lagern. Durchschnittliche Zutaten: 2 Kilogramm Honig, 6–8 Zitronen, 100 Gramm Hopfen, 3 Gramm Fischleim, 100 Gramm Hefe.

Zitronensaft mit Honig. Er wird bei Bluthochdruckkrankheiten und Schlaflosigkeit erfolgreich angewendet und ist Menschen von erhöhter Nervosität zu empfehlen. In einen Becher Wasser oder Sodawasser rührt man einen Löffel erstklassigen Honig und den Saft einer Zitronenhälfte. A. Ertel und E. Bauer empfehlen Zitronensaft in Verbindung mit Honig und Olivenöl als gutes Mittel bei Leber- und Gallenblasenkrankheiten.

Der Honig als wichtiges Heilmittel der Volksmedizin

In der russischen Volksmedizin wird der Honig schon seit langem zur Behandlung der verschiedensten Krankheiten verwendet – allein oder in Verbindung mit anderen Mitteln, die ebenfalls eine heilsame Wirkung haben.

Die Behandlung von Verletzungen

Viele Völker nutzen den Honig seit undenklichen Zeiten zur Behandlung von Krankheiten. Zum Beispiel verwandten ihn die Ägypter schon vor 3500 Jahren zum Kurieren von Wunden. Das gleiche gilt seit etwa 3000 Jahren auch für die Juden. In der letzten Zeit sind viele Veröffentlichungen über die Verwendung von Honig bei der Heilung von Wunden und in der Medizin herausgegeben worden. Im Ersten Weltkrieg benutzte der Militärchirurg Zeis Honig zur Behandlung verschmutzter (infizierter) Wunden und erzielte immer gute therapeutische Ergebnisse. In der Arbeit »Der Honig als Mittel zur äußerlichen Anwendung« führt er Hunderte von Fällen an, bei denen Verletzungen verschiedenen Grades mit Honig völlig ausgeheilt wurden. Zeis setzte den Honig auch erfolgreich zur Behandlung von Brandwunden ein.

G. Lücke schlug eine Salbe aus Honig und Fischfett zum Kurieren von Wunden vor. Er meinte, daß sich der Honig vorteilhaft auf die Säuberung und Ausheilung stark verschmutzter Wunden auswirkt, während das Fischfett die Granulation fördert.

Der Chirurg J. M. Krinitskij benutzte Honig in Verbindung mit Fischfett zur Behandlung von Kranken mit infizierten Wunden, Brandverletzungen und Osteomyelitis. Die Ergebnisse sind hervorragend: Das tote Gewebe wurde abgestoßen, und an den kranken Körperstellen setzte sehr schnell innerhalb von 5 Tagen die neue Gewebebildung ein.

S. A. Smirnov behandelte in der Klinik des Tomsker Medizinischen Instituts 75 Kranke mit Schußwunden erfolgreich mit Honig. Er verzeichnete, daß die Honigtherapie bei schlecht heilenden Verletzungen die Gewebebildung stimuliert.

Der Verdiente Arzt der UdSSR A. S. Budaj benutzte für die Behandlung von nur langsam heilenden Verletzungen und Geschwüren Honig in Verbindung mit Fischfett und Xeroform nach folgendem Muster: 80 Gramm Bienenhonig, 20 Gramm Fischfett, 3 Gramm Xeroform. Honig und Xeroform wurden zerstoßen, das Fischfett hinzugefügt und alles kräftig umgerührt.

A. E. Helfmann kurierte mehr als 30 Menschen, die an langfristig nicht heilenden Wunden litten, durch die Ionophorese (Elektrophorese) von Honig. Er schreibt, daß Wunden mit schlaffer, anämischer Granulation und starker Eiterabsonderung unter dem Einfluß der Ionophorese sauberer wurden, besser durchbluteten und gut ausheilten.

Ad. Rough empfiehlt, bei Abszessen Honig mit Mehl zu einem festen Teig zu vermischen und als Pflaster zu verwenden.

P. Rizga glaubt, daß »bei Verbrühungen mit Dampf oder Wasser die betroffene Stelle unbedingt sofort mit Honig eingerieben werden sollte, was wahrscheinlich Linderung verschafft«.

Auch G. S. Ivachnenko wandte in einer chirurgischen Klinik mit Erfolg eine Emulsion aus Honig und Fett bei der Behandlung von Brandwunden an.

Honsenbach und Hofmann führten interessante Versuche durch: Sie schnitten die Rückenhaut von Meerschweinchen ein und infizierten die Wunden mit Tetanusstäbchen und verschiedenen Bazillen. Dabei ergab sich, daß Bienenhonig das Leben der infizierten Tiere im Vergleich mit anderen Kontrolltieren verlängerte.

Die Behandlung von Magen- und Darmkrankheiten

Hippokrates, Abu Ali ibn Sina (Avicenna) und andere große Ärzte des Altertums wußten um die heilsamen Eigenschaften des Honigs bei Erkrankungen des Magen-Darm-Traktes. Experimentelle Arbeiten und klinische Beobachtungen von Forschern zeigen, daß sich der Säuregehalt des Magensaftes bei Mensch und Tier (Hund) vermindert, wenn beide entweder ausschließlich mit Honig ernährt werden oder Honig in Verbindung mit Grundnahrungsmitteln verzehrt wird. Folglich kann der Bienenhonig als Heilmittel bei Magen- und Darmkrankheiten mit erhöhtem Säuregehalt verwandt werden.

Klinische Beobachtungen von Wissenschaftlern in Moskau, Kiew und Kursk beweisen, daß der Honig bei Geschwüren des Magens und des Zwölffingerdarms ein äußerst wertvolles Diätmittel ist. Bei der Behandlung mit Honig verschwinden Schmerzen, Sodbrennen und Übelkeit; der Hämoglobingehalt des Blutes steigt, und das Befinden der Kranken bessert sich.

Bei Geschwüren empfiehlt sich folgende Einnahme: 30–60 Gramm Honig morgens, 40–80 Gramm während des Tages und 30–60 Gramm abends entweder eineinhalb bis 2 Stunden vor dem Essen oder 3 Stunden nach dem Essen. Am günstigsten ist es, den Honig eineinhalb bis 2 Stunden vor dem Frühstück und Mittagessen und 2 Stunden nach einem leichten Abendessen einzunehmen. Diese Dosis ist nicht nur bei Geschwüren und Gastritis mit hohem Säuregehalt, sondern auch bei anderen Erkrankungen empfehlenswert. Die Behandlung mit Honig dauert 2 Monate; während dieser Zeit muß der Kranke auf alkoholische Getränke, scharfe und pikante Speisen verzichten.

Gute Wirkung hat auch in warmem abgekochtem Wasser gelöster Honig. Dabei wird der Magenschleim verdünnt und der Honig ohne Reizung des Darms aufgesogen. Eine kalte Honig-Wasser-Lösung (Zimmertemperatur) erhöht dagegen den Säuregrad des Magensaftes, hält den Mageninhalt zurück und reizt den Darm. Während der Einfluß von Honig auf die Magensekretion von vielen Forschern untersucht wurde, gibt es keine Veröffentlichungen über seinen Einfluß auf den Dünndarm. P. Pejtshev, V. Vlachov und N. P. Joyrish untersuchten am Lehrstuhl für Pharmakologie des I. P. Pavlov-Instituts in Plovdiv (Bulgarien) die Wirkung von Bienenhonig auf die Funktionen des Dünndarms. Die Experimente wurden mit Kaninchen, Katzen, Ratten und Hunden angestellt.

Die Versuchsergebnisse zeigten, daß sich bei erhöhter Honigkonzentration und -dosierung die Darmsekretion verstärkt; bei sehr hoher Honigkonzentration sinkt sie dagegen ab. Der Honig stimuliert die Absonderung eines stärker alkalihaltigen Darmsaftes. Den besten Effekt auf die Bewegungs- und Sekretfunktionen des Verdauungstraktes übte eine zwölfeinhalbprozentige Honiglösung aus. Die Experimente bewiesen, daß sich die Honiglösung am wirksamsten in einem Aufguß aus Heilkräutern (Tausendblatt, Tausendgüldenkraut und Brennnessel) entfaltet. Röntgenologische und röntgenoskopische Untersuchungen, die der Verfasser angestellt hat, bestätigen die wohltuende Wirkung von Honig auf die Bewegungs- und Sekretfunktionen des Magens und Dünndarms.

In der therapeutischen Klinik des Irkutsker Medizinischen Instituts wurden von 1944 bis 1949 600 an Geschwüren Leidende mit Honig behandelt. Während bei der herkömmlich angewandten diätetisch-medikamentösen Methode 61 Prozent der Kranken geheilt wurden und die Schmerzen bei 18 Prozent nicht aufhörten, steigerte sich die Heilung bei der Behandlung mit Honig auf 79,7 – 84,2 Prozent, und nur 5,9 Prozent litten nach Beendigung der Kur noch an den gleichen Schmerzen. Röntgenoskopische Untersuchungen ergaben, daß bei 29 Prozent der auf gewöhnliche Weise Behandelten das Geschwür vernarbte, beim Einsatz von Honig als Medikament dagegen stieg der Anteil der Geheilten auf 59,2 Prozent. Außerdem verkürzte sich bei der Behandlung mit Honig auch der durchschnittliche Krankenhausaufenthalt.

Bei Einnahme von Honig nahmen die Kranken zu, der Bestand an roten Blutkörperchen vermehrte sich, der Säuregehalt ihres Magensaftes wurde normalisiert, und die Erregbarkeit ihres Nervensystems konnte vermindert werden. Die Kranken wurden ruhig, heiter und lebensfroh. Diese modernen Klinikuntersuchungen bestätigen ebenfalls, daß Honig bei

Geschwüren des Magens und des Zwölffingerdarms ein gutes Heilmittel ist.

Einige Ärzte verordneten im Großen Vaterländischen Krieg bei Geschwüren 400–600 Gramm Honig am Tag sowie die Pevsner-Diät Nr. 1. Wir sind der Auffassung, daß eine solche Behandlung nicht wiedergutzumachenden Schaden anrichten kann, da sie den Organismus allzu stark mit Kohlehydraten belastet. Diese Übersättigung mit Kohlehydraten beeinträchtigt die normale Funktionsweise des Insulinapparates der Bauchspeicheldrüse.

Die Behandlung von Leberkrankheiten

Honig ist in der Volksmedizin auch bei der Behandlung von Leberkrankheiten sehr beliebt. Seine Wirkung läßt sich mit seiner chemisch-biologischen Zusammensetzung erklären. Es ist bekannt, daß Glukose nicht nur ein Nährstoff für Zellen und Gewebe ist, sondern auch die Glykogenvorräte in der Leber vergrößert und die Prozesse des Gewebeaustausches verbessert.

Die Leber ist das zentrale chemische Labor des Organismus, da sie an vielen lebenswichtigen Vorgängen teilhat: am Austausch von Kohlehydraten, Eiweißen, Fetten, Vitaminen, Hormonen usw. In der Leber werden die Fermente gebildet, hier verwandelt sich Karotin in Vitamin A, hier entsteht der Gallensaft.

A. L. Mjasnikov und A. S. Loginov verordneten bei Erkrankungen der Leber und der Gallenwege Honig als Heilmittel.

Ad. Rough empfiehlt, bei Leberkrankheiten morgens und abends eine kleine Tasse Andorntee mit Honig zu sich zu nehmen. Eine gute Wirkung erzielt täglich auch eine Tasse vom Tee des medizinischen Buchweizens mit Honig.

Bei einigen Erkrankungen der Leber und der Gallenwege wird Honig in Verbindung mit Zitronensaft und Olivenöl erfolgreich angewandt. Nach der Einnahme dieser Medizin ist es ratsam, sich für 25–30 Minuten auf die rechte Seite zu legen.

Von Interesse ist ein Vortrag, den Dan Walter Stambolilu, ein Arzt an einer Klinik für infektiöse Krankheiten und Vizepräsident des Bienenzüchtervereins im Timnoschoarer Gebiet (Rumänien), auf dem XX. Internationalen Jubiläumskongreß der Bienenzüchter in Bukarest 1965 hielt. Drei Jahre lang beobachtete er einige Tausend Kranke mit verschiedenen Leberleiden, vor allem mit epidemischer und chronischer Hepatitis, und untersuchte, welche Wirkung Honig, Blütenstaub und Königinfuttersaft hatten, die der Diät der Kranken zugesetzt wurden. Es gab keinen anderen Süßstoff als Honig. Bei der Entlassung wurde den Genesenden empfohlen, täglich morgens nach dem Frühstück Honig (etwa 50 Gramm) und einen kleinen Löffel voll Gelee royale, nach dem Mittagessen eine Mischung aus einem Löffel Honig mit Blütenstaub einzunehmen. Auf der Grundlage seiner klinischen Untersuchungen nimmt Dan Walter Stambolilu an, daß Honig, besonders in Verbindung mit Gelee royale und Blütenstaub, bei verschiedenen Lebererkrankungen sehr wirksam ist.

Dabei sollte man sich ins Gedächtnis zurückrufen, daß Honig mit Quark, Brei (Hafer- oder Gerstebrei), Äpfeln und anderen Produkten nicht nur Kranken, sondern auch Gesunden nützt.

Das Herz und der Honig

Abu Ali ibn Sina (Avicenna) glaubte, daß der Honig ein ausgezeichnetes Medikament gegen Herzkrankheiten darstellt, und empfahl den Kranken, täglich kleine Mengen von Honig und süßem Granatapfel zu sich zu nehmen. »Wenn du morgens einen Granatapfel ißt, mittags eine Speise mit gehackten Zwiebeln und abends vor dem Schlafengehen Honig«, schrieb er, »wird dein Blut rein sein wie eine Träne.«

In der Volksmedizin wird Honig weithin bei der Behandlung von Herzmuskelschwäche, bei Angina pectoris usw. angewandt.

Bienen auf Weidenkätzchen. Pollen sind ihre erste Frühjahrsnahrung
Archiv Deutscher Imkerbund, Bonn, Kalkuhlstraße 24

Sichere Bestäubung – Grundlage einer reichen Obsternte
Archiv Deutscher Imkerbund, Bonn, Kalkuhlstraße 24

Links:
Bienenschwarm in der freien Natur. Ohne menschliche Hilfe geht er zugrunde
Archiv Deutscher Imkerbund, Bonn, Kalkuhlstraße 24

Sterzelnde Bienen am Flugloch. Sie regeln die Luftab- und -zufuhr
Archiv Deutscher Imkerbund, Bonn, Kalkuhlstraße 24

Links oben:
Während der Blütezeit werden Bienenvölker zur Bestäubung in den Obstplantagen aufgestellt
Archiv Deutscher Imkerbund, Bonn, Kalkuhlstraße 24

Links unten:
Pollensammelnde Biene. Während des Fluges werden die Pollenkörner vom Haarkleid mit den Hinterbeinen »abgebürstet« und als kleiner Ballen an ihnen befestigt
Archiv Deutscher Imkerbund, Bonn, Kalkuhlstraße 24

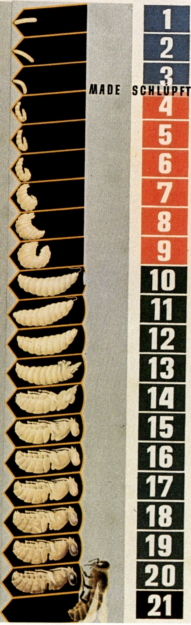

Die Entwicklung vom Ei bis zur fertigen Biene
Archiv Deutscher Imkerbund, Bonn, Kalkuhlstraße 24

Schlüpfende Königin
Archiv Deutscher Imkerbund, Bonn, Kalkuhlstraße 24

Bienenkönigin von Pflegebienen, ihrem »Hofstaat«, umgeben
Archiv Deutscher Imkerbund, Bonn, Kalkuhlstraße 24

Der Genuß von Honig wirkt sich günstig auf den Herzmuskel aus, weil der Honig viel leicht aufzunehmende Glukose enthält. Der deutsche Arzt Theobald (zitiert nach E. Zander, 1931) schrieb: »Der Honig erweist bei Herzkrankheiten verschiedener Art den geschwächten Herzmuskeln einen wertvollen Dienst; auf dieses Mittel braucht man sogar bei Zuckerkrankheit nicht zu verzichten, da sich die Herztätigkeit durch die Einführung von Fruktose oder Bienenhonig in den Organismus verbessert. In allen Fällen, in denen die Heilung von der Arbeitsfähigkeit des Herzens abhängt, darf man neben Digitalis auch Honig nicht vergessen, damit das Herz nicht nur angeregt wird, sondern auch Nahrung erhält.« Es besteht Grund zu der Annahme, daß Glukose zur Erweiterung der Venengefäße beiträgt und den Koronarblutkreislauf dank ihres Acetycholingehalts verbessert.

Einige Autoren teilen mit, daß der ständige (1–2 Monate) Genuß von durchschnittlich 50–70 Gramm Honig täglich bei Kranken mit schweren Herzleiden zur Verbesserung des Allgemeinzustandes, Normalisierung des Blutgehalts, Erhöhung des Herzgefäßtonus und zur Vergrößerung des Hämoglobinanteils führt.

Der Kost einiger Kranker mit verschiedenen Leiden, die von unzulänglichen Leistungen des Herzgefäßsystems begleitet wurden, fügte man Honig hinzu, wodurch sie ohne Heilpräparate auskamen.

Die Behandlung von Lungenerkrankungen

Es gibt Hinweise darauf, daß schon im fernen Altertum Bienenhonig zum Kurieren von Lungenkrankheiten verwendet wurde. Schon Hippokrates meinte, daß »ein Honiggetränk ... den Schleim vertilgt und den Husten lindert«. Im alten Indien war Honig ein beliebtes Mittel bei Lungenkrankheiten. In der berühmten »Jadschurweda« (»Lebensbuch«) wird empfohlen, Lungentuberkulose mit Honig und Milch zu behandeln.

Abu Ali ibn Sina (Avicenna) hielt eine Mischung von Honig mit Rosenblütenblättern für ein gutes Mittel in den Anfangsstadien der Lungentuberkulose. Nach seiner Meinung muß sich die Verordnung von Honig bei Tuberkulose nach der Jahreszeit richten: Er muß vor Frühlingsbeginn eingenommen werden, weil »die Anregung des Blutes« im Frühling und Herbst ohnehin allzu stark ist. Was das Alter betrifft, so soll Tuberkulosekranken bis zu 15 Jahren Honig mit Maulbeersaft und Zimt gegeben werden; Kranken im Alter von 15 bis 45 Jahren empfiehlt Ibn Sina, den Honig mit Rosenblütenblättern und den Kräutern »Galtshan« und »Emlik« (Luzerne und Klee) zu vermischen. Kranken über 45 Jahre rät Ibn Sina zum Genuß von Honig mit zerstoßenen Walnüssen, die viel Fette enthalten.

In der Volksmedizin wird bei Tuberkulose schon seit Jahrhunderten Honig mit Milch oder Tierfett (Dachs, Hund) angewandt.

Ad. Ertel und Ed. Bauer schreiben, daß Honig zusammen mit einer Brühe aus der Alantwurzel bei der Behandlung von Tuberkulose, Blutarmut und anderen Krankheiten positive Wirkung hat.

K. Apinis empfiehlt, Lungentuberkulose mit Honig und Rettichsaft 5–7 Wochen lang zu behandeln. Die Behandlung wird nur dann unterbrochen, wenn der Kranke an Durchfall oder Nachtschweiß zu leiden beginnt.

D. Shvikule hält Tee aus den Blüten des roten Klees mit Honig für eines der besten Mittel bei andauernder Bronchitis und ständigem Husten.

Ad. Rough rät, bei Lungentuberkulose täglich Huflattichtee mit Honig zu trinken.

Der Bienenhonig ist ein gutes zusätzliches Mittel bei der Behandlung von Lungentuberkulose, weil er allgemein kräftigt und den wirksameren Kampf des Organismus mit der Tuberkuloseinfektion begünstigt.

In der Klinik, die von dem Verdienten Wissenschaftler F. A. Udintsev geleitet wird, beobachteten wir eine Gruppe von

Kranken, die an Lungentuberkulose und Lungenabszessen litten und denen man am Tag 100–150 Gramm Honig gab. Die Ergebnisse sind äußerst ermutigend: Bei den Kranken wurden eine Verbesserung des Allgemeinbefindens, Gewichtszunahme, Abnahme des Hustens und vergrößerte Schleimabsonderung festgestellt.

Die Behandlung einiger Krankheiten des Nervensystems

Die Ärzte im alten Griechenland und Rom hielten den Honig für ein »Beruhigungs- und Schlafmittel«. Auch Abu Ali ibn Sina (Avicenna) wandte in seiner ärztlichen Praxis bei Schlaflosigkeit erfolgreich kleine Honigmengen an. Er nahm an, daß große Honigdosierungen zu einer Überreizung des Nervensystems führen und damit schädliche Auswirkungen haben könnten.

Von großem Interesse sind die klinischen Untersuchungen des Staatspreisträgers N. K. Bogolepov und V. I. Kiselevas, die erfolgreich zwei an Veitstanz leidende Kranke mit Honig behandelten. Eine dreiwöchige Behandlung (während dieser Zeit wurden keine anderen Medikamente verwendet) genügte, um gute Ergebnisse zu erzielen: Die Kranken konnten wieder schlafen, ihre Kopfschmerzen verschwanden, ihre Schwäche und Reizbarkeit verringerten sich, und sie wurden lebhafter.

Einige Forscher (Ad. Ertel und Ed. Bauer) empfehlen nervösen Menschen Honig als Beruhigungs- und Schlafmittel. Diese Autoren schreiben, daß Erwachsene vor dem Schlafengehen einen Teelöffel voll Honig einnehmen sollten; Kinder lösen die gleiche Dosis in einem Glas Wasser auf. K. Apinis rät, Kleie in Wasser aufzuweichen, mit Honig zu vermischen und Kranken als vorzügliches Mittel zur Beruhigung der Nerven zu geben.

Bei einigen Krankheiten des Nervensystems erzielt die Verwendung von Bienenhonig einen hohen Heileffekt. Das ist nicht schwer zu erklären, wenn man die chemische Zusammensetzung und die biologische Wirkung des Naturhonigs, dieses vielschichtigen und ausgezeichneten Medikaments, berücksichtigt.

Die Behandlung einiger psychischer Krankheiten

Manche Psychiater geben intravenös hypertonische Bienenhoniglösungen bei der Behandlung von Schizophrenie als stark schockerzeugende Mittel. S. A. Kirillov berichtet von 50 an Schizophrenie Leidenden, denen 265mal eine Honiglösung intravenös zugeführt wurde. Diese Untersuchungen wurden zusammen mit G. I. Berenshtejn, S. S. Perskaja und R. M. Umanskaja durchgeführt.

Die Forscher schreiben, daß der große Glukoseanteil und die Möglichkeit, Honiglösungen intravenös anzuwenden, sie auf den Gedanken brachten, Honig zunächst anstelle von Glukose zu verwenden. Doch bei der ersten intravenösen Zuführung von nur 10 Milliliter einer vierzigprozentigen Honiglösung ergab sich ein unerwartetes Resultat: Nach 15 Minuten begann bei den Kranken starker Schüttelfrost mit danach folgender Temperaturerhöhung; außerdem wurden Tachykardie, schwacher Puls, niedrigerer Blutdruck, Gelenkschmerzen, ein Brennen in der Brust, eine Schwellung des Gesichts und ein Nesselausschlag auf der oberen Körperhälfte verzeichnet – das heißt, der Kranke zeigte Schocksymptome mit allergischen Erscheinungen, die durch die Zuführung von Chlorkalzium gemildert werden konnten.

P. M. Zacharova untersuchte acht Schizophrene, die durch intravenöse Zuführung von Honiglösungen behandelt wurden. Vier wiesen ein halluzinatorisch-paranoides Syndrom und die anderen vier ein katatonisches Syndrom auf. Bei den Kranken der ersten Gruppe war gegen Ende der Behandlung nach der Einspritzung des Honigs eine Verbesserung des Zustandes festzustellen. Bei der zweiten Gruppe konnte nur eine unwesentliche Änderung des psychischen Zustandes beobachtet werden. Die Verbesserung wurde in den Fällen mit deutlich ausgeprägter allergischer Reaktion konstatiert. Bei allen Kranken verbesserte sich jedoch unabhängig von den Behandlungsergebnissen der somatische[1] Zustand. Auch G. P. Galunovitsh erwähnt die intravenöse Anwendung von Honig in der psychiatrischen Praxis, hauptsächlich bei der Behandlung von alkoholischen Halluzinationen.

Trotz der, wie es scheint, ermutigenden therapeutischen Ergebnisse muß die intravenöse Zuführung von Honiglösungen äußerst vorsichtig vorgenommen werden. Man darf nicht vergessen, daß der Honig nicht nur Glukose und Lävulose, sondern auch Saccharose, Pflanzeneiweiß, Wachsteilchen und andere Stoffe enthält, die dem Kranken großen Schaden zufügen können.

Wir führten Pferden intravenös kleine Mengen einer 12,5prozentigen wäßrigen Lösung sterilen Honigs zu (wir hatten ihn durch ein Seitz-Filter gegeben) und konstatierten stark ausgeprägte Schocksymptome, die bei der Anwendung von Glukose nie beobachtet worden waren. Die starke Schockreaktion, welche die oben erwähnten Forscher nach der Zuführung einer Honiglösung bei Kranken feststellten, die an Schizophrenie und alkoholischen Halluzinationen litten, und wir an Pferden, kann der Wirkung des Pflanzeneiweißes zugeschrieben werden, das in verschiedenen Honigsorten bis zu 1 Prozent enthalten ist. Aus diesem Grund sind wir zum gegenwärtigen Zeitpunkt der Auffassung, daß Kranken keine Lösungen aus gewöhnlichem Bienenhonig intravenös zugeführt werden dürfen.

Man sollte erwähnen, daß im Ausland das patentierte Honigpräparat »Melkain« intravenös angewendet wird; es enthält eine ein- bis zweiprozentige Novokainlösung in Bienenhonig, der vom Eiweiß befreit ist. Wir betonen, daß aus diesem sterilen Honigpräparat alles Eiweiß entfernt wurde.

---

[1] *somatisch* (von griechisch *soma* = Körper): zum Körper, zu den Körperorganen gehörig, nicht zum Nervensystem und zur Psyche.

Die Behandlung einiger Hautkrankheiten

In der Volksmedizin werden seit Jahrhunderten Honigsalben und Honigpflaster mit Erfolg bei Hautkrankheiten angewandt. Abu Ali ibn Sina (Avicenna) benutzte Honig zur Behandlung von Hautkrankheiten. In den altrussischen handschriftlichen Heilkundebüchern werden viele Ratschläge gegeben, wie man Hautkrankheiten mit Honig behandeln kann. Im einzelnen wird vorgeschlagen: »Knoblauchpfeffer vermischen wir mit salzlosem Honig und frischer, ungewärmter Kuhbutter, so daß eine Salbe entsteht. Diese Salbe vertreibt Jucken und Krätze und andere Unreinheiten vom Körper; wir reiben sie im Dampfbad nach der Erhitzung ein, so daß sie in den Körper eindringt.«

Der Doktor der Medizin A. Tsharukovskij schrieb in dem vor mehr als 100 Jahren herausgegebenen Buch »Die Volksmedizin im russischen Leben und in den verschiedenen Klimagebieten Rußlands«, daß »zur Behandlung von dickhäutigen (an Fußsohlen und Handflächen) Abszessen Honig mit Hefe als Pflaster benutzt werden sollte«.

Die wissenschaftlichen Mitarbeiter der Dermatologischen Klinik des II. Moskauer Medizinischen N. I. Pirogov-Instituts, Professor G. H. Chatshurjan und A. N. Popova, kurierten mit Honig 27 Kranke, die an Furunkeln und Karbunkeln litten. Besonders interessant ist die Mitteilung dieser Autoren über die Heilung einer Patientin mit Hauttuberkulose. »In einem Falle von Tuberkulose der Gesichtshaut mit vielen großen Knötchen erbrachte die Anwendung von Honig ein ausgezeichnetes Resultat ... Unter dem Einfluß von Honigverbänden befreiten die Knötchen sich schnell von den abgestorbenen Pfropfen und vernarbten unverzüglich; gleichzeitig nahm die Patientin für 12 Tage hintereinander je 60 Gramm Honig ein.«

In der Volksmedizin wird auch heute noch bei verschiedenen Hautkrankheiten Honig verwendet. Wir wissen zum Beispiel von einem Fall, in dem die Kopfflechte eines Kindes mit Bienenhonig als Salbe geheilt wurde, und von einem anderen, in dem auf diese Weise eine chronische Erkrankung der Gesichtshaut kuriert wurde.

M. A. Pozentul vermerkt in seiner Monographie »Allgemeine Therapie von Hautkrankheiten«, daß Bienenhonig die Haut nicht nur geschmeidig macht, sondern sie auch vorzüglich kräftigt, indem er die Muskelschicht mit Glykogen anreichert.

Zuckerkrankheit und polyvitaminisierter Honig

Auf den Zuckergehalt im Harn von Diabetikern wurde man zuerst im 7. Jahrhundert in Indien aufmerksam. Vom typischen Kennzeichen des Diabetes – süßem Harn, der »die Farbe und den Geruch von Honig« hat – erfahren wir von dem berühmten indischen Arzt Sushruty, der im 7. Jahrhundert lebte und die bekannte »Jadschurweda« zusammenstellte und redigierte.

Auch in den Werken von Abu Ali ibn Sina (Avicenna) werden die klinischen Symptome des Diabetes deutlich beschrieben.

Noch vor kurzem nahm man an, daß die Medizin im Kampf mit der Zuckerkrankheit ohnmächtig ist; und auch heutzutage kann sie nicht als völlig heilbar gelten. Zwar wurde das Schicksal der Diabetiker dadurch wesentlich erleichtert, daß die Medizin über Insulin verfügt, doch diese Behandlungsmethode kann weder die Ärzte noch die Patienten zufriedenstellen, die sich täglich Insulin spritzen müssen. Besonders schwer fallen die Injektionen Kindern. Deshalb wird die Suche nach neuen Heilmitteln gegen den Diabetes fortgesetzt. In der sowjetischen Literatur gibt es mehr als zweieinhalbtausend wissenschaftliche Arbeiten, die den Fragen der Zuckerkrankheit und der Insulintherapie gewidmet sind.

Dank zahlreichen experimentellen und klinischen Untersuchungen steht fest, daß Lävulose (Fruchtzucker) vom Organismus der Diabetiker besser aufgenommen wird als Glukose. Deshalb muß bei der Ernährung dieser Patienten dem Honig und der Fruchtkonfitüre, die mit Honig hergestellt wird, vor Zucker und anderen Kohlehydraten der Vorzug gegeben werden. Darüber schreiben viele Forscher: A. V. Palladin, A. A. Bogomolets, L. M. Pevzner, R. Hutchinson, B. Layoche u. a. Die Entwicklung der Vitaminologie erlaubte sowjetischen Wissenschaftlern zu beweisen, daß einige Vitamine, zum Beispiel B_1, PP und C, am Kohlehydrataustausch teilnehmen; ihre psychologische Wirkung kann in gewissem Grade mit der Rolle des Insulins verglichen werden. Die Behandlung von Diabetikern mit den Vitaminen B_1 und C soll gleichzeitig mit der Insulintherapie vor sich gehen, wie die Wissenschaftler folgern.

Der Bedarf an Vitamin B_1 steigt stark an, wenn in der Kost Kohlehydrate vorherrschen. L. A. Tsherkes nimmt an, daß die Rolle des Vitamins B_1 bei der Kohlehydratsynthese mit der von Insulin zu vergleichen ist.

Das Mitglied der Akademie der Medizinischen Wissenschaften der UdSSR E. M. Tareev glaubt, daß die Affektion des Nervensystems bei Diabetes eine Folge von B_1-Avitaminose ist. Bei Diabetikern verschwanden nach parenteraler Zuführung dieses Vitamins sogar hartnäckige Neuralgien.

Große Bedeutung hat bei Zuckerkrankheit auch das Vitamin C, das den Zuckergehalt im Blut der Patienten senkt. Man hat festgestellt, daß es ähnlich wie Insulin wirkt.

In Verbindung mit dem oben Dargelegten schlugen wir vor, Diabetiker mit Polyvitaminhonig, das heißt, mit Bienenhonig, der mit den Vitaminen B_1, PP und C angereichert ist, zu behandeln. Dabei ist zu berücksichtigen, daß Bienenhonig etwa 100 verschiedene Komponenten enthält, die besonders für den Organismus von Zuckerkranken äußerst wichtig sind. Eine besondere Rolle spielt nicht nur der große Gehalt an Lävulose, sondern auch an Mikroelementen.

Die Bedeutung der Mikroelemente im Organismus des Menschen und der Tiere ist heute allgemein bekannt. Man weiß, daß Beryllium, Mangan, Kalzium, Strontium, Barium und andere Mikroelemente die Wirkung des Bauchspeicheldrüsenhormons Insulin beeinflussen, das den Anteil von Zukker (Glukose) im Blut senkt.

Wie gesagt, enthält der Honig alle aufgeführten Mikroelemente. Forschungen im Allunionsinstitut für Vitamine haben außerdem gezeigt, daß der Honig ein gutes biologisches Produkt für die Bewahrung von Vitamin C ist. Laboruntersuchungen, die sich über sechs Monate hinzogen, berechtigen zu der Annahme, daß Bienenhonig Stabilisatoren des Vitamins C enthält.

Damit der von uns vorgeschlagene Polyvitaminhonig nicht nur den Zucker und andere Kohlehydrate ersetzte, sondern auch als Heilmittel für die Diabetiker wirkte, bereiteten wir ihn nach folgendem Rezept zu: 100 Gramm Bienenhonig, 8 Milligramm Vitamin B_1, 80 Milligramm Vitamin PP und 300 Milligramm Vitamin C. Diese Mengen sind die minimalen therapeutischen Dosen, welche die Vitaminkommission des Pharmakologischen Komitees im Wissenschaftlich-Medizinischen Rat des Gesundheitsministeriums der UdSSR empfiehlt.

Dieses Präparat kann nicht nur in der Klinik, sondern auch in der Poliklinik und in ambulanter Behandlung angewandt werden, wenn man bei der Verschreibung großer Dosierungen Vorsicht walten läßt. Der Arzt kann statt 50 Gramm Kohlehydrate pro Tag 50 Gramm Polyvitaminhonig empfehlen, da der Honig durchschnittlich etwa 40 Prozent Lävulose, ungefähr 35 Prozent Glukose und 20 Prozent Wasser enthält. Für die Anreicherung mit Vitaminen wählten wir Buchweizenhonig, der den fünften Teil der gesamten Honigernte in der Sowjetunion ausmacht und eine große Menge Lävulose enthält.

Diabetikern raten wir zu folgenden Honigsorten: Honig von der weißen Akazie, dem Saatbuchweizen, dem wilden Buchweizen, dem weißen Klee, der Linde, der Luzerne, der Himbeere, dem Löwenzahn, der Baumwolle und dem Apfel.

In der Moskauer Marat-Fabrik für Vitaminkonditorei wurden auf unseren Vorschlag hin versuchsweise Polyvitaminprodukte mit Honig für Diabetiker hergestellt. Nach unserem Rezept wurden Polyvitaminhonigsorten für Zuckerkranke aus

Honig mit schwarzer Johannisbeere (im Verhältnis 2:1), aus Honig-Erdnuß- und Honig-Tachina-Masse (2:1) angefertigt.

Die Proben wurden abgeschmeckt und die Rezepte vom Allunionsinstitut für Wissenschaftliche Vitaminforschung und vom Lebensmittelinstitut der Akademie für Medizinische Wissenschaften der UdSSR begutachtet. Diese Proben erhielten eine hohe Bewertung, und ihre Herstellung wurde nicht nur für Diabetiker, sondern auch für Kinder, Schüler und Kranke mit verschiedenen Leiden empfohlen.

In der Presse wurde in großem Umfang und detailliert über die Expreßmethode zur Herstellung von Polyvitaminhonig für Diabetiker berichtet. Man muß jedoch daran erinnern, daß diese Honigsorten nicht anstelle von Insulin und anderen antidiabetischen Mitteln, sondern nur als Ergänzung zu ihnen und anstelle von Zucker und anderen Kohlehydraten benutzt werden dürfen.

Honig bei Nierenerkrankungen

Die heutige Medizin sieht Erkrankungen der Nieren, der Harnwege und der Harnblase als Krankheiten des gesamten Organismus an, bei denen die normale Tätigkeit des Herzens, der Leber, des Nerven- und des endokrinen Systems gestört ist. Die Nieren werden nicht umsonst als »biologisches Filter« bezeichnet, denn sie entfernen aus dem Organismus die Endprodukte des Stoffwechsels, das heißt verbrauchte, unnötige und schädliche Substanzen. Die Nieren sondern pro Tag durchschnittlich 1,5 Liter Harn ab, filtern jedoch nicht weniger als 100 Liter Blutplasma. Die gigantische Arbeit der Nieren wird verständlich, wenn man berücksichtigt, daß das allgemeine Blutvolumen des Menschen 6 Liter nicht überschreitet, daß aber im Laufe eines Tages dieses Blut viele Male ein gewaltiges Netz aus Nierenkapillaren durchläuft und zurückgesaugt wird. Deshalb sind Nierenkrankheiten sehr ernst zu nehmen und verlangen vom Arzt immer eine besondere Behandlung und besondere Ernährungsregeln.

Schon zur Zeit des Hippokrates wurde Honig bei Erkrankungen der Nieren, der Harnwege und der Harnblase verwendet. Auch Abu Ali ibn Sina (Avicenna) empfahl den Honig bei diesen Krankheiten.

Heute raten viele Wissenschaftler den Nierenkranken zum Genuß von Honig, da er wenig Eiweiß und fast kein Salz enthält – also zwei Stoffe, die man bei Nierenkrankheiten nicht zu sich nehmen darf.

A. Sack wandte erfolgreich große Honigdosierungen (50–100 Gramm pro Tag) an. In allen Fällen verzeichnete er eine ausgezeichnete Wirkung nicht nur auf die kranke Niere oder Harnblase, sondern auch auf andere Organe – die Leber, das Herz, den Darm. Auch das Akademiemitglied A. G. Kirchenshtejn meint wie Zeis, K. Apinis und andere Forscher, daß man bei Erkrankungen der Nieren und der Harnblase Honig zu sich nehmen soll.

Von der Effektivität des Honigs in Verbindung mit Heilpflanzen zeugen nicht nur die sich über Jahrhunderte erstreckenden Beobachtungen der Volksmedizin, sondern auch wissenschaftliche Arbeiten der letzten Jahre. Ad. Ertel und Ed. Bauer glauben, daß man bei Nierenerkrankungen Tee aus den Früchten der Heckenrose (15 Gramm auf ein halbes Liter Wasser) und außerdem Rettichsaft (eine halbe oder eine ganze Tasse am Tag) mit Honig trinken soll. Bei Nierensteinen raten sie dreimal am Tag zu einem Eßlöffel Olivenöl mit Honig und Zitronensaft.

G. Hertwig empfiehlt Honig bei Schwächen der Harnblase und Unfähigkeit, den Harn zu halten.

Ad. Rough erwähnt in seinem Buch »Unser Hausfreund« als zuverlässiges Mittel gegen Harnblasensteine Tee aus Pimpernell und Heckenrose, den man 15 Minuten lang kochen und dann warm mit Honig zu sich nehmen soll (1–2 Tassen pro Tag).

Es gibt viele interessante Rezepte, die Honig mit verschiedenen Heilmitteln verbinden, doch der Honig selbst bleibt bei allen der grundlegende, wichtigste und wirksamste Bestandteil. Es muß jedoch daran erinnert werden, daß man sich bei der Behandlung von Nierenkrankheiten unbedingt an die Anweisungen eines Arztes halten muß, der die effektivsten Honigdosierungen festsetzen kann.

Die Bedeutung des Honigs für Kinder

Ein Löffel voll Honig in der Ernährung eines Kindes ist weitaus nützlicher als 20—25 Gramm Zucker. Das erklärt sich damit, daß Zucker nur ein Kohlehydrat mit hohem Kaloriengehalt ist, während der Honig ein wertvolles Nahrungsmittel darstellt, das wichtige chemische und biologische Substanzen enthält. Im Honig wurde auch Folsäure entdeckt, die von großer Bedeutung für den wachsenden Organismus ist, da sie das Blut verbessert (sie vergrößert die Zahl der Erythrozyten und den Hämoglobinanteil).

P. Rizga schrieb, daß Honig die Gesundheit schwächlicher Kinder kräftigt. Eine äußerst wichtige Rolle spielt der Honig auch bei der Ernährung von Säuglingen, besonders wenn die Muttermilch nicht ausreicht und durch Kuhmilch abgelöst werden muß. Wenn die Milch mit gewöhnlichem Zucker (Rüben- oder Rohrzucker) gesüßt wird, muß er sich vor dem Übergang in den Magen-Darm-Trakt in Monosaccharide (Glukose, Lävulose) aufspalten, die den Hauptbestandteilen des Honigs gleichen.

Der Bienenhonig ist auch deshalb für Kinder unentbehrlich, weil er ihren Organismus mit Eisen versorgt, von dem in der Muttermilch und in der Kuhmilch nur wenig enthalten ist. Im Honig vereinigt sich hochwertiger Zucker (Glukose und Lävulose) mit organischen Säuren, ätherischen Ölen und anderen wichtigen Stoffen, die den Appetit vergrößern und die Verdauung anregen.

Im Gegensatz zu Zucker verfügt Bienenhonig über antibiotische Eigenschaften und potentielle Alkalinität, wodurch er zur Desinfizierung der Mundhöhle beiträgt. Nicht zufällig wird eine zehn- bis fünfzehnprozentige wäßrige Honiglösung in der Volksmedizin bei einigen Erkrankungen der Mundhöhle und des Rachens zum Ausspülen benutzt. In der letzten Zeit wird Honig als Inhalierungsmittel auch in der Medizin verwendet.

M. B. Golomb führte in der Kinderklinik des Medizinischen Instituts von Dnjepropetrovsk bei toxisch-infektiösem Durchfall Honig in die Ernährung von Kindern ein, was nicht nur die Genesung beschleunigte, sondern auch Gewichtszunahmen nach sich zog. Die kranken Kinder, die Honig erhielten, nahmen mehr als zweieinhalbmal soviel zu wie Kinder gleichen Alters, die derselben Behandlung ohne Bienenhonig unterzogen worden waren.

Untersuchungen belegen, daß Honig bei leichter Dysenterie wohltätig auf die Regulierung (Häufigkeit, Charakter) des Stuhlgangs und auch auf den Krankheitsverlauf einwirkt. Nach der Einnahme von Honig verschwand bei allen Kranken das Blut im Stuhl, und sie wurden schneller gesund als diejenigen, die keinen Honig erhalten hatten. Chronische Dysenterie wird durch Honig gelindert, und die Kranken genesen schneller (L. K. Tretjak, G. M. Fischer, M. V. Kaplan).

V. Rajkovskij schrieb:»Der Honig, der einst als schädlich für Kinder galt, weil er angeblich Skrofulose hervorrufen könne, dient jetzt zu ihrer Behandlung.« Wir geben ein Beispiel: Ein Kind von neun Jahren litt an Diathese, Rachitis und unkontrolliertem Stuhlgang. Seiner Kost wurde Honig hinzugefügt. Nach vierzig Tagen wurde es kräftiger, nahm zweieinhalb Kilogramm zu, während der Hämoglobinanteil im Blut auf 12 Prozent stieg und der unkontrollierte Stuhlgang aufhörte. Anzeichen für Diathese wurden nicht mehr beobachtet.

In einem Genesungsheim für Kinder in der Nähe von Moskau führte der Verfasser Untersuchungen an einer Gruppe von Kindern (230) im Alter von sieben bis fünfzehn Jahren durch, die vollwertige, mit Vitaminen angereicherte Speise erhielten. Von dieser Gruppe bekamen 60 Kinder zusätzlich morgens und abends einen Löffel voll Bienenhonig. Daraufhin nahmen die Kinder, die den Honig erhielten, zu, und die Menge der roten Blutkörperchen und des Hämoglobins vergrößerte sich.

Den Honig kann man nicht nur pur, sondern auch mit verschiedenen Speisen einnehmen, was deren Geschmack beträchtlich verbessert sowie Kaloriengehalt und Verdaulichkeit erhöht.

Zu Heilzwecken nimmt man Honig am besten in aufgelöster Form zu sich, weil dadurch seine zahlreichen Bestandteile leicht in den Blutstrom und danach in die Gewebe und Zellen des Organismus eindringen.

Kindern sollte ein Teelöffel voll Honig (30 Gramm am Tag) etwa ein- bis eineinhalb Stunden vor dem Essen und zwei bis drei Stunden danach gegeben werden.

Die Behandlung mit Honig dauert zwei Monate. Man muß jedoch bedenken, daß der Honig ein leicht aufzunehmendes Kohlehydrat ist, so daß die Vergrößerung der täglichen Dosis im Vergleich zu der von uns vorgeschlagenen Norm zur Übersättigung des Organismus mit Kohlehydraten führen und sich schädlich auf die Funktion des Insulinapparats der Bauchspeicheldrüse auswirken kann. Deshalb ist es zweckmäßig, nur kleine Honigmengen zu verordnen.

Honig oder Zucker

Der Mensch muß täglich eine ausreichende Menge Eiweiße, Fette (tierische und Pflanzenfette), Kohlehydrate, Vitamine und Mineralstoffe zu sich nehmen. Während der biologische Wert der Ernährung ihre Qualität anzeigt, spiegelt der Kaloriengehalt ihre Quantität wider. Über den Kaloriengehalt der Nahrung läßt sich auf der Grundlage spezieller Tabellen urteilen.

Sogar wenn der Mensch schläft, sich also im Zustande völliger Ruhe befindet, verbraucht er Energie (Kalorien) für den sogenannten Grundstoffwechsel, das heißt, für die Aufrechterhaltung des Lebens: die Arbeit des Herzens, der Lungen, der Nieren usw. Man nimmt an, daß für den Grundstoffwechsel durchschnittlich pro Stunde und Kilogramm des Körpergewichts eine Kilokalorie verbraucht wird. Das bedeutet, daß der Grundstoffwechsel eines Menschen von 70 Kilogramm je Tag 1680 (70 × 24) Kilokalorien in Anspruch nimmt.

Als Folge der Mechanisierung und Automatisierung arbeitsintensiver Prozesse und der Entwicklung der Transportmittel hat sich die Muskelbelastung des Menschen beträchtlich verringert, während sich die nervlich-psychische Anspannung entsprechend gesteigert hat. Es wurde festgestellt, daß die unzureichende Muskelbelastung eines Menschen sein Leben verkürzt, da sie zur Schwächung der Muskelfunktionen und sogar zur Atrophie, zur Ansammlung von Fett und Übergewicht führt. Besonders schädlich für den Zustand des Organismus ist die Speicherung von Fett, das die lebenswichtigen Organfunktionen, besonders des Herzens, behindert. Außerdem saugt das Fett die Blutfette auf und vervielfältigt sich in Verbindung mit Kohlehydraten.

Deshalb meinen die Experten auf dem Gebiet der Nahrungsmittelhygiene, daß richtige, rationale Ernährung mit Muskeltätigkeit einhergehen muß, die den Stoffwechsel normalisiert und positiv auf die Funktionen aller Systeme einwirkt, in erster Linie auf das Herzgefäß- und Nervensystem. Schon der große Aristoteles schrieb, daß »nichts den Menschen so sehr erschöpft und zerstört wie anhaltende physische Untätigkeit«. Der Arzt Tisso (18. Jahrhundert) bemerkte zu diesem Thema: »Die Bewegung als solche kann jedes andere Heilmittel ersetzen, doch alle Heilmittel der Welt ersetzen nicht die Bewegung.«

In den letzten Jahren ist der Nährwert des Zuckers in Zweifel gezogen worden, weil er den Organismus mit »leeren« Kalorien versorgt. Tatsächlich besitzt der Zucker keine Vitamine, Mikroelemente, ersetzbare und unersetzliche Aminosäuren, Fermente, organische Säuren (obwohl die letzteren keine Kalorien enthalten, sind sie doch von ausgeprägtem biologischem Wert).

Der englische Wissenschaftler John Judkin, Lehrstuhlinhaber für Nahrungsmittelforschung an einem Londoner College, schrieb kürzlich (in der Zeitschrift »Lancet«), daß der Genuß von großen Zuckermengen sehr schädlich ist, da er den Cholesteringehalt (eine fettähnliche Substanz) im Blut stark anhebt, was Erkrankungen der Venengefäße des Herzens nach sich zieht.

Zu diesem Schluß kam er, nachdem er die Ernährung der Menschen in ökonomisch entwickelten Ländern untersucht hatte, wo der Zuckerverbrauch gestiegen ist und dem vergrößerten Verbrauch von Nährfetten entspricht.

John Judkin beobachtete eine Gruppe von 20 Kranken mit Herzgefäßkrämpfen, eine andere von 25 Menschen mit Beingefäßkrankheiten und 25 Gesunde – insgesamt 70 Menschen im Alter von 45 bis 66 Jahren. Untersuchungen des Zuckerverbrauchs zeigten, daß die Kranken der ersten Gruppe durchschnittlich 132 Gramm Zucker pro Tag zu sich nahmen, die Angehörigen der zweiten 141 Gramm und der dritten (die Gesunden) 77 Gramm Zucker.

Folgendes Problem beschäftigt die Gelehrten vieler Länder: Wie ist die weite Verbreitung von Herzgefäßkrankheiten in der heutigen Zeit zu erklären? Der amerikanische Physiologe Dr. F. Kendall hält den Zucker für »den Staatsfeind Nr. 1« und äußert Zweifel an der modernen Ernährung der »zivilisierten Menschen«.

Er bezieht sich auf einen Expertenbericht der Weltgesundheitsorganisation (1965), in dem die Sterblichkeit in 22 Ländern mit hohem Lebensstandard analysiert wird, und kommt zu dem Ergebnis, daß Herzgefäßerkrankungen und Arteriosklerose die hauptsächlichen Todesursachen sind. Arteriosklerose ist eine Gefäßkrankheit, bei der sich die Innenwände der Gefäße mit fettartigen Bläschen bedecken, was zur Verengung ihrer Öffnungen führt. Um die Ursache der Arteriosklerose zu erforschen, sammelt die Weltgesundheitsorganisation seit dem Jahre 1963 in Genf die Arterien von Zehntausenden von Menschen, die an dieser Krankheit gestorben sind. Diese Forschungen weisen überzeugend auf eine Verbindung zwischen der Arteriosklerose und dem Myokardinfarkt hin.

Seit dem Jahre 1950 bestand die Meinung, daß Cholesterin als Folge des Genusses tierischer Fette Arteriosklerose verursacht. Das Cholesterin wurde zu einem Schreckgespenst, und die Pflanzenfette wurden auf ein Podest gehoben. Das war das »goldene Zeitalter« der pflanzlichen Fette.

Doch seit dem Jahre 1961 begannen die Wissenschaftler daran zu zweifeln, daß Pflanzenfette wirklich dazu in der Lage sind, Arteriosklerose zu verhindern und Cholesterin aus dem Organismus zu entfernen. Wenn der Myokardinfarkt wirklich nur durch Cholesterin hervorgerufen wird, wie ist dann zu erklären, daß diese Krankheit in Somali, wo sich die Bewohner von sehr fetter Kamelmilch ernähren, oder bei den Eskimos, die auch im wesentlichen von tierischen Fetten leben, völlig unbekannt ist?

Experimente von französischen Wissenschaftlern mit Ratten, die große Fettmengen zu fressen erhielten, zeitigten einheitliche Ergebnisse hinsichtlich des Cholesteringehalts im Blut. Dabei wurde nicht der geringste Unterschied im Blutbestand von Tieren festgestellt, die pflanzliche oder tierische Fette bekamen.

Gleichzeitig wurde ermittelt, daß die Fälle von Myokardinfarkt bei Menschen mit stark zuckerhaltiger Diät häufiger waren. Untersuchungen in den USA und in Großbritannien zeigten, daß »zum Frühstück genossener Zucker gefährlicher als Milch und Fett ist, die früher so heftig verurteilt wurden«. Diese Schlußfolgerung von John Judkin aus England bekräftigt F. Kendall aus den USA.

Wie lassen sich Arteriosklerose und Myokardinfarkt verhindern? F. Kendall hält es für notwendig, zu der einfachen Ernährung unserer Vorfahren zurückzukehren, die anscheinend keinen Infarkt kannten, oder sich wie Landbewohner zu ernähren, bei denen diese Krankheiten seltener sind. Er schlägt vor, Brot aus grob gemahlenem Roggenmehl und Getreidekörner zu essen und den Zucker durch Honig zu ersetzen. Zucker (raffinierter oder Streuzucker) enthält 99 Prozent Saccharose. Bienenhonig, der Glukose und Fruktose enthält, hebt den Cholesterinspiegel des Blutes nicht an und wird im Organismus kaum für die Bildung von Fett verwendet.

Justin Glass (England) hält es für erforderlich, daß die Ernährung der Erhaltung der Gesundheit und der Jugend dient. Eine derartige Ernährung besteht aus »lebendigen« Produkten wie zum Beispiel frischem Obst und Gemüse, die viel Vitamine, Fermente, organische Säuren, mineralische und andere wertvolle Substanzen enthalten, außerdem angenehme Geschmackseigenschaften besitzen und die Sekretion der Verdauungsdrüsen anregen. J. Glass empfiehlt, den Genuß von Brot, Mehlspeisen und Zucker einzuschränken. Nach seiner Meinung hat der Zucker keine große Bedeutung für die Ernährung, sondern liefert nur eine gewisse Energiemenge und ist in größeren Quantitäten zweifellos schädlich. Er glaubt, daß der tägliche Genuß von Honig auch deshalb für den Menschen zu einer goldenen Regel werden sollte, »da Honig ein ausgezeichnetes Mittel gegen viele Krankheiten und ein wichtiger Faktor der Langlebigkeit ist«.

Hervorragende sowjetische Hygieniker (F. G. Krotkov, Held der Sozialistischen Arbeit und Mitglied der Akademie für Medizinische Wissenschaft der UdSSR, A. A. Pokrovskij, Mitglied der Akademie für Medizinische Wissenschaft der UdSSR, Prof. K. S. Petrovskij und andere) äußern zu Recht, daß der Zucker ein nützliches hochkalorienhaltiges Kohlehydrat ist, von dem man aber nicht mehr als 50–60 Gramm pro Tag verzehren sollte. Der Genuß größerer Mengen kann dem Organismus Schaden zufügen. Er führt besonders bei bewegungsarmen Tätigkeiten zu Verfettung und Arteriosklerose.

Der kanadische Arzt I. Sain (1965) empfiehlt: »Weißer Zucker muß durch Honig ersetzt werden. Statt Kaffee und Tee (die Schlaflosigkeit und Verengung der Gefäße hervorrufen) sollte man abends Gesundheitstee und so oft wie möglich Lindenhonig zu sich nehmen. Nicht zu vergessen ist, daß Tee Verstopfung verursacht.«

Manche halten den Honig für ein Medikament, das man in großen Mengen einnehmen kann. Ein Experiment, das im Institut für Bienenforschung durchgeführt wurde, hat erwiesen, daß der Verzehr von 500–600 Gramm Honig pro Tag über zwei Monate hinweg schädlich ist und zur Erkrankung an Diabetes führen kann.

Zu Heilzwecken raten wir zu 100 Gramm Honig am Tag, maximal zu 200 Gramm, wobei man keinen Zucker zu sich nehmen darf. Man verteilt den Verzehr auf folgende Weise: morgens 30–60 Gramm, tagsüber 40–80 Gramm, abends 30–60 Gramm.

Die Zähne und der Honig

Fast 90 Prozent der Erdbevölkerung leiden an Zahnkrankheiten, von denen die am stärksten verbreitete die Karies oder Knochenfresser ist. Deshalb wird die Zahnkaries auch als soziale Krankheit angesehen.

Der berühmte kanadische Physiologe und Nobelpreisträger Frederick Grant Banting hat viel Aufmerksamkeit auf die Erforschung des Einflusses des Zuckers auf die Zähne gewandt. Banting stellte durch zahlreiche Untersuchungen fest, daß die zunehmende Verwendung von Zucker in der Ernährung zu vielfältigen Zahnkrankheiten, besonders bei Kindern, führt. Er schrieb, daß in einer relativ kurzen Frist der Verbrauch von Zucker in den USA und in einer Reihe anderer Länder derartig anwuchs, daß die Mehrheit der Bevölkerung der Vereinigten Staaten mehr als den zehnten Teil ihres Kalorienbedarfs durch Zucker deckt, der dem Organismus weder Eiweiß noch Mineralstoffe noch Vitamine liefert. Die Ernährung hat zweifellos Einfluß auf den Zustand der Zähne. Banting unterstrich, daß der Zucker auch die Vermehrung von Bakterien begünstigt, die für die Zähne besonders schädlich sind.

Dr. D. F. Mackledon (USA) schreibt auf der Grundlage seiner Experimente, daß Tee viel Fluor enthält, weshalb man ihn als wirksames Mittel zur Verhütung von Zahnkaries benutzen kann. Da man Tee jedoch gewöhnlich mit Zucker trinkt, wird diese wertvolle Eigenschaft neutralisiert, da der Zucker zum Verfall der Zähne beiträgt (er entzieht dem Organismus das Kalzium). Um die prophylaktische Wirkung des Tees zu erhalten, schlägt Mackledon nachdrücklich vor, ihn statt mit Zucker mit Honig zu süßen, der ebenfalls Fluor enthält.

Im Jahre 1968 erschien in der Presse ein Bericht darüber, daß James Harris (USA) mit seinem Kollegen Professor Samiri Lufti (Arabische Emirate) bei Ausgrabungen der größten Pyramide in Gizeh Belege dafür entdeckte, daß es schon vor fünf Jahrtausenden eine Technik der Zahnheilkunde in Ägypten gab. Aus Papyrusrollen geht hervor, daß zur Kräftigung schwacher Zähne den Kranken eine besondere Mixtur gegeben wurde, zu der Honig, Kalk, Wermut, Malachit u. a. gehörten.

Bienenhonig verhindert dank seinem Fluorgehalt die Entstehung von Karies, kräftigt die Zähne und desinfiziert die Mundhöhle.

Die Verwendung von Honig in der Heilkosmetik

Die Heilkosmetik (Kosmetik: »Kunst der Verschönerung«) hat zum Ziel, eine gesunde und schöne Haut zu erhalten, die den Organismus vor schädlichen Einwirkungen der Außenwelt schützt. Schon in einem uralten medizinischen Denkmal, dem Ebers-Papyrus, wurde darauf hingewiesen, daß »der Arzt in der Lage sein muß, das Gesicht zu verschönern«. Es ist bekannt, daß die Gesichtscreme, die Kleopatra benutzte, unter ihren Komponenten auch Bienenhonig hatte.

Auch Dioskorid, Herodot und andere Gelehrte des Altertums beschrieben verschiedene Wohlgerüche, die im Mittelpunkt der damaligen Kosmetik standen. Abu Ali ibn Sina (Avicenna) führt in seinem berühmten »Kanon der ärztlichen Wissenschaft« viele kosmetische Rezepte an, zu deren Bestandteilen Honig und Wachs gehören.

Heutzutage wurden auf der ganzen Welt Institute für medizinische Kosmetik geschaffen, und es gibt eine umfassende Industrie für kosmetische Präparate, deren Hauptbestandteile Wachs, Honig und Königinfuttersaft sind.

Die sowjetischen Kosmetologen vertreten den Standpunkt, daß das Ziel der Kosmetik nicht die Schönheit um der Schönheit willen sein kann, sondern nur eine Schönheit, die im Einklang mit der Gesundheit des Menschen steht.

Der Honig ist ein vorzügliches kosmetisches Produkt, da er mit großer Leichtigkeit in die Haut eindringt und die Muskelschicht mit tierischer Stärke – Glykogen, das gleichzeitig antibiotische Eigenschaften besitzt – anreichert. Honigmasken, die aus reinem Honig oder aus einer Mischung von Honig zu gleichen Teilen mit Eigelb und Sahne bestehen, sind zu empfehlen, wenn man die Haut kräftigen und geschmeidig machen will.

Nach dem vierzigsten Lebensjahr verliert unsere Haut ihre Fähigkeit, Feuchtigkeit zu speichern, wird trocken und faltig, wozu auch das Erlöschen der Talgdrüsenfunktionen beiträgt. Man kann diesen physiologischen Prozeß, also das Welkwerden der Haut, nicht nur durch Honigmasken, sondern auch durch Honigwasser und Honigbäder hinauszögern.

Die Kosmetologen empfehlen verschiedene Honigmasken. Das am weitesten verbreitete Rezept ist das folgende: 100 Gramm Bienenhonig (wenn der Honig kristallisiert ist, wird er leicht angewärmt) werden mit 25 Milliliter Spiritus und 25 Milliliter Wasser vermischt, bis sich eine einheitliche Masse ergibt. Die Honigmaske wird mit einem Wattebausch dünn 10–15 Minuten auf die mit Öl gesäuberte Haut aufgetragen und dann mit warmem Wasser abgewaschen; die abgetrocknete Haut wird leicht gepudert.

Neben anderen werden auch häufig Masken aus Eigelb, Hafermehl und Honig sowie aus Eigelb und Honig verwandt.

Die erste besteht aus einem Teelöffel voll Bienenhonig, einem Eßlöffel Hafermehl und einem Eigelb. Die Mischung wird folgendermaßen hergestellt: Dem geschlagenen Eigelb fügt man den Honig und das Hafermehl hinzu und rührt so lange um, bis sich eine gleichmäßige Paste ergibt.

Zu der Eigelb-Honig-Maske gehören ein Teelöffel Bienenhonig, ein Teelöffel Glyzerin und ein Eigelb; diese Bestandteile werden zu einer gleichmäßigen Paste vermischt.

Honigmasken sind ein wirkungsvolles Kosmetikum, das weitaus erfolgreicher ist als manche Cremes und Salben; die Masken machen die Haut nicht nur geschmeidig, sondern ernähren sie auch. Durch seine hohen hygroskopischen Eigenschaften saugt der Honig die Hautabsonderungen auf und desinfiziert die Haut. Honigmasken, Honiglösungen, -cremes und -salben verleihen der Haut Frische und Samtigkeit und glätten Falten und Rauheiten.

A. I. Karamyshev und V. A. Arnold empfehlen, die Honigmaske bei trockener Haut folgendermaßen anzuwenden: Das Gesicht wird mit warmem Wasser gewaschen und mit einer heißen Kompresse behandelt; danach wird die Gesichtshaut mit Pflanzenöl eingefettet und eine gleichmäßige dünne Watteschicht mit für Mund und Augen ausgeschnittenen Öffnungen auf das Gesicht gelegt; die Honigsalbe (30 Gramm Weizenmehl, 20 Milliliter Wasser, 50 Gramm reiner Honig) wird mit einem Pinselchen oder einem Wattebausch auf die Wattezwischenschicht aufgetragen; nach 20 Minuten wird die mit Honig durchtränkte Maske entfernt, zwei bis drei heiße Kompressen aufgelegt, das Gesicht mit lauwarmem Wasser abgespült und leicht gepudert.

Wir haben die physiologische und prophylaktische Wirkung von Honigbädern überprüft. Honigbäder (200–250 Gramm Honig für ein Bad) haben nicht nur heilsame, sondern auch prophylaktische Wirkung auf die Haut und darüber hinaus auf den ganzen Organismus. Man kann Honigbäder heiß (40 Grad Celsius und mehr), warm (von 38 bis 39 Grad Celsius), lauwarm (34–36 Grad Celsius), kühl (20–33 Grad Celsius) oder kalt (weniger als 20 Grad Celsius) nehmen. Der behandelnde Arzt bestimmt die Dosierung des Honigs und die Temperatur des Bades. Nach einem Honigbad empfiehlt sich eine Dusche. Man kann zwei- bis dreimal in der Woche ein Honigbad nehmen.

Wir raten zur Verwendung von Honigwasser, einem bequemen, wirksamen und für alle zugänglichen Mittel, das das vorzeitige Welken der Gesichts- und Halshaut verhindert. Das tägliche Waschen mit Honigwasser erhält die Haut elastisch, frisch und samtig.

Die Zubereitung von Honigwasser erfordert nur wenig Zeit. 2 Eßlöffel hochwertigen Honigs werden in einem Liter warmen Wassers aufgelöst, das sich in einem Fünflitergefäß befindet. Danach fügt man dieser Lösung noch zwei Liter warmen Wassers hinzu und beginnt sich zu waschen. Die Prozedur sollte 5–10, maximal 15 Minuten dauern. Danach müssen Gesicht und Hals unbedingt mit klarem warmem Wasser abgewaschen werden. Honigwasser begünstigt die Vergrößerung der Hautzellen, unterstützt ihren Innendruck, verbessert den Stoffwechsel und versorgt die Zellen mit wertvollen kosmetischen und antibiotischen Stoffen.

Frauen, die Bienenhonig zu kosmetischen Zwecken verwenden, wird zu einer vernünftigen Ernährung geraten, die reich an Vitaminen und Mineralstoffen ist, denn nur in diesem Fall ist die Honigkosmetik wirksam.

Ratschläge aus der Volksmedizin

Aloe. Zu Heilzwecken benutzt man den verdickten Saft der Blätter. In der Volksmedizin wird Lungentuberkulose mit einem Gemisch aus dem Saft der frischen Aloeblätter mit Fett und Honig in folgenden Proportionen behandelt: 100 Gramm hochwertiger Bienenhonig (besonders Lindenhonig), 100 Gramm Sahnebutter, 100 Gramm Schweineschmalz, 15 Gramm frischer Aloesaft, 100 Gramm Kakao. 1 Eßlöffel voll morgens und abends mit einem Becher warmer Milch einnehmen.

Althee, medizinische. Schon vor mehr als tausend Jahren wies Avicenna auf die hohen Heileigenschaften der Althee hin. Heutzutage verwendet man sie bei Entzündungen der Harnwege und der Atemorgane. Zur Behandlung dieser Krankheiten wird mehrere Male am Tag ein Eßlöffel vom Tee der Altheeblüten (1 Eßlöffel Blüten auf 1 Becher Wasser) mit Honig eingenommen.

Das Pharmakologische Komitee des Gelehrten Medizinischen Rates im Gesundheitsministerium der UdSSR hieß den Brusttee Nr.4 gut, der folgende Bestandteile hat: 2 Teile Althee, 2 Teile Huflattichblätter, 1 Teil Dost. Dieser Tee läßt sich gut mit Honig trinken. 1 Eßlöffel pro Becher erhöht seine Heilwirkung.

Gemüsesäfte mit Honig bei Bluthochdruck. Je 1 Becher Saft aus roten Möhren, Rettich, Steckrüben, Meerrettich (dem geriebenen Meerrettich fügt man etwa 45–55 Milliliter Wodka hinzu und läßt ihn für einen Tag stehen) sowie 1 Becher Bienenhonig und der Saft einer Zitrone. Sorgfältig mit einem Holzlöffel oder einem Löffel aus rostfreiem Stahl in einer Emailleschüssel umrühren. In einem bedeckten Glasgefäß an einem kühlen Ort (am besten im Kühlschrank) aufbewahren. Dreimal am Tag einen Eßlöffel eine Stunde vor dem Essen oder zwei bis drei Stunden nach dem Essen einnehmen (das Gemisch muß Zimmertemperatur haben).

Die Behandlung dauert zwei Monate. Wenn der Kranke eine Besserung seines Allgemeinbefindens und eine gewisse Senkung des Blutdrucks feststellt, kann die Behandlung nach einer zweitägigen Pause wiederholt werden. Man muß bedenken, daß bei Gastritis mit hohem Säuregehalt, Geschwüren des Magens und des Zwölffingerdarms, Hepatitis (Leberentzündung) und einigen anderen Krankheiten die Einnahme der Saftmischung kontraindiziert ist.

Himbeeren mit Honig. Die Heilkräfte der Himbeere wurden schon im fernen Altertum entdeckt, als man die getrockneten Früchte bei Fieberkrankheiten und den Blütenaufguß als Gegengift bei Schlangenbissen verwandte. Heutzutage werden getrocknete Himbeeren als eines der besten schweißtreibenden Mittel bei Erkältungen benutzt. Einige Autoren wandten Himbeersaft und -tee mit Honig (am besten Lindenhonig) erfolgreich bei Erkältungskrankheiten an. Himbeersaft mit Honig ist äußerst erfrischend. Himbeertee mit Honig wird warm statt gewöhnlichen Tees getrunken.

Huflattich. Die Brühe oder der Tee aus den Blättern des Huflattichs wird weithin als hustenlösendes Mittel angewandt. Die getrockneten Huflattichblätter enthalten bitteres Glykosid (einen Stoff, der starke physiologische Wirkung auf den tierischen Organismus ausübt), Trioxybenzolsäure, Inolin, ätherisches Öl, Schleim-, Gerbstoffe u. a. Das Pharmakologische Komitee des Gelehrten Medizinischen Rates im Gesundheitsministerium der UdSSR genehmigte den schweißtreibenden Tee Nr. 2, zu dem gehören: 2 Teile Huflattichblätter, 2 Teile Himbeeren und 1 Teil Dost; außerdem den Brusttee Nr. 1: 2 Teile Huflattichblätter, 2 Teile Altheenwurzel, 1 Teil Dost. Es empfiehlt sich, den Tee mit einem Löffel Honig zu süßen.

Lungenkraut, medizinisches. Das Lungenkraut wird in der Volksmedizin als Lösungsmittel verwendet. Ad. Ertel und Ed. Bauer empfehlen einen Tee aus den getrockneten Blättern von Lungenkraut, Wegerich, Salbei und Tausendblatt mit Wermut und Honig als gutes hustenlösendes Mittel bei Bronchitis, Rachenerkrankungen u. a.

Preiselbeere. Zu Heilzwecken werden hauptsächlich die Blätter der Preiselbeere benutzt; mit einem Aufguß daraus behandelt man in der Volksmedizin erfolgreich Nierensteine, Rheumatismus und Podagra. Auf einen Becher des Aufgusses (20 Gramm Preiselbeerblätter pro Becher Wasser) oder Tees kommen 20 Gramm Honig.

Rettich mit Honig. Eine Reihe von Autoren hebt die große Heilkraft des Rettichsaftes in Verbindung mit Honig hervor. K. Apinis empfiehlt, bei Rheumatismus eine Mischung aus eineinhalb Bechern Rettichsaft, einem Becher hochwertigen Honigs, einem halben Becher Wodka und einem Teelöffel Salz auf die kranken Gelenke zu massieren. Rettichsaft mit Honig verhindert die Entstehung von Arteriosklerose und Lebersand.

Das Innere eines Rettichs wird herausgeschnitten und die Höhlung mit Naturhonig gefüllt; nach 3–4 Stunden ist der Rettichsaft mit Honig fertig. Erwachsene nehmen am Tag 2–3 Eßlöffel und Kinder morgens und abends je einen Teelöffel ein. Rettichsaft mit Honig kann auch bei Husten, Heiserkeit und zur verstärkten Schleimabsonderung benutzt werden.

Teepilz, Kulturflüssigkeit in Honiglösung. Zahlreiche Untersuchungen haben erwiesen, daß der Aufguß des Teepilzes – das ist eine Kulturflüssigkeit, die die Tätigkeit des Magen-Darm-Traktes reguliert (sie unterdrückt Fäulnis und krankheitserregende Mikroflora) – den Schutz des Organismus verstärkt und bei Arteriosklerose und einigen anderen Krankheiten gute Wirkung zeigt. Diese Angaben der Volksmedizin wurden durch Laboruntersuchungen und klinische Forschungen vieler Wissenschaftler bestätigt.

Zu prophylaktischen Zwecken kann man die Teepilzflüssigkeit während des ganzen Lebens verwenden. Der gesunde Mensch kann pro Tag 2–3 Becher der Flüssigkeit zu sich nehmen, der kranke muß den Anweisungen des Arztes folgen.

Menschen, die an chronischen Krankheiten des Darmes, der Leber und der Gallenwege leiden, wird empfohlen, sich nach der Einnahme der Teepilzflüssigkeit für 20 Minuten auf die rechte Seite zu legen, damit sich das Getränk nicht lange im Magen aufhält und schnell in den Darm übergeht. Man muß dieses nützliche Getränk für mindestens zwei Monate zu sich nehmen, wobei man sich immer unter ärztlicher Beobachtung befinden sollte.

Bei Magenerkrankungen mit erhöhtem Säuregehalt muß die Flüssigkeit mit Alkali (Soda, Magnesium) oder alkalihaltigen Mineralwassern getrunken werden. Shakarjan und Danielova meinen, daß die Wirksamkeit der Kulturflüssigkeit direkt vom Zuckergehalt der Ernährung abhängt: Bei 10 Prozent Zucker ist sie zweimal größer als bei 5 Prozent.

Die Kulturflüssigkeit ist besonders nützlich für Kinder und kann anstelle von Sprudel, Kwaß, Limonaden usw. empfohlen werden. Da Bienenhonig großen Nährwert und hohe medizinisch-prophylaktische Eigenschaften besitzt, sollte er der Kulturflüssigkeit des Teepilzes hinzugegeben werden.

Versuche haben gezeigt, daß auch eine Honigkulturflüssigkeit, die 5 Prozent Honig, 5 Prozent Zucker und eine Anreicherung mit den Vitaminen C und B_1 enthält, ein äußerst angenehmes und nützliches Getränk ist. Diese Flüssigkeit wirkt stärker bakterizid auf die Darmmikroben als eine, die nur mit Zucker (10 Prozent) zubereitet wird. Man muß allerdings bedenken, daß hohe Honigkonzentrationen das Wachstum und die Lebenstätigkeit des Teepilzes einschränken.

Die sieben oder acht Tage alte, mit Vitaminen angereicherte Honigflüssigkeit des Teepilzes gibt man in Flaschen, die sorgfältig verkorkt und im Kühlschrank oder im Keller aufbewahrt werden.

Zitronensaft mit Honig. Dieses Mittel wird mit Erfolg bei Bluthochdruck und Schlaflosigkeit angewandt und ist Menschen mit erhöhter nervlicher Reizbarkeit zu empfehlen. In einem Glas Wasser oder Mineralwasser werden ein Löffel hochwertiger Honig und der Saft einer Zitronenhälfte gelöst. Dies ergibt ein sehr wohlschmeckendes Getränk.

Zitronensaft mit Honig und Olivenöl benutzt man bei Krankheiten der Leber und der Gallenblase.

Zwiebel. Schon zur Zeit des Hippokrates (vor etwa 2500 Jahren) war die Zwiebel, besonders in Verbindung mit Honig, als Heilmittel bekannt. Avicenna wies auf die hochbakteriziden Eigenschaften der Zwiebel hin. K. Apinis rät bei starkem Husten zu Zwiebelsaft mit Honig. Dieses Mittel wird folgendermaßen zubereitet: 500 Gramm gesäuberte und zerkleinerte

Zwiebeln, 50 Gramm hochwertiger Honig, 40 Gramm Zucker werden in 1 Liter Wasser auf schwacher Flamme 3 Stunden lang gekocht; man läßt die Flüssigkeit abkühlen, füllt sie in eine Flasche und verkorkt sie fest. Der Patient soll pro Tag 4–6 Eßlöffel einnehmen.

A. Rough rät, die Kehle 5–6mal am Tag mit Zwiebelaufguß und zugesetztem Honig zu spülen. Bei Brustbeschwerden, Husten, Heiserkeit ist besonders älteren Menschen folgendes Rezept zu empfehlen: Ein Becher geriebener Zwiebel wird mit einem Becher Essig übergossen und durch vierschichtige Gaze gegeben; dann fügt man die gleiche Menge Honig hinzu. Der Kranke erhält alle 30 Minuten einen Teelöffel voll.

Ad. Ertel und Ed. Bauer schreiben, daß Zwiebel mit Honig und frischen Äpfeln bei Halsentzündung gut hilft. Einen Brei aus geriebener Zwiebel und Äpfeln mit Honig nimmt man bei Schwächen der Harnblase täglich ein. A. Rough empfiehlt als harntreibendes Mittel 3 Eßlöffel eines wäßrigen Aufgusses aus Zwiebel und Honig pro Tag.

Tee mit Honig

V. V. Pochlebkin schreibt in seiner Broschüre »Der Tee«, daß im Tee nicht weniger als 120–130 chemische Substanzen entdeckt wurden. Es handelt sich um ätherische Öle (0,02 Prozent), Gerbstoffe (15–30 Prozent), Eiweiße (16–25 Prozent), Alkaloide (1–4 Prozent), die Vitamine B_1, B_2, PP, S, P, K, Provitamin A und andere Provitamine und nichtorganische Stoffe (4–7 Prozent). Er führt Teerezepte mit Honig und anderen Komponenten an, die in der Volksmedizin weit verbreitet sind. Warmer Tee, nicht zu stark gezogen, mit Zitrone, schwarzem Pfeffer und Honig wird bei Erkältungskrankheiten der Atemwege und Lungen erfolgreich als schweißtreibendes Mittel eingesetzt, außerdem als harntreibendes Medikament.

Ad. Ertel und Ed. Bauer empfehlen Tee aus Leinsamen, Anis, Fenchel und Honig bei Verstopfungen als ausgezeichnetes Abführmittel. Ein Teelöffel dieser Bestandteile wird für 3–4 Minuten in einem Viertel Liter Wasser aufgekocht. Zu den Komponenten: Zerstoßene Leinsamen werden bei Katarrh und als leichtes Abführmittel verwendet; die Früchte des Fenchels – oder des Apothekendills – helfen gegen Husten und als Abführmittel für eine bessere Verdauung. Was den Honig betrifft, so ist er allgemein als Regulator der Darmfunktionen bekannt.

Sebastian Kneipp empfiehlt eine Heilkonfitüre aus schwarzen Holunderbeeren mit Honig, die besonders im Winter von Menschen mit sitzender Lebensweise eingenommen werden soll. Ein Löffel dieser Konfitüre mit einem Becher Wasser ergibt ein wohlschmeckendes Getränk, das beruhigend auf den Magen und die Nieren wirkt.

Die Beschreibung der Heileigenschaften des schwarzen Holunders entlehnte die wissenschaftliche Medizin aus der ewig lebendigen Schatzkammer der Volksmedizin; sie unterstrich die starke Abführwirkung der Früchte. Neben ihrer medizinischen Bedeutung sind die Früchte und Blüten des schwarzen Holunders auch als Nahrungsmittel wichtig: Man bereitet aus ihnen Konfitüren zu und gibt sie der Weinmaische bei, um dem Wein Muskataroma und -geschmack zu verleihen.

Alant mit Honig hat in der Volks- und wissenschaftlichen Medizin als hustenlösendes Mittel weite Verbreitung gefunden. Ein Eßlöffel einer zerkleinerten Alantwurzel (in Apotheken zu kaufen) wird mit einem Becher Wasser übergossen und 10 Minuten lang gekocht. Auf einen Becher der gefilterten und abgekühlten Brühe gibt man einen Eßlöffel Honig. Bei starkem Husten wird dreimal am Tag eine Stunde vor dem Essen ein Eßlöffel eingenommen.

Heckenrosen-Kamillen-Tee. Die Früchte der Heckenrose (Hagebutten) werden gewaschen, mit Wasser übergossen und 5 Minuten lang gekocht. In das siedende Wasser legt man Kamillen, bedeckt es und läßt es 10 Minuten lang ziehen. Der

Aufguß wird gefiltert, mit Honig gesüßt und anstelle von Tee gereicht. Die Bestandteile: 1 Eßlöffel Hagebutten, 1 Teelöffel Kamillen, 1 Becher Wasser, Honig nach Geschmack.

Holunder, schwarzer. Zu medizinischen Zwecken verwendet man die Blüten und Früchte. Die Holunderbeeren enthalten Apfel-, Baldrian- und Weinsäure, Cholin, ätherisches Öl, Zucker, bindende und färbende Substanzen und Hormonstoffe, welche die inneren Sekretdrüsen stimulieren. Aus den Blüten hergestellter Tee ist ein gutes schweißtreibendes Mittel; die Beeren werden in frischer Form bei Neuralgien angewandt, der Rindenaufguß ist ein harntreibendes Mittel. Einen bis eineinhalb Eßlöffel Holunderblüten mit einem Becher Wasser aufbrühen, einen Löffel Honig hinzugeben und fünfmal am Tag einen Eßlöffel oder morgens und abends einen halben Becher einnehmen. Die Behandlung dauert einen Monat. Dieser Honigtee ist ein gutes schweißtreibendes Mittel bei Fieber und Grippe.

Holunderblütentee (15 Gramm), dazu Pfefferminze (15 Gramm), Tausendblatt (15 Gramm) und eine kleine Menge zerstoßener Ingwer in 1,5 Liter Wasser auf kleiner Flamme kochen. Danach wird der Tee gefiltert und mit Honig (1 Eßlöffel auf einen Becher Tee) getrunken: sechsmal am Tag einen halben Becher bei starken Leibschmerzen.

Bei Husten und Fieber nimmt man pro Tag 3–5 Tassen Holunderblütentee (3 Eßlöffel auf ein halbes Liter Wasser) mit Honig ein.

Ein Tee aus 6–8 zerkleinerten Holunderblättern pro Becher Wasser wird mit Honig und Salbei zur Behandlung von Hämorrhoiden getrunken (4–5 Wochen lang eine halbe Tasse pro Tag).

Lindenblütentee mit Honig. Man benutzt vor allem die Blüten der kleinblättrigen und der großblättrigen Linde zu Heilzwecken. Schweißtreibender Tee Nr. 1: Lindenblüten und Himbeeren zu gleichen Teilen; Mischung zum Gurgeln Nr. 1: 1 Teil

Lindenblüten, 2 Teile Eichenrinde; Mischung zum Gurgeln Nr. 2: 2 Teile Lindenblüten, 3 Teile Kamillenblüten. Lindentee mit Honig tut bei verschiedenen Erkrankungen wohl, er reinigt die Lungen von Feuchtigkeit. D. Shvikule glaubt, daß Lindenblütentee mit Honig und Wein Blutarmut heilt und bleichgesichtigen Menschen eine frische und gesunde Farbe verleiht.
G. Hertwig rät, Lindenblütentee mit Lindenhonig zu trinken. Dieser Tee zeitigt gute Ergebnisse bei der Behandlung von Grippe; man trinkt am besten morgens und abends eine Tasse davon.

Milchgetränk mit schwarzen Johannisbeeren und Honig. Milch aufkochen, mit Honig vermischen und abkühlen lassen. Johannisbeeren waschen, filtern, von den Stengeln säubern und durch ein Sieb geben. In ein Gefäß mit den zerdrückten Beeren langsam die Milch gießen und schnell umrühren, damit sie nicht gerinnt. Kalt trinken. 4 Eßlöffel Honig, 3 Becher Milch, 300 Gramm schwarze Johannisbeeren.

Minzen- und Kamillentee mit Honig. Minze und Kamillen mit heißem Wasser übergießen, 10 Minuten lang abdecken; den Aufguß durch ein Sieb geben, nach Geschmack Honig hinzufügen und anstelle von Tee reichen. 1 Teelöffel Minze, 1 Teelöffel Kamillen, 1 Becher Wasser, Honig nach Geschmack. (Aus der polnischen Küche.)

Quercus (gewöhnliche Eiche). Zu Heilzwecken verwendet man die Eicheln, die Rinde und die Blätter. K. Apinis schreibt, daß Tee aus Eichenblättern, -rinde und Eicheln mit Honig ein ausgezeichnetes Mittel gegen Lungen-, Magen- und Leberkrankheiten ist. Der hinzugefügte Honig verstärkt die Heilwirkung.

Steinbrech. Von dem Sud aus Steinbrech mit Wasser und Wein (1:1) oder dem Aufguß (10 Gramm Wurzeln auf 200 Gramm Wasser mit 20 Gramm Honig) nimmt man 3–5mal am Tag einen Eßlöffel ein. Sud und Aufguß sind sehr gute hustenlösende Mittel, die außerdem Genesende kräftigen. Es empfiehlt sich, pro Tag 2 Becher Tee aus Steinbrech mit Heckenrosen und Honig gegen Harnstein zu trinken. Der bekannte Schweizer Kenner von Heilkräutern I. Künzel rät in einem Jahrbuch von 1945 (24. Ausgabe), Kindern zwei- bis dreimal am Tag einen Teelöffel Steinbrechaufguß mit Honig zu geben.

Die Expreßmethode der Herstellung von medizinischen Vitaminhonigarten[1]

I. V. Mitshurin schrieb: »Wir leben in einer Zeit, in der die höchste Berufung des Menschen nicht darin besteht, die Welt nur zu erklären, sondern darin, sie zu verändern – sie zu verbessern ...«,[2] »... wir können uns jetzt in das Wirken der Natur einmischen.«[3]

Den Verfasser beschäftigte schon seit langem die Frage, ob es möglich sei, die Bienen dazu zu bringen, nach dem Wunsch des Menschen verschiedene Honigarten herzustellen. Da die Bienen den Pflanzen giftigen Nektar entziehen und ihn in ihrem Honigmagen ohne Schaden für sich selbst verarbeiten, müßte man sie doch dazu zwingen können, auch aus medizinischen Lösungen, den Säften hochnahrhafter Gemüse und Früchte usw. Honig zu produzieren.

Um diese Frage zu klären, führte ich im Jahre 1939 im Dorf Nikotovka des Spassker Bezirks im Primorsker Kreis Versuche durch. Hier dehnte sich in der Tiefe der Taiga ein großes Bienengebiet mit mehreren Hundert Stöcken aus. Zusammen mit

---

[1] Die Expreßmethode wurde vom Verfasser (N. P. Joyrish) ausgearbeitet und gutgeheißen von der für alle Republiken zuständigen staatlichen Sanitärinspektion, von der Abteilung für Bienenzucht des Landwirtschaftsministeriums der UdSSR und der Hauptverwaltung für Vitaminindustrie des Ernährungsindustrieministeriums der UdSSR.

[2] Mitshurin, I. V.: *Ergebnisse von Arbeiten der sechziger Jahre.* Moskau, Selchozgiz, 1949, S. 42.

[3] Ebenda, S. 57

dem Imker Ivan Echtichievitsh Bezrodnyj machte ich mich sofort an die Verwirklichung meines Planes.

Fünf Stöcke mit Bienen von durchschnittlicher Stärke mußten ausgewählt, die Wabenrahmen mit Honig durch saubere ersetzt und Futtertröge hergestellt werden. Danach galt es, die Bienen mit vorbereiteten Lösungen zu füttern, die im folgenden als Kunstnektar bezeichnet werden. Die Kunstnektararten bestanden aus Milch, Ei, Möhrensäften, Rettich usw. und Heilsubstanzen (Phytin, Chlorkalzium, Streptozid, Vitamine u. a.). Die Bienen von vier Schwärmen erhielten Kunstnektar, zu dem auch verschiedene medizinische Farbgeber gehörten: Brillantgrün, Methylblau, Eosin u. a.; die Bienen von drei Schwärmen bekamen mit der Zuckerlösung endokrine Präparate.

Die Kunstnektararten wurden in einem Emaillegefäß hergestellt. Sie wurden schnell und sorgfältig aus einem Emailleteekessel in die Futtertröge gegossen, um nicht die Bienen der Nachbarvölker anzuziehen, die Nektar von den blühenden Trachtpflanzen sammelten. In den hölzernen Trog wurde täglich eine Menge Kunstnektar gegeben, für deren Sammlung die Bienen unter gewöhnlichen Umständen etwa 15 000 000 Blüten des roten Klees hätten besuchen müssen. Die Bienen verdickten die Lösungen, entzogen ihnen das Wasser, bereicherten sie mit organischen Säuren, Fermenten, antibiotischen Stoffen usw. Die Versuche zogen sich über einige Wochen hin. Während der ersten Tage probierten die Kundschafterbienen die Lösung im Trog und teilten dann den übrigen den Fund einer reichen Tracht mit. Schon nach einigen Tagen bemerkten wir, daß sich die Bienen jedesmal, wenn wir das Dach des Stocks öffneten, schnell durch die Ritzen der Rahmen zum Trog erhoben.

Allmählich gewöhnten sich die Bienen an die neuen Bedingungen, daß sie auf der Suche nach Nektar ihren Stock nicht mehr zu verlassen brauchten. Wenn wir das Dach des Stocks öffneten, füllten wir jedesmal den Trog mit Sirup aus Kunstnektar. Die künstliche Lösung war für die Bienen, in der Terminologie I. P. Pavlovs, ein unbedingter Stimulus, während das Geräusch beim Öffnen des Daches, das Licht, das in den Stock drang, und der Geruch der Lösung bedingte Stimuli waren. Auf diese Weise führte das wiederholte Öffnen des Stocks und das Füllen des Trogs mit der Lösung bei den Bienen zu der Bildung eines bestimmten bedingten Reflexes.

Auch ein anderes Experiment wurde durchgeführt. Wenn der Stock geöffnet wurde, eilten die Bienen zum Futtertrog und warteten auf den Nektar. Es sammelten sich so viele, daß sie sich gegenseitig behinderten. Doch dieses Mal gossen wir absichtlich keinen Kunstnektar in den Trog. Die Bienen kreisten und summten, und die ungeduldigsten verließen den Trog und kehrten durch die Ritzen zu den Waben zurück, um den unausgereiften Honig noch einmal durchzuarbeiten. Nach einigen Minuten hatte sich die Zahl der Bienen am Trog verringert. Schließlich blieb keine einzige zurück. Danach schlossen wir den Stock, wiederholten das Experiment nach einigen Stunden und beobachteten das gleiche Bild. Auch dieser Versuch bestätigte, daß sich bei Bienen leicht ein bedingter Reflex bilden läßt.

Wenn man einer Arbeitsbiene ein Stück Zucker gibt, überträgt sie darauf mit dem Rüssel eine auflösende Fermentflüssigkeit (Invertase) und saugt es auf. Aus dem Rüssel gelangt die Nektarflüssigkeit über die Speiseröhre in den Honigmagen – ein Reservoir für den Nektar (Blüten- und Kunstnektar) mit einem durchschnittlichen Volumen von 50 mm^3. Er besteht aus einer dünnen Chitinhülle und zwei Schichten von Muskelfasern. Wenn sich die Fasern zusammenziehen, gelangt der Honig aus der Honigblase entweder zurück in den Rüssel und von dort in die Wabenzelle oder in den Mitteldarm der Biene. Die Honigblase ist mit dem Mitteldarm durch den Muskelmagen (Ventiltrichter) verbunden; er besteht aus einem Kopf mit vier Lippen, der in die Honigblase einmündet, und einer schlauchartigen Röhre, die in den Mitteldarm hineinführt. Schon seine Bezeichnung deutet darauf hin, daß dieses Organ reich an glatten und schrägen Muskeln ist. Die physiologische Funktion des

Muskelmagens besteht darin, die Nahrung (Honig, Blütenstaub) aus der Honigblase in den Mitteldarm zu leiten. Der Inhalt des Mitteldarms kann nicht in die Honigblase zurückgelangen, da sich die Klappe bei der Rückwärtsbewegung fest verschließt und die Magenhöhle sich zusammenzieht.

Die Honigblase der Arbeitsbiene stellt trotz ihrer mikroskopischen Größe nicht nur ein Reservoir für Nektar und Blütenstaub, sondern auch ein imposantes »lebendiges Laboratorium« dar. Experimente haben gezeigt, daß Bienen eine fünfzigprozentige gewöhnliche Zuckerlösung schon nach 30 Minuten zu 42–44 Prozent in Glukose und Fruktose umgewandelt haben. Das geschieht dadurch, daß sich in der Honigblase äußerst wichtige Fermentprozesse vollziehen, in erster Linie die Inversion des Zuckers.

Auf dieser Funktion beruht auch die angeführte Expreßmethode der Herstellung verschiedener Honigsorten.

Die Bienen brachten den künstlichen Nektar (süße medizinische und andere Lösungen) aus dem Futtertrog in umgewandelter Form in die Wabenzellen. Sie arbeiteten den Kunstnektar fleißig und sorgfältig zu dem entsprechenden Honigmuster um. Die Wabenrahmen mit diesem Honig entfernten wir aus diesem Stock und ersetzten sie durch neue; den Futtertrog wuschen wir mit warmem Wasser, ließen ihn trocknen, füllten ihn mit einer neuen süßen Lösung und stellten ihn wieder in den Bienenkorb. Auf diese Weise wurden die Stöcke zu »lebenden Fabriken«, in denen die Bienen Tag und Nacht arbeiteten und Honig mit der gewünschten chemischen Zusammensetzung produzierten.

Durch diese Methode erhielt der Verfasser 85 Muster von medizinischen Vitaminhonigen und anderen Sorten. Die Versuche bewiesen die Rentabilität der Methode, besonders in den Frühlings- und Herbstmonaten, in denen es in der Natur keine blühenden Trachtpflanzen gibt, so daß sich die Bienen von den Grundreserven an Honig ernähren müssen.

Aus einem Kilogramm Zucker stellen die Bienen ein Kilogramm Honig her. »Wenn man die Bienen mit eineinhalb Kilogramm Sirup füttert, der aus 1 Kilogramm Zucker und einem halben Kilogramm Wasser besteht, so findet sich versiegelt im Stock 1 Kilogramm Honig, den die Bienen aus dem verfütterten Zucker (davon ein Viertelkilogramm Wasser) hergestellt haben. Deshalb müssen sie mit so viel Zucker gefüttert werden, wie man braucht, um die Vorräte zu ergänzen; daß er mit Wasser verdünnt ist, braucht man nicht zu berücksichtigen.«[1] Es kann keinen Zweifel daran geben, daß die Zusammensetzung des Kunstnektars Auswirkungen auf das Bienenvolk hat. Dem Autor gelang es festzustellen, daß Kunstnektar mit Eiweißen, Vitaminen und Mineralsalzen den Organismus der Arbeitsbienen positiv beeinflußte, ihre Lebensfähigkeit und Widerstandskraft gegenüber schädlichen äußeren Faktoren und Infektionen erhöhte. Versuche, die der Verfasser mit Bienenständen im Fernen Osten, in der Ukraine, Zentralasien, dem Ural, der Gegend von Moskau u. a. anstellte, ergaben, daß Arbeitsbienen, die im Herbst Kunstnektar zur Expreßherstellung von Honig erhalten hatten, die Herbst- und Winterruhe gut überstanden und nicht erkrankten.

Die Expreßmethode läßt sich unter verschiedensten Klimabedingungen anwenden: in Abchasien, wo sich die Bienen fast neun Monate lang unter freiem Himmel aufhalten, und jenseits des Polarkreises, wo sie sich für einen beträchtlichen Teil des Jahres in Überwinterungskörben befinden. Man kann diese Methode unabhängig von der Bienenrasse und der Stockkonstruktion anwenden.

Wir wollen einige Honigsorten betrachten, die durch die Expreßmethode gewonnen wurden.

Ginsenghonig. Die chinesische Medizin rechnet die Ginsengwurzel schon seit uralten Zeiten zu den wichtigsten Heilmitteln und nennt sie »ein Weltwunder, ein Geschenk der Unsterblichkeit«.

Der Ginseng gehört zur Aralienfamilie. Äußerlich ähnelt er

---

[1] Rozov, S. A., Gubin, A. F., u. a.: *Bienenzucht.* Moskau, Selchozgiz, 1948.

der Petersilienwurzel. Seinen Eigenschaften nach unterscheidet er sich erheblich von allen bekannten Pflanzen der Erde. Ginseng bedeutet auf chinesisch Mensch-Wurzel, Lebenswurzel. Die Ginsengwurzel wächst 100, 200, 300 und mehr Jahre in tiefen Schluchten und enthält radioaktive Substanzen. Die Untersuchung der chemischen und medizinischen Eigenschaften des Ginseng, die in unserem Land durchgeführt wurde, hat ergeben, daß er zahlreiche und vielfältige Heilkräfte enthält. Seit Jahrtausenden und auch heute noch verwenden die Völker des Ostens und Asiens den Ginseng als wertvolles Medikament.

I. V. Mitshurin interessierte sich sehr für die Ginsengwurzel und ihre Heilkräfte und pflanzte sogar selbst sechs Exemplare an. Ein Ginsengsud ist ein ausgezeichneter Stärkungstrunk. Dieses Getränk wird zubereitet, indem man kleingeschnittene Ginsengwurzeln im Wasser aufkocht. Der Sud hilft gegen viele Krankheiten und ist sogar ein Präventivmittel. In Tibet wird bei Nervenkrankheiten empfohlen, Ginseng mit Honig zu essen. Um den Geschmack und das Aroma zu verbessern, kann man diese wundertätige Pflanze der Speise hinzugeben. Die Ginsengwurzel verleiht Fleisch einen besonderen, angenehmen Geschmack.

I. V. Mitshurin führt auch ein Zitat aus den Berichten des Doktors der Medizin F. P. Smith an, der die heilsamen Eigenschaften des Ginseng detailliert beschrieb: »Dieses Mittel wird aus einem Sud in einem Silbergefäß hergestellt. Seine Heilkraft ist unstreitig; als Stärkungs-, Anregungs- und Beruhigungsmittel zeitigt es, mit wenigen Ausnahmen, bei fast allen Krankheiten wohltätige Wirkung. Bei Schwäche, Spermatorrhoe, Hämorrhoiden, ständiger Übelkeit und Schwangerschaft und besonders bei epidemischem Fieber nehmen die Chinesen bei den Wurzeln des Ginseng Zuflucht. Trotz kleinster Dosierungen entfaltet der Ginseng bei vernünftiger Anwendung seine heilsame Wirkung.«[1]

[1] Mitshurin, I.V.: *Werke*, Bd. IV. Moskau, Selchozgiz, 1941, S. 176.

Der Verfasser beschloß, durch die Expreßmethode Ginsenghonig herzustellen, der effektiver auf den menschlichen Organismus einwirken müßte als Honig und Ginseng in getrennter Form. Zudem hat der Ginsengaufguß einen unangenehmen, bitteren Geschmack; dieser Nachteil verschwindet bei der Hinzugabe von Honig.

Der gewonnene Ginsenghonig begann schon kurze Zeit, nachdem die Bienen ihn aus dem künstlichen Ginsengnektar hergestellt und in die Wabenzellen gebracht hatten, zu kristallisieren. Viele Autoren führen diese Kristallisation fälschlich auf den Ginseng zurück. Tatsächlich hängt sie von der Glukose ab, die statt gewöhnlichen Zuckers als Süßstoff dient.

Dieser Honig ist ein wertvolles Produkt mit angenehmen Geschmackseigenschaften und einem zarten (schwachen) Aroma. Da der Ginsenghonig nicht flüssig ist, kann man ihn in einer Papierhülle aufbewahren.

Hämotogener (Blut-)Honig. Ein Honig, zu dessen Bestandteilen Blut gehört, wäre ein neues Nahrungsmittel mit äußerst komplizierten und wertvollen chemischen Eigenschaften. Zur Verwirklichung dieser Aufgabe wurden Versuchstiere an den Bienenstand gebracht, die als Spender dienten. Ihr Blut wurde als süßer Kunstnektar in die Futtertröge der Bienen gegeben.

Die Gerinnung des Blutes wurde dadurch verhindert, daß man ihm eine vierprozentige Lösung aus zitronensaurem Natrium hinzufügte. Die Bienen verließen schnell die mit süßem Blutnektar gefüllten Tröge und verarbeiteten ihn zu Honig.

Im Jahre 1940 wurde geprüft, welche Wirkung die intravenöse Einführung einer Lösung aus hämatogenem (Blut-) Honig auf Hunde hat. Man vermutete, daß dieser Honig effektiver ist als Glukose und vielleicht zeitweilig sogar das Blut ersetzen kann. Die Versuche wurden im Ukrainischen A. A. Bogomolets-Institut für experimentelle Biologie und Pathologie unter der Leitung des wissenschaftlichen Mitarbeiters D. A. Brusilovskij durchgeführt. Die Experimente mit der intravenösen Einführung von hämatogenem Honig erwiesen seine positive Wirkung.

Honig mit medizinischen Farbstoffen. Vier Bienenschwärme erhielten, wie gesagt, Lösungen, in die verschiedene medizinische Farbstoffe eingingen: Brillantgrün, Methylenblau, Eosin, Karmin.

Diese Versuchsserie hatte wie alle vorhergehenden das gleiche Ziel: Honigmuster mit bestimmten Heilkräften zu erzielen. Es steht fest, daß die Farbstoffe neurotrop sind, das heißt verwandt mit Nervengewebe, Geschwulstzellen, einigen Mikroorganismen, besonders Eiterkokken, Malariaplasmodien usw. Diese Eigenschaft der medizinischen Farbstoffe verführte dazu, sie als »Leiter« für einige Medikamente zu benutzen. Man nimmt an, daß die Anwendung bestimmter Farbstoffe in Verbindung mit anderen Medikamenten die Voraussetzung für die Aufnahme von aktiven oder bakteriziden Mitteln durch das verletzte Organ schafft.

Unsere geflügelten Pharmazeutinnen wandelten die ihnen vorgelegten Farbstofflösungen gehorsam und sorgfältig in verschiedenfarbige Honigsorten um. Wir erhielten Honigmuster von intensiv grüner, blauer, roter und anderen Farben. Der blaue Honig, zu dessen Bestandteilen Methylbläue, Glukose, Lävulose, Fermente, Inhibine und ein ganzes Arsenal wichtiger Heilstoffe gehören, ist ein äußerst wertvolles Präparat; seine Anwendung ist eine Sache der nahen Zukunft. Das gleiche läßt sich von anderen farbigen Honigsorten sagen, die im Organismus der Arbeitsbiene hergestellt wurden. All diese Honigsorten verfügen über doppelte Eigenschaften: Einerseits üben sie die heilsame Wirkung der Farbstoffe (Brillantgrün, Methylbläue usw.) aus, andererseits beeinflussen sie den Organismus auf die für Bienenhonig typische Weise.

Auf der Grundlage der Fachliteratur und persönlicher Untersuchungen vermuten wir, daß die mit medizinischen Farbstoffen angereicherten Honigsorten in der Dermatologie und anderen Gebieten der Medizin therapeutische Anwendung finden werden.

Milchhonig. Die Milch besteht aus Eiweißen, Fetten, Kohlehydraten, Mineralsalzen und Vitaminen, die für das normale Funktionieren des Organismus unerläßlich sind.

Seit alten Zeiten verwenden fast alle Völker Milch mit Honig bei Lungenerkrankungen, Blutarmut und Erschöpfung. Milch und Milchprodukte oder Milch mit Honig dienen auch heute noch bei einigen Krankheiten als gute Kost für Kinder und Heranwachsende.

Doch Milch verdirbt leicht und kann nicht sehr lange auf Vorrat gelegt werden. Nach dem Kochen hält sie sich länger, aber dabei wird ein Teil der Fermente und anderer Bestandteile zerstört. Wir nutzten die Fähigkeit der Bienen, dem verarbeiteten »Nektar« das überflüssige Wasser zu entziehen und schnell verderbliche organische Stoffe zu konservieren, und erhielten Milchhonig.

Die Methode ist einfach: In frischer Milch wird Streuzucker aufgelöst, bis sich eine gesättigte Lösung ergibt; dieser Milchsirup wird an die Bienen verfüttert. Sie verarbeiten ihn willig zu Milchhonig (noch besser ist es, ihnen Magermilch zu geben). Nach einigen Tagen wird dieser Honig auf einer gewöhnlichen Honigschleuder extrahiert und in Glasgefäße gefüllt. Er hat weißlich-gelbliche Farbe, riecht und schmeckt angenehm.

Im Kiewer Nahrungsforschungsinstitut wurden chemisch-bakteriologische Analysen dieses Honigs angestellt. Die Resultate sind folgende: spezifisches Gewicht des Milchhonigs 1,1125 (bei 15 Grad Celsius), Wassergehalt 20,8 Prozent, Trockensubstanzen 79,2 Prozent, salpetrige Substanzen (Kasein, Albumin, Globulin) 1,622 Prozent, Zucker 74,7 Prozent, davon 37,2 Prozent Glukose und Laktose und 25 Prozent Lävulose, Mineralsalze 1,4 Prozent. Der Honig nahm im Milieu von Darmbazillen keine Typhus- und Paratyphusbakterien an.

Milchhonig ist besonders während der Wachstumsperiode sehr nützlich für den Organismus. Man kann ihn auch mit Getränken verwenden (zwei Löffel in einem Becher warmen oder kalten Wassers auflösen). Sogar in einem offenen Gefäß hält er sich lange. Milchhonig konserviert Vitamine, besonders Vitamin C, vorzüglich.

Möhrenhonig. Der Autor führte auf dem Bienenstand der Ukrainischen Wissenschaftlichen Forschungsstation für Bienenzucht Versuche durch, um Möhrenhonig zu erhalten. Dr. M. S. Aronov hat Möhrensaft erfolgreich zur Behandlung von Wunden benutzt und seine hochbakteriziden Eigenschaften bewiesen. Die rote Möhre enthält große Mengen von Zucker und liefert außerdem Kalzium, Phosphor, Eisensalze und besonders Vitamine. Sie konzentriert in sich fast alle heute bekannten Vitamine: Karotin (Provitamin A), Aneurin (Vitamin B_1), Riboflavin (Vitamin B_2), Ascorbinsäure (Vitamin C) u. a.

Sowjetische Forscher schreiben, daß Riboflavin die Widerstandskraft des Organismus gegen Infektionskrankheiten vergrößert.

Die Möhre enthält Pantothensäure, die im tierischen Organismus eine große Rolle spielt, da sie an der Kohlehydratumwandlung teilhat.

In der Möhre wurden Nikotinsäure (Vitamin PP), Hesperidin und Citrin (Vitamin P, Provitamin D), antihämorrhagisches Vitamin (Vitamin K), viel Biotin (Vitamin H) und andere, noch nicht erforschte Vitamine gefunden.

Sehr beliebt ist der Saft der Möhre. Er wird mit Erfolg als harntreibendes Mittel, gegen Nierensteine, bei Blutarmut und anderen Krankheiten eingesetzt.

Um Möhrenhonig zu erhalten, wurde der Saft von roten Möhren sorgfältig gepreßt, mit Zucker angereichert und als Kunstnektar an die Bienen verfüttert.

Die Bienen verarbeiteten den süßen Möhrensaft gern. Sie entfernten das überflüssige Wasser, fügten verschiedene Fermente, organische Säuren, Inhibine usw. hinzu und brachten den Möhrenhonig in die Wabenzellen.

Polyvitaminhonig. Vor Herstellung eines Honigs, der verschiedene Vitamine enthält, wurden süße Lösungen aus Hekkenrosenhagebutten, die reich an Vitamin C, B, E und A (Karotin) sind, aus Gemüsesäften und in einigen Fällen aus synthetischen Vitaminpräparaten vorbereitet. Die Bienen verarbeiteten die künstliche Polyvitaminlösung zu einem Honig, der nicht nur einen Komplex von Vitaminen, sondern auch Glukose, Fermente, organische Säuren und andere Stoffe enthält. Ein Honig mit mehreren Vitaminen hat deshalb große Bedeutung, weil er über viele wertvolle Zucker (Glukose, Lävulose) verfügt und die Wirkung der Vitamine, in erster Linie des Vitamins C, gut konserviert. Von den vom Verfasser erzielten Vitamin- und Polyvitaminhonigsorten wurden viele Muster im Laboratorium untersucht, wobei die Wirksamkeit ihrer Vitamine festgestellt wurde.

Die folgenden Mengen (in Milligramm) von Vitamin C (Ascorbinsäure) wurden in 1 Kilogramm Honig gefunden: im Vitaminhonig Nr. 1 188; Im Vitaminhonig Nr. 2 217; im Phytin-Maiglöckchen-Vitaminhonig 322; im Mammino-Vitaminhonig 51,2; im Osarsol-Vitaminhonig 97,8; im Atophan-Vitaminhonig 61,6; im Eisen-Kakao-Milch-Ei-Vitaminhonig 142,4; im Kaffee-Milch-Vitaminhonig 94,4; im Sahne-Vitaminhonig 52; im Eigelb-Vitaminhonig 237; im Eiweiß-Polyvitaminhonig 760.

Bei der Untersuchung einiger Honigsorten auf ihren Gehalt an Vitamin B_1 und A (Karotin) erwies sich, daß auch diese Vitamine in recht großen Mengen vertreten waren.

Rüben-Heckenrosen-Honig. Zur Gewinnung dieses Honigs wurde dem Bienenvolk ein Kunstnektar gegeben, der aus dem Saft der roten Rübe, einem Heckenrosenaufguß und einem Sud aus Kirschbaumblättern stammt. Anstelle von Zucker wurden für die Zubereitung des Sirups billige Abfälle der Nahrungsmittelindustrie (Zuckerrückstände, verbrauchte Glukose usw.) benutzt. Die Bienen stellten aus diesen Halbfabrikaten einen neuen Honig her. Dieser Honig (Sorte Nr. 82) hat nicht nur die schöne Farbe der Kirsche, sondern auch ihr angenehmes Aroma und ihren ansprechenden Geschmack. Zahlreiche Abschmecker meinten, daß die Bienen den Honig Nr. 82 aus süßem Kirschsaft hergestellt hätten.

Die Honiggewinnung im Winter

Durch die Fütterung der Bienen mit Kunstnektar gelang es uns, im Frühling, Sommer und Spätherbst Honig zu erhalten. Damit ergab sich natürlich die Frage: Kann man die Bienen dazu bringen, auch im Winter Honig zu produzieren, wenn sie ihre Ruhe halten?

Zu diesem Zweck nahmen wir im Februar zwei Bienenvölker aus der Winterruhe: das Versuchsvolk Nr. 34 (20 000 Bienen) und das Kontrollvolk Nr. 49 (19 000 Bienen), deren Königinnen das gleiche Alter und die gleiche Fruchtbarkeit besaßen. Die Körbe brachten wir in ein Treibhaus. Nach einem Tag entfernten wir die Honigrahmen aus dem Korb Nr. 34 und brachten sie ohne Honig, also als trockenes Wachs, zurück. Dann begannen wir, dieses Bienenvolk mit Kunstnektar zu füttern, der nach dem gleichen Prinzip wie in den vorhergehenden Versuchen zubereitet worden war. Allerdings bestand der Nektar in diesem Falle aus einem Kiefernnadelaufguß. Die Bienen nahmen auch diese Lösung trotz ihres etwas bitteren Geschmacks und spezifischen Kieferngeruchs gern an.

Die Temperatur im Treibhaus erreichte +21 Grad Celsius und mehr. Die Bienen übernahmen den regelmäßig in die Futtertröge gefüllten Kiefernnadelaufguß bereitwillig, verarbeiteten ihn und brachten ihn in die Wabenzellen. Schon am siebten Tag entdeckten wir Honigbezirke, die sogar mit Wachsdächern versiegelt waren. Den Honig einiger Wabenrahmen pumpten wir auf einer gewöhnlichen Schleuder heraus. Er war bernsteinfarben mit einem leicht grünlichen Unterton, zeichnete sich durch einen angenehmen, zarten Geschmack und einen kaum wahrnehmbaren charakteristischen Harzgeruch aus. So erschien in unserer Sammlung ein neues Glasgefäß mit dem Honig Nr. 61 und dem Etikett »Nadelbaumhonig«.

Interessant ist, daß unter dem Einfluß dieses Futters der Nachwuchs viermal größer war als der des Kontrollvolkes Nr. 49, der sich unter den gleichen günstigen Bedingungen befand, dessen Bienen jedoch ohne das Baumnadelgetränk auskommen mußten. Im März erschienen im Versuchsvolk junge Arbeitsbienen. Es ist leicht, die Bienen den ganzen Winter hindurch in einem Treibhaus zur Arbeit zu zwingen. Doch zu diesem Zweck müssen sie vom Herbst an im Treibhaus sein, das heißt, ihre Arbeitsaktivität darf nicht unterbrochen werden. Während des Winters darf man die ruhenden Bienen nicht zur Honigherstellung zwingen.

Der Nadelaufguß wurde nicht zufällig von uns zur Fütterung der Bienen gewählt. Schon lange ist bekannt, daß Baumnadeln einen hohen Gehalt an Vitamin C besitzen. Schon im 16. Jahrhundert wußte man von der skorbuthemmenden Eigenschaft von Kiefernnadeln; im Jahre 1785 schrieb das Akademiemitglied Petr Simon Pallas in seinem Buch »Beschreibung der Pflanzen des russischen Großreiches« davon, daß sie ins Ausland exportiert wurden.

Heutzutage hat die Wissenschaft festgestellt, daß Baumnadeln ein Vitaminkonzentrat darstellen. Sie enthalten zehnmal mehr Vitamin C als Kartoffeln, siebenmal mehr als Äpfel und viermal mehr als Zitronen. Baumnadeln besitzen zweimal mehr Vitamin K als Schweineleber und fast zwanzigmal mehr als die Leber eines gesunden Huhns.

Im Gehalt von Vitamin A übertreffen Baumnadeln mehr als zwölfmal Vollmilch und eineinhalbmal Hühnereier; sie haben fast fünfzigmal soviel Vitamin A wie rohes mageres Fleisch und mehr als hundertmal soviel wie Schweinefleisch.

Diese kurze Aufzählung erschöpft noch längst nicht alle bemerkenswerten Eigenschaften von Baumnadeln. Der Reichtum an Kiefern, Tannen, Fichten und die Leichtigkeit, mit der sich aus Baumnadeln ein Aufguß mit hohem Vitamingehalt herstellen läßt, berechtigen zu der Empfehlung, sie weithin zur Fütterung von Bienen zu verwenden.

Die Zukunftsaussichten der Expreßmethode

Das sowjetische Volk hat durch die fortschrittliche Biologie Mitshurins hervorragende Resultate bei der Züchtung neuer

Pflanzen, Obstbäume und Haustierrassen mit wertvolleren wirtschaftlichen Eigenschaften erzielt. Nur die Honigbiene ist so geblieben, wie sie schon auf den Fragmenten altägyptischer Grabgewölbe dargestellt ist.

Charles Darwin, der das Leben und das Erbgut der Bienen eingehend untersuchte, schrieb: »Ich erhielt einen Korb mit toten Bienen aus Jamaica, wo die Bienen schon lange ansässig sind.* Sogar nach einem sorgfältigen Vergleich unter dem Mikroskop mit meinen Bienen konnte ich nicht die Spur eines Unterschiedes entdecken.« Er machte auf die interessante Tatsache aufmerksam, daß die Bienen sich von allen Haustieren am wenigsten verändert haben, und gab folgende Erklärung: »Die Bienen sind schon seit fernen Zeiten Haustiere – wenn man sie überhaupt so bezeichnen kann, da sie sich, mit Ausnahme einer kleinen Nahrungsmenge, die sie im Winter erhalten, selbst ernähren.« Charles Darwin erklärt die Unveränderlichkeit der Bienen mit ihrer selbständigen Ernährung.

Der sowjetische Tierzüchter, das Akademiemitglied M. F. Ivanov, kam aufgrund seiner vierjährigen wissenschaftlichen Arbeiten zu dem Schluß, daß Futter und Fütterung einen weit größeren Einfluß auf den Tierorganismus haben als Rasse und Herkunft. Seinen Aphorismus »Die Rasse wird durch das Maul bestimmt« kann man mit vollem Recht auf die Bienen anwenden.

In einem sowjetischen Institut für Bienenzucht wurden Versuche angestellt, die ergaben, daß Bienen, die nur mit Zuckersirup gefüttert worden waren, 34,5 Prozent Eiweiß (im Verhältnis zum Trockengewicht) im Körper hatten, während Versuchstiere, die außerdem mit einer Mischung aus Honig und Bienenbrot gefüttert worden waren, über 52,0 Prozent Eiweiß verfügten. Die Versorgung mit Honig und Bienenbrot trug zur intensiveren Fütterung des Nachwuchses und zur stärkeren Wachsabsonderung bei.

---

* Darwin wußte nicht, daß die dort ansässigen Bienen erst vor relativ kurzer Zeit von Europa importiert worden waren.

Die Bienenzüchter I. C. Shalimov und I. V. Potapov (1962) führten interessante Untersuchungen durch, indem sie auf dem Bienenstand Futter mit verschiedenen Bestandteilen verwandten. Für das Experiment nahmen sie vier gleich große Bienengruppen mit jeweils drei Völkern. Die erste Gruppe erhielt keine Auffütterung, diente also zur Kontrolle; die zweite wurde mit Zuckersirup aufgefüttert; die dritte mit Zuckersirup und einer kleinen Beimischung (10 Milligramm auf 1 Liter Sirup) von wachstumsfördernden Substanzen (Alphanaphtylessigsäure); die vierte mit Zuckersirup, der einen Anteil von 10 Prozent Hefe hatte.

Die Fütterung vollzog sich vom 3. bis zum 31. Mai, das heißt 28 Tage lang. Folgende Honigmengen wurden als Resultat des Versuchs geliefert: von der ersten Gruppe 18,3 Kilogramm pro Schwarm, von der zweiten 27,3 Kilogramm, von der dritten 32 Kilogramm, von der vierten 38,4 Kilogramm. Während der Versuchsdauer erhielten die Bienen der zweiten Gruppe 12 Kilogramm Zucker und lieferten zusätzlich 9 Kilogramm Honig; die dritte Gruppe, die 12 Kilogramm Zucker und 420 Milligramm wachstumsfördernde Stoffe erhalten hatte, produzierte zusätzlich 13,7 Kilogramm Honig; die vierte Gruppe erhielt 12 Kilogramm Zucker und 3,6 Kilogramm Bäckerhefe und stellte zusätzlich 20,1 Kilogramm Honig her. Dabei wurde festgestellt, daß süßer Sirup mit Wachstumsförderern und Hefe positiv auf das Entwicklungstempo und die Reifung der Bienen im Larven- und Puppenstadium wirkt.

V. D. Sevostjanov hat den Einfluß von Wachstumsstoffen – Heteroauxin – auf die Vervielfältigung und Entwicklung der Bienen studiert. Er ermittelte, daß die Königin eines Versuchsvolkes unter dem Einfluß von Heteroauxin im Futter zur Zeit des Experimentes, das vom 27. Juli bis zum 4. August dauerte, 13 700 Eier legte, die Königin eines Kontrollschwarmes dagegen nur 6000 Eier.

Es ist allgemein bekannt, daß Bienen im beginnenden Frühling, im Sommer und besonders im Herbst sogar bei guten Wetterbedingungen häufig »arbeitslos« bleiben und deshalb weitaus weniger Honig herstellen, als sie könnten. In vielen anderen ähnlichen Fällen, wenn die Bienen durch klimatische, meteorologische und andere Faktoren gezwungen sind, »stillzustehen«, eröffnet die Expreßmethode dem Züchter gewaltige Möglichkeiten, die sich positiv auf den Zustand der Bienenvölker und das materielle Wohlbefinden des Bienenstandes auswirken.

Wir können und müssen neue Honigsorten mit einer Zusammensetzung, die durch unsere Wünsche und unsere Rezepte bestimmt wird, schaffen. Die Expreßmethode bietet in dieser Hinsicht großartige Aussichten, da sie es möglich macht, sich die Lebenstätigkeit des Bienenschwarmes völlig unterzuordnen, wodurch der Bienenstand in eine lebendige Fabrik verwandelt wird, welche die gewünschten Honigsorten liefert. Die Nahrungsmittelindustrie kann sich dieser Methode bedienen und hochnahrhafte Polyvitaminhonigsorten herausbringen.

Seit langem steht fest, daß der Genuß von Honig den Hämoglobingehalt des Blutes, das Gewicht und die Muskelkraft vergrößert; außerdem ist er eine beliebte Nascherei für Kinder. Große Bedeutung hat auch der Umstand, daß die Expreßmethode dazu befähigt, Honig aus Polyvitamin-, medizinischen, endokrinen und anderen Präparaten herzustellen.

Zur Illustration führen wir einige Komponenten an, die in den von uns zubereiteten Kunstnektar eingehen: Adonilen, Alkohol (verschiedene Konzentrationen von gereinigtem Spiritus), Atophan, Bromkalium, Bromnatrium, Veronal, Vitamine (A, B, C, D, PP, E u. a.), Gitalen, Digitalis, Eiweißeisen, Ginseng, Jodkalium, Jodnatrium, Chlorkalzium, Koffein, Maiglöckchen, Osarsol, Pensin, Salizylnatrium, Saccharin, Sekalen, Salzsäure, Streptozid, Sulfidin, Urotropin, Phytin, Phosphren, Chinin, Hepatokrin, Mammin, Ovarin, Pankreokrin, Pantokrin, Paratireokrin, Spermokrin, Brillantgrün, Methylbläue, Fuchsin; Gemüsesäfte: aus Kohl, Möhren, Tomaten, Rettich, Zwiebeln, Wassermelonen, Kürbissen usw.; Fruchtsäfte: aus Birnen, Erdbeeren, Heidelbeeren, Äpfeln;

Blatt- und Kräutersäfte: aus Walnüssen, Erdbeerblättern, Klee, Brennesseln, Maisblättern und -stengeln, Rüben; Kakao, Kaffee; Blut von Tieren und Hausgeflügel, Milch, Eier, verschiedene Schimmelarten usw.

Wie unsere Versuche zeigten, hatten einige Kunstlösungen einen überaus günstigen Einfluß auf den Bienenschwarm. Manche Stoffe, die in den Kunstnektar eingegeben wurden, stimulierten die Bienenkönigin dazu, sogar im Spätherbst ihre Eierproduktion zu erhöhen, andere aktivierten die Bienen zum Wabenbau.

Bei der Gewinnung von Bienenhonig durch die Expreßmethode müssen die sanitär-hygienischen Regeln besonders streng beachtet werden: Der Imker muß im sauberen Kittel arbeiten und sich vor der Zubereitung des Kunstnektars sorgfältig die Hände mit Seife waschen.

Am besten ist ein Kunstnektar, der 50 Prozent Zucker enthält. Dieser Nektar wird zu genau festgesetzten Zeiten (morgens und abends) in Holztröge gefüllt, was seine Verarbeitung zu Honig beschleunigt. Die Lösung muß möglichst warm (Zimmertemperatur), sorgfältig und schnell eingefüllt werden, um die Bienen von Nachbarstöcken nicht anzulocken. Die Futtertröge müssen sauber und unversehrt sein, da der Kunstnektar sonst ausfließen und den Boden des Korbes so verschmutzen könnte, daß die Bienen darin festkleben und sterben.

Außerdem müssen dünne, mit Wachs bedeckte Stäbchen durch die Futtertröge gesteckt werden, damit die Bienen nicht im künstlichen Nektar ertrinken. Der Honig sollte erst auf der Honigschleuder herausgepumpt werden, wenn mindestens sechs Tage seit dem Füllen des Troges mit Kunstnektar vergangen sind. Am besten unternimmt man es dann, wenn die Bienen beginnen, die mit Honig gefüllten Wabenzellen mit Wachsdeckeln zu verschließen, denn vorher befinden sich im Honig, wie unsere Beobachtungen ergaben, noch etwa 10 Prozent Saccharose (die Biene hatte noch nicht genügend Zeit, den ganzen Zucker in Glukose und Lävulose umzuwandeln). Die Honigschleuder und die Verpackung müssen selbstverständlich sauber sein.

In der Moskauer Veterinärakademie (1962) durchgeführte Experimente belegten, daß sich die Honigernte bei dreifacher Fütterung (pro Woche) von Zuckersirup mit Antibiotika (Penicillin, Biomyzin, Hydrostreptomyzin, Terramyzin, je 30 000 Einheiten) von 19 Kilogramm (Kontrollschwarm, der nur Zucker erhielt) bis 41,6–52 Kilogramm je Schwarm erhöhte. Man fand heraus, daß sich die Lebensdauer von Bienen, die Antibiotika bekamen, vergrößerte; die Königinnen dieser Schwärme legten mehr Eier.

In der UdSSR und im Ausland bedienen sich viele Forscher der Expreßmethode. In diesem Zusammenhang sind die Versuche des französischen Wissenschaftlers Alain Caillas besonders interessant, der nicht nur eine neue Honigsorte gewann, sondern auch ihre wohltuende klinische Wirkung auf kranke Kinder untersuchte. All dies zeugt von den großen Zukunftsaussichten der Expreßmethode zur Gewinnung hochwertiger medizinisch-prophylaktischer Honigsorten.

Der durch die Expreßmethode erzielte Honig muß an einem trockenen, dunklen Ort aufbewahrt werden, an dem keine anderen Nahrungsmittel (Salzheringe, gesäuerter Kohl) und Substanzen (Kerosin, Teer, Benzin) lagern, die stark riechen.

Imker, welche die Expreßmethode verwenden, dürfen die Bienen nicht ohne medizinische Aufsicht mit Kunstnektar füttern, zu dessen Bestandteilen Medikamente gehören.

Die Bezeichnung des Honigs muß dem Hauptbestandteil des künstlichen Nektars entsprechen. Wenn der Kunstnektar zum Beispiel hauptsächlich aus Möhrensaft besteht, so muß der Honig Möhrenhonig genannt werden usw. Jedes Muster (Glas, Becher, Faß) muß ein Etikett tragen, auf dem das Herstellungsdatum des Honigs, der Name und die Adresse des Bienenstandes angegeben sind. Wenn durch Expreßmethode gewonnene Honigsorten in den Handel gebracht werden, müssen vorher die Befunde der Staatlichen Gesundheitskontrolle und eines Laboratoriums über die medizinischen Stoffe und Vitamine (qualitative und quantitative Analyse) eingeholt werden.

*Die Gewinnung polyvitaminisierten Honigs
durch die Expreßmethode*

Als der Verfasser davon sprach, daß die Bienen in ihrem Organismus Kunstnektar zu medizinischem Vitaminhonig umwandeln, bezog er sich auf die biologische Expreßmethode. Polyvitaminisierter Honig ist dagegen natürlicher Bienenhonig, der mechanisch mit Vitaminen, hochnahrhaften, medizinischen und anderen wichtigen Stoffen angereichert wird. Der Unterschied zwischen dem biologischen und dem mechanischen Verfahren ist also groß: Im ersten Falle hat die Biene aktiv an der Bildung des Honigs teil, im zweiten der Mensch.

Milligramme von Vitaminen schützen den Organismus des Menschen nicht nur vor verschiedenen Krankheiten (Avitaminosen), sondern erhöhen auch seine Widerstandskraft gegenüber Infektionen und schädlichen äußeren Einflüssen.

Vitamin-C-Konzentrate aus Heckenrosenhagebutten und anderen Pflanzen sind Versuchen zufolge weitaus wirksamere Heilmittel als synthetische Ascorbinsäure. Das erklärt sich daraus, daß die Wirksamkeit der Ascorbinsäure, die aus pflanzlichem Material gewonnen wird, von der gleichzeitigen Anwesenheit anderer biologischer Aktivstoffe (zum Beispiel Flavonen, Katechinen und mit ihnen verwandten Verbindungen) abhängt.

Klinische Beobachtungen ergaben, daß synthetische Vitamine besser aufgenommen werden, wenn der Mensch sie in Verbindung mit natürlichen Nahrungsmitteln zu sich nimmt. In dieser Hinsicht ist polyvitaminisierter Honig ein äußerst wertvolles Produkt. Er enthält die Vitamine A (Axerophthol), B_1 (Aneurin), B_2 (Riboflavin), C (Ascorbinsäure), PP (Nikotinsäure), D (Kalziumpherol). Die Bedeutung dieses wichtigen Vitaminkomplexes für den menschlichen Organismus kann nicht überschätzt werden.

Vitamin A verstärkt die Widerstandskraft der Haut und der Schleimhäute, unterstützt das normale Sehvermögen und die normale Funktion der inneren Sekretdrüsen und schützt den

Organismus vor Infektionen. Außerdem stimuliert es die Wachstumsprozesse im Körper.

Vitamin B_1 nimmt aktiven Anteil am Kohlehydrat-, Eiweiß- und Fettstoffwechsel und wirkt äußerst positiv auf die normale Tätigkeit des Nervensystems. Einige Wissenschaftler nennen es zu Recht »Naturbrom«.

Vitamin D verhindert Rachitis und hilft der normalen Entwicklung der Knochen und Zähne.

Vitamin PP ist am Eiweißstoffwechsel beteiligt.

Kalzium ist nicht nur deshalb für den Organismus von Bedeutung, weil es der Hauptbestandteil des Skelettes ist, sondern auch deshalb, weil es die Widerstandsfähigkeit des Organismus im Kampf mit Infektionen stärkt und das Vermögen der Phagozyten aktiviert, in den Körper gelangte Mikroorganismen zu vernichten. Kalzium hilft dem Organismus, Nährstoffe voll auszunutzen, beeinflußt das Nerven- und Herzgefäßsystem günstig und unterstützt die Blutgerinnung.

100 Gramm einer polyvitaminisierten Honigsorte enthalten: 13 200 immunisierende Einheiten Vitamin A, 8 Milligramm Vitamin B_1, 8 Milligramm Vitamin B_2, 300 Milligramm Vitamin C, 60 Milligramm Vitamin PP, 3200 Milligramm Kalziumsalze. Die tägliche Dosis für einen gesunden Menschen beträgt 25 Gramm. Auf den Rat des Arztes hin kann sie vergrößert werden.

100 Gramm polyvitaminisierten Kinderhonigs enthalten: 13 200 immunisierende Einheiten Vitamin A, 6 Milligramm Vitamin B_1, 8 Milligramm Vitamin B_2, 300 Milligramm Vitamin C, 60 Milligramm Vitamin PP, 4000 immunisierende Einheiten Vitamin D, 4000 Milligramm Kalziumsalze. Die tägliche Dosis für ein gesundes Kind beträgt 25 Gramm.

Zur Gewinnung großer Mengen polyvitaminisierten Honigs stellt man in den Gebäuden, in denen der Honig abgefüllt und verpackt wird, eine elektrische Mixmaschine auf, das die Vitamine und das Kalzium präzise und gleichmäßig auf die Kristalle des Invertzuckers und die anderen Honigkomponenten aufteilt. Die im Wasser löslichen Vitamine C, B_1, B_2, PP verteilen sich infolge der stark hygroskopischen Eigenschaften des Honigs (er enthält etwa 20 Prozent Wasser) schnell zwischen den Glukosekristallen; die im Fett löslichen Vitamine A und D zerfallen in winzige Kügelchen und gehen ebenfalls gleichmäßig auf die Glukose- und Lävulosekristalle über. Dank der Dickflüssigkeit kleben die fettigen Vitaminbällchen nicht zusammen.

Polyvitaminisierter Honig ist eine homogene Masse, in der die Honig-, Vitamin- und Kalziumbestandteile gleichmäßig verteilt sind. Davon überzeugen chemische und mikroskopische Analyse ebenso wie die einheitliche hellgelbe Färbung des Honigs durch Riboflavin (Vitamin B_2). Der Honig wird schnell und leicht von den Schleimhäuten des Magen-Darm-Trakts aufgesogen und dient gewissermaßen als Leiter für die Vitamine und das Kalzium, die mit ihm zusammen in den Blutstrom gelangen.

Erwachsene und Kinder können polyvitaminisierten Honig auch in Verbindung mit anderen Nahrungsmitteln zu sich nehmen.

Man kann annehmen, daß dieser Honig bei Strahlenkrankheit und besonders bei der Prophylaxe schädlicher Einflüsse von ionisierender Strahlung weite Anwendung finden wird. Da sich heute radioaktive Isotope immer stärker in der Medizin verbreiten, ist es sehr wichtig, eine Behandlungsmethode für die Strahlenkrankheit zu entwickeln. Sowjetische Wissenschaftler behandeln diese Krankheit mit Vitamin B_6 (Pyridoxin), intravenösen Einspritzungen von Glukose mit Vitamin C usw.

Untersuchungen belegen, daß bei verschiedenen Krankheiten an die Stelle der Einspritzung von Glukose mit Vitamin C auch der Genuß von vitaminisiertem Honig treten könnte, der eine ähnliche therapeutische Wirkung hat. Vitaminisierter Honig kann zu prophylaktischen Zwecken benutzt werden.

Die Haltbarkeit der Vitamine im vitaminisierten Bienenhonig

Alle Nahrungsmittel verlieren bei Lagerung einen beträchtlichen Teil ihrer Vitaminwirkung. Um die Haltbarkeit von Vitaminen in vitaminisiertem Honig zu untersuchen, wurde im chemisch-analytischen Laboratorium des Wissenschaftlichen Allunionsinstituts für Vitamine Honig versuchsweise mit Ascorbinsäure (Vitamin C) angereichert; danach beobachtete man sechs Monate lang die Haltbarkeit dieses Vitamins. Die Ergebnisse zeigen, daß sich Vitamin C im Lindenhonig besser hält als im Buchweizenhonig. Nach sechs Monaten hatten sich in ihm ungefähr 50 Prozent der natürlichen Ascorbinsäure und 60-90 Prozent der künstlich hinzugegebenen erhalten. Damit besteht Grund zu der Annahme, daß Bienenhonig besondere Stabilisatoren enthält, welche die Ascorbinsäure vor der Säuerung bewahren. Daneben sind die physisch-chemischen Eigenschaften des Bienenhonigs äußerst günstig für die Speicherung von Ascorbinsäure.

Vitamin C wurde deshalb für die Versuche ausgewählt, weil es am labilsten ist. Man kann vermuten, daß sich auch die anderen in den Honig eingeführten Vitamine (B_1, B_2, PP, D, A) genauso gut halten.

Polyvitaminisierter Honig mit Glutaminsäure

Die Glutaminsäure wurde zwar schon vor 120 Jahren entdeckt, doch zu Heilzwecken setzt man sie erst seit einigen Jahren ein. Sie wird bei Erkrankungen des zentralen Nervensystems verschrieben. Da sie einen unangenehmen Geschmack hat und bei der Einnahme oft zum Erbrechen führt, vermischt man sie mit dickem Zuckersirup oder Marmelade, Konfitüre und auch mit Fruchtglukose. Bienenhonig ist all diesen Substanzen vorzuziehen, da er selber heilsame Eigenschaften besitzt. Außerdem wird der unangenehme Geschmack des Riboflavins und der Glutaminsäure im Honig nicht nur überdeckt, sondern die Aktivität des Vitamins C wird auch stabilisiert.

Zur Herstellung von polyvitaminisiertem Honig mit Glutaminsäure empfehlen wir: 100 Gramm hochwertigen (einblütigen) Honig, 6 Gramm Glutaminsäure, 200 Milligramm Vitamin C, 4 Milligramm Vitamin B_1, 4 Milligramm Vitamin B_2, 20 Milligramm Vitamin B_5 (RR).

Bei der Dosierung der Glutaminsäure in diesem Rezept ging der Autor von den Angaben der Fachliteratur aus; was die Vitamine betrifft, hielt er sich an die Heildosierungen, die von der Vitaminkommission des Pharmakologischen Komitees im Gesundheitsministerium der UdSSR empfohlen werden.

Die Krasnodarsker Sowchose »Lekrasprom« bringt schon seit einigen Jahren durch die Expreßmethode gewonnenen Honig in den Handel: Milch-, Karotin-, medizinischen (Pensin-), polyvitaminisierten (Vitamine E, B_2) Honig u. a.

Der Lipetsker Bienenzuchtkomplex (auf der Basis einiger großer Kolchosenbienenstände) liefert Vitamin- und vitaminisierten Honig, Baumnadelhonig und andere Sorten.

Die Expreßmethode der Gewinnung von medizinischen Vitaminhonigsorten gründet sich auf die Lehren von I. V. Mitshurin und I. P. Pavlov und besteht darin, daß die Arbeitsbienen Kunstnektar nach dem Rezept des Menschen zu einem Honig beliebiger Zusammensetzung verarbeiten. Die vierzehn vom Verfasser in verschiedenen Gebieten der UdSSR durchgeführten Versuchsreihen und die Gewinnung von 85 neuen Mustern (Sorten) zeigen die Vorteile der Expreßmethode. In diese Honigsorten gingen verschiedene Vitamine, Milch, Eiweiß und Eigelb, Tierblut und Medikamente ein.

Der Kunstnektar, der aus schnell verderblichen Produkten besteht, durchläuft den Organismus der Arbeitsbiene und wird konserviert; die Saccharose verwandelt sich in Glukose und Fruktose und wird mit Fermenten, Aminosäuren, Mineralsalzen, Bioelementen, organischen Säuren, antibiotischen Substanzen (Inhibinen) u. a. angereichert. Laboruntersuchungen und Tierversuche belegen, daß der durch die Expreßmethode erzielte Honig sich nicht nur beträchtlich von Kunstnektar unterscheidet, sondern auch wertvoller für den menschlichen Organismus ist als die Ausgangsstoffe.

Die medizinische Bedeutung der Expreßmethode ist gewaltig. Der Autor stellte fest, daß der Genuß von Honig anstelle von Zucker den Hämoglobinspiegel des Blutes erhöht und das Gewicht und die Muskelkraft eines Kindes anhebt.

Die Expreßmethode ist von großer biologischer Wichtigkeit, da sie die Möglichkeit gibt, in das Leben des Bienenvolkes einzugreifen. Die sich über viele Jahre hinziehenden Versuche des Verfassers zeigen, daß manche Substanzen, die zum Kunstnektar gehören, die Königin zur verstärkten Eiablage stimulieren, andere die Bienen zu verstärktem Gießen von Waben bewegen und noch andere die therapeutische Wirkung des Bienengifts erhöhen.

Der Kunsthonig, ein wertvolles Diätprodukt

Das Akademiemitglied A. M. Butlerov schrieb, daß zuckerhaltige Stoffe in der Form, wie die Pflanzen sie liefern, noch keinen Honig darstellen; erst wenn sie von Insekten umgearbeitet wurden und verdickt sind, nachdem sie einen Teil des Wassers durch Verdunstung verlieren, werden sie zu wirklichem Honig. Auf diese Weise wird Blütennektar erst nach der Umwandlung im Honigmagen der Arbeitsbiene zu Honig. Wenn er ohne Beteiligung der Bienen entsteht, spricht man von Kunsthonig.

Lyle stellte schon im Jahre 1887 Kunsthonig her, indem er Glukose und Fruktose zu gleichen Teilen mit Rohrzucker, Frucht-, ätherischen und Farbstoffen mischte. Untersuchungen haben ergeben, daß im Gegensatz zum Naturhonig in der Asche von Kunsthonig keine Phosphorsäure vorhanden ist.

In den Niederlanden war der sogenannte Biskuithonig sehr beliebt, zu dessen Bestandteilen gehörten: 30 Prozent Oleomargarine, 29 Prozent Rohrzucker, 4 Prozent Glukose, 7 Prozent Dextrin, ein halbes Prozent Soda, ein halbes Prozent Sand und Holzteilchen, 29 Prozent Wasser.

In der Sowjetunion sind mehrere Kunsthonigsorten bekannt.

Dattelhonig wird aus dem ausgepreßten Saft der frischen Dattel, dem »Wüstenbrot«, hergestellt. Dieser Honig hält sich länger als zwei Jahre, ohne zu verderben.

Kunsthonig (Wassermelonen-, Zuckermelonenhonig u. a.) wird auf folgende Weise hergestellt: Das Fruchtfleisch wird von der Schale befreit und in Pressen (gewöhnlich Holzpressen) ausgedrückt; der Saft wird durch eine Leinwand und ein Sieb gefiltert und dann in offenen Kupferkesseln so lange verdampft, bis sich eine dichte Melasse ergibt.

Die Naltshinsker Konservenfabrik produziert den Kunsthonig »Goldener Bienenstock« mit folgenden Bestandteilen: 37 Prozent Melasse aus Maisstärke, 45 Prozent Zucker, 10 Prozent Naturhonig, 8 Prozent Wasser. Nettogewicht 770 Gramm. Man verwendet ihn zum Tee, mit Plinsen, Fladen und anderen Mehlspeisen.

Kürbishonig wird aus Kürbissaft gewonnen, dessen Zuckergehalt bis zu 11 Prozent erreicht. Die Ernte eines Hektars ergibt 25–30 Zentner Honig.

Wassermelonenhonig (Nardek) entsteht aus der in unserem Land weit verbreiteten Kulturpflanze. Das Fruchtfleisch der Wassermelone enthält 88–90 Prozent Wasser, 5,5–10,5 Prozent Zucker (hauptsächlich Lävulose), 0,97 Prozent salpetrige Stoffe, 0,6 Prozent Fett, 0,4 Prozent Zellulose, 0,36 Prozent Asche. In Wassermelonenhonig sind 41,6 Prozent invertierten Zuckers (hauptsächlich Lävulose), 14 Prozent Saccharose, 1,86 Prozent Asche, 0,34 Prozent organische Säuren. Ein Zentner Wassermelonen erbringt 7–10 Kilogramm Wassermelonenhonig. Durch die Therapie mit diesem Honig hebt sich der Hämoglobinspiegel des Blutes.

Zuckermelonenhonig (Bekmez). Der Zuckeranteil in Zuckermelonen schwankt je nach Sorte von 4,5 bis 13 Prozent; in Zentralasien gibt es späte Arten, die bis zu 17 Prozent Zucker enthalten. Ungefähr 80 Prozent der Melonenernte in Zentralasien werden zu Honig verarbeitet. Zuckermelonenhonig enthält ungefähr 60 Prozent Zucker.

Das heilkräftige Bienengift

Von der Volksmedizin wird nicht nur Bienenhonig, sondern auch Bienengift als Heilmittel eingesetzt. Die Arbeitsbiene verfügt über einen komplizierten Stachelapparat, der sich unter dem letzten Leibring befindet.

Dieser Apparat besteht aus der sogenannten Stachelscheide, zwei Stiletten, drei Paar Chitinplatten (länglichen, dreieckigen, quadratischen) und zwei Giftdrüsen (der großen und der kleinen). Das Stilett ist ein dünnes, nadelartiges Chitinstäbchen mit zehn Zacken am Ende. Beim Stich schiebt sich das Stilett über die Begrenzung der Stachelscheide hinaus und bohrt sich in die Haut; die Giftdrüse ist mit der Stachelscheide verbunden. Die große Giftdrüse (mit einem stark sauren Sekret) besteht aus einem dünnen, fadenartigen Röhrchen, das mit einer Gabelung beginnt und in einem erweiterten Teil, dem Reservoir der Giftdrüse, endet. Im fadenartigen Teil (Giftdrüse) wird das Gift hergestellt, das bis zum Stich im Reservoir, der Giftblase, gespeichert wird. Die kleine Giftdrüse (mit einem schwach alkalischen Sekret) ist ein kurzes Röhrchen, das sich am Grund der Stachelscheide öffnet. Das Bienengift läuft durch eine Rinne in die Wunde. Beim Stich öffnet sich der Stachelapparat, und durch autonome Muskelverkürzungen des Stiletts bohrt sich der Stachel immer tiefer in die Hautwunde.

Eine Biene, die einen Menschen gestochen hat, verliert den Stachel und stirbt; bei ihren Versuchen, den Stachel aus der elastischen menschlichen Haut zurückzuziehen, reißt er ab, da er mit dünnen, rückwärts gerichteten Zacken versehen ist, die in der Haut steckenbleiben. Es ist bekannt, daß eine Biene, die irgendein Insekt oder eine andere Biene sticht – und hier liegt die natürliche Bestimmung ihrer Giftwaffe – den Stachel nicht verliert und auf keine Weise geschädigt wird. Nur wenn die Biene einen Menschen sticht, bezahlt sie dafür mit ihrem Leben.

Heutzutage erkennen viele Ärzte das Bienengift als heilkräftig an, da es allen Prüfungen erfolgreich standgehalten hat und somit die Schwellen von Kliniken, Krankenhäusern und Polikliniken überschritt. Der Gelehrte Medizinische Rat des

Gesundheitsministeriums der UdSSR erließ schon im Jahre 1957 eine zeitweilige Anordnung zur Verwendung von Bienengift in Form von Bienenstichen bei einer Reihe von Krankheiten.

Viele Namen sind mit der Entwicklung der Apitoxintherapie in unserem Lande verbunden, doch drei begeisterte Anhänger dieser Methode verdienen besondere Erwähnung. Der Professor des Petersburger Waldinstituts M. I. Lukomskij veröffentlichte im Jahre 1864 einen Artikel, in dem er das Bienengift als wichtiges Heilmittel herausstellte und die Ärzte aufrief, sich damit zu beschäftigen. Der russische Militärarzt und angesehene Vertreter der Imkerei I. V. Ljubarskij verwandte Bienengift in Form von Stichen über zwanzig Jahre hinweg und erzielte gute therapeutische Wirkung. Im Jahre 1897 erschien in der Zeitung »Kasaner Telegraph« ein interessanter Artikel von I. V. Ljubarskij. Er trug den Titel »Das Bienengift als Heilmittel« und berichtete von den Erfahrungen des Verfassers bei der Behandlung von Rheumatismus durch Bienenstiche. Der dritte Name schließlich gehört dem berühmten sowjetischen Neuropathologen und Akademiemitglied M. B. Krol. Auf seine Initiative hin wurde im Experimentallaboratorium des Kreml-Krankenhauses ein Bienengiftpräparat hergestellt, das in den Jahren 1936–1937 mit Erfolg zur Behandlung einiger Nervenkrankheiten benutzt wurde.

Langjährige Beobachtungen und von uns angestellte Befragungen über den Gesundheitszustand der Bienenzüchter in der Sowjetunion zeigen, daß Bienengift nicht nur ein gutes Heilmittel ist, sondern auch prophylaktische Eigenschaften besitzt. Man muß allerdings daran erinnern, daß Bienengift bei ungeschickter Anwendung nicht wiedergutzumachenden Schaden anrichten kann. Es darf auf keinen Fall als Mittel gegen alle Krankheiten angesehen werden. Es ist unmöglich, Bienenstiche zur Behandlung zu empfehlen, wenn die theoretische Grundlage, die praktische Überprüfung im Experiment und ausreichende klinische Beobachtungen fehlen; das wäre nicht nur gefährlich für die Gesundheit der Patienten, sondern könnte sogar ihr Leben bedrohen. Die Apitoxintherapie muß sich unter der Aufsicht eines kenntnisreichen und erfahrenen Arztes vollziehen und gehört in vielen Fällen zu einem Komplex medizinisch-prophylaktischer Maßnahmen, wie zum Beispiel physiotherapeutischen Verfahren, Diät, medikamentöser Behandlung usw.

Zusammensetzung und physikalisch-chemische Eigenschaften des Bienengifts

Ungeachtet dessen, daß die Bienenzucht einen uralten Zweig der Volkswirtschaft darstellt, wurde die chemische Zusammensetzung von Bienengift erst vor relativ kurzer Zeit untersucht.

Bienengift ist durchsichtig, hat einen scharf aromatischen Geruch, der an Honig erinnert, einen bitteren und beißenden Geschmack und eine saure Reaktion; sein spezifisches Gewicht ist 1,1313. Es enthält Ameisen-, Salz- und Orthophosphorsäure. Man kann annehmen, daß folgende Bestandteile des Bienengiftes von großer Heilkraft sind: Histamin, von dem es 1 Prozent enthält, phosphorsaures Mangan, das 0,4 Prozent des getrockneten Gifts ausmacht, und der hohe Anteil an Acetylcholin.

Wichtig sind auch die Fermente Hyaluronidase und Phosphorlipase A sowie im Bienengift entdecktes Kupfer, Kalzium, Schwefel, Phosphor, ätherische Öle und Eiweißstoffe. Die Eiweißsubstanz des Bienengifts hat ein Molekulargewicht von 35 000 und wird Melittin genannt.

E. Habermann und K. Ris (1965) schrieben, daß Apamin, welches auch im einheimischen Bienengift enthalten ist, über eine starke Wirkung verfügt, die das Nervensystem reizt und Krämpfe hervorruft. Professor E. Habermann und seine Mitarbeiter leisteten einen großen Beitrag zur Feststellung des chemischen Bestandes von Bienengift. Sie isolierten chromatographisch sieben Komponenten, von denen fast alle sich aus Aminosäuren zusammensetzen (Peptide, Enzyme):

1. *Melittin*, das 50 Prozent des trockenen Giftes ausmacht, 26 Aminosäuren umfaßt und eine erhöhte oberflächliche Wirkung besitzt.
2. *Apamin* macht 3 Prozent der gesamten Giftmenge aus und besteht aus 18 Aminosäuren.
3. und 4. sind elementare Polypeptide und vom pharmakologischen Standpunkt her nicht interesssant.
5. *Phosphorlipase A* ist ein Ferment, das 14 Prozent der trokkenen Giftsubstanz ergibt. Nach Meinung von Habermann und Jentsch (1966), St. Shkendrov, P. Potshinkova (1967) und anderen hemmt Phosphorlipase A die Wirkung von Thrombokinase, wodurch sich der antikoagulierende Effekt von Bienengift erklärt.
6. *Hyaluronidase* ist ein Ferment, das 20 Prozent des trockenen Bienengifts ausmacht.
7. *Histamin* ist mit etwa einem Prozent im Bienengift enthalten. Früher betrachtete man es als einen »hauptsächlichen« Bestandteil.

Nach der Ansicht der Experten gibt es dank der weitgefächerten Aktivität der vielfältigen Komponenten, besonders des Melittins, kein einziges Organ und keinen biologischen Prozeß, worauf das Bienengift nicht einwirkt; es erweitert die Blutgefäße und verbessert die Durchblutung.

Die ätherischen Öle des Giftes rufen den Juckreiz und das Schwächegefühl beim Bienenstich hervor. Bienengift trocknet sogar bei gewöhnlicher Zimmertemperatur sehr schnell aus und verliert dabei zwei Drittel seines Gewichts. Das getrocknete Bienengift ist eine durchsichtige Masse, die an Gummiarabikum erinnert und sich in Wasser und Säuren leicht auflöst.

Eine zehntelnormale Lösung aus ätzendem Alkali und Schwefelsäure kann das Bienengift sogar im Laufe einer vierundzwanzigstündigen Einwirkung nicht zerstören.

Die Eigenschaften des Bienengifts verändern sich erst infolge langer Erhitzung mit Salzsäure oder ätzendem Alkali;

seine Aktivität sinkt unter dem Einfluß von mangansaurem Kalium und anderen Oxydiermitteln. Bienengift ist äußerst wärmebeständig: Eine Erhitzung im trockenen Zustand bis zu 100 Grad Celsius bleibt sogar über 10 Tage hinweg ohne merklichen Einfluß auf seine Eigenschaften. Außerdem ist Bienengift von hoher Kältebeständigkeit; es wird auch durch Einfrieren nicht beeinträchtigt.

Man hat festgestellt, daß trockenes Bienengift seine toxische Wirkung mehrere Jahre lang bewahren kann, wenn es nicht feucht wird.

Bei der Erforschung des Bienengifts entdeckten die Wissenschaftler, daß es bemerkenswerte antibiotische Fähigkeiten besitzt. Der Nobelpreisträger Professor G. F. Hause hält das Bienengift für die stärkste aller uns bekannten antibiotischen Substanzen. »Zur dritten Kategorie antibiotischer Stoffe gehören Verbindungen, die Stickstoff und Schwefel enthalten. Die wichtigsten sind Bienen- und Schlangengift ... Die gleiche Zusammensetzung besitzt Gliotoxin – eine antibakterielle Substanz, die vom Schimmelpilz Gliocladium gebildet wird ... Ein Hunderttausendstel eines Milligramms Gliotoxin in einem Bouillonwürfel hält das Wachstum gewisser grampositiver Mikroben auf. Gliotoxin, Bienen- und Schlangengift gehören zu den stärksten uns bekannten antibiotischen Stoffen.«

Die sowjetischen Forscher P. M. Komarov und A. S. Ershtejn, A. D. Balandin, I. P. Koop und andere ermittelten, daß eine wäßrige Bienengiftlösung sogar in einer Verdünnung von 1:50000 steril ist (also keine Mikroorganismen enthält).

A. D. Balandin bewies, daß Pantoffeltierchen (Einzeller aus der Klasse der Infusorien) bei einer Bienengiftkonzentration von 1:10000 sofort absterben und in Lösungen von 1:50000 im Laufe von 30 Sekunden. Bei einer Verdünnung von 1:500000 bis 1:600000 stimuliert das Gift die Vermehrung der Pantoffeltierchen. Diese Versuche zeigen, daß Bienengift je nach dem Grad seiner Verdünnung über verschiedene biologische Wirkung verfügt.

Interessant sind die Beobachtungen des Chemikers William

Shipman und seines Mitarbeiters, des Radiobiologen Leonard Cowell, im Marine-Radiologie-Labor von San Francisco. Die Forscher untersuchten über acht Monate hinweg den Einfluß von Bienengift auf Mäuse. Einer Gruppe von Mäusen spritzten sie Bienengift in einer Chlornatrium-(Kochsalz-)Lösung unter die Haut und bestrahlten sie 24 Stunden lang (mit 825 Röntgen). 80 Prozent der Versuchstiere überlebten. William Shipman äußert die Vermutung, daß Bienengift irgendeinen Absorbierer enthält, da die Bestrahlung mit radioaktiven Stoffen vom Auftauchen sogenannter freier Radikaler im Organismus begleitet wird.

I. P. Koop bemerkt zu Recht, daß »Bienengift, das so leicht zu erhalten ist, die gleiche Aufmerksamkeit der Ärzte verdient wie Antibiotika auf Pilz- und Bakterienbasen«.

Diese Eigenschaften des Bienengifts und seine Zusammensetzung führten dazu, daß es zu medizinischen Zwecken eingesetzt wurde.

Die Behandlung einiger Krankheiten mit Bienengift

Nach Anweisung des Arztes können im wesentlichen die folgenden Krankheiten mit Bienenstichen behandelt werden:
1. Rheumaerkrankungen (rheumatische Polyarthritis, rheumatische Muskelerkrankungen, Rheumakard).
2. Nichtspezifische infektiöse Polyarthritis.
3. Deformierende Spondylarthrose.
4. Erkrankungen des peripheren Nervensystems (Wirbelsäulen-Kreuzbein-Radiculitis, Entzündung des Gesäßnervs, des Hüft-, Gesichtsnervs und anderer, interkostale Neuralgien, Polyneuritis u.a.).
5. Trophische Geschwüre und schwach granulierende Wunden.
6. Chirurgische Gefäßerkrankungen (Thrombophlebitis ohne Vereiterung, Endarteriitis, arteriosklerotische Verletzungen der Gefäße in den Gliedmaßen).

7. Entzündungsinfiltrate (ohne Vereiterung).
8. Bronchialasthma.
9. Migräne.
10. Bluthochdruck im 1. und 2. Stadium.
11. Iritis und Iridozyklitis. Außerdem rechnen einige Autoren auch Thyreotoxikose des 1. und 2. Stadiums, den Symptomkomplex von Ménière und andere Krankheiten zu den Indikationen.

Kontraindiziert ist die Verwendung von Bienenstichen bei:
1. Idiosynkrasie gegen Bienengift.
2. Tuberkulose.
3. Infektionskrankheiten.
4. Psychischen Krankheiten.
5. Leber- und Bauchspeicheldrüsenkrankheiten im verschärften Stadium.
6. Nierenkrankheiten, besonders wenn sie mit Hämaturie verbunden sind.
7. Erkrankungen der Hülle der Adrenalindrüsen und besonders bei Addisonscher Krankheit.
8. Sepsis und stark eitrigen Erkrankungen.
9. Dekompensation des Herzgefäßsystems.
10. Organischen Erkrankungen des zentralen Nervensystems.
11. Allgemeiner Erschöpfung des Organismus.
12. Blutkrankheiten und Erkrankungen des Blut erzeugenden Systems mit Neigung zu Blutungen.

Einige Autoren warnen vor der Verwendung des Giftes bei Schwangerschaft.

Die Behandlung von Rheumatismus

Die Wirkungsmechanik des Bienengiftes bei Rheumatismus ist noch unzureichend erforscht. Man kann jedoch annehmen, daß sich im gegebenen Falle die Einwirkung des Gifts auf das zentrale Nervensystem als nützlich erweist. Bei Rheumatismus ist, wie einige Forschungen ergeben haben, die Tätigkeit des Nervensystems gestört, wovon die Veränderung der Allergiereaktionen im Organismus von Rheumatikern zeugt.

Es gibt viele Belege für die Effektivität der Behandlung von Rheuma mit Bienengift. Schon im Jahre 1897 publizierte der russische Militärarzt I. V. Ljubarskij den erwähnten Artikel »Das Bienengift als Heilmittel«, in dem er auf der Grundlage vieljähriger Beobachtungen den Schluß zog, daß Bienengift bei Rheumatismus ein wertvolles Heilmittel darstellt.

Der Wiener Klinikarzt Philipp Tertsch litt an Rheumatismus und wurde durch zufällige Bienenstiche geheilt. Daraufhin begann er, sich für die Bienen und die Heilwirkung ihres Giftes zu interessieren und Bienenstiche in großem Umfang bei Rheumatismus einzusetzen. Im Jahre 1888 veröffentlichte P. Tertsch eine Arbeit, in der er 173 Fälle von Rheuma beschrieb, die durch Bienenstiche geheilt worden waren.

Im Jahre 1912 schrieb der Wiener Augenarzt Rudolf Tertsch eine wissenschaftliche Arbeit, die der Behandlung von 660 Rheumakranken mit Bienengift, welche sein Vater Philipp Tertsch beobachtet hatte, gewidmet war. Völlig auskuriert waren 544 Menschen, Verbesserungen traten bei 99 ein; bei 17 Patienten ergab sich keine Verbesserung, da einige von ihnen an Rheumatismus in äußerst verschleppter Form litten und andere die Behandlung nicht zu Ende führten.

Klinische Untersuchungen haben ergeben, daß Bienengift bei echtem Rheumatismus, das heißt bei der Krankheit von Sokoskij-Boulleau, ein spezifisches Heilmittel ist; dabei erträgt der Kranke die Bienenstiche mühelos. Im Falle von infektiöser Arthritis auf der Grundlage von Syphilis, Gonorrhöe und Tuberkulose ruft die Zuführung von Bienengift eine starke lokale und allgemeine Reaktion des Organismus hervor. Deshalb haben einige Kliniker nicht zu Unrecht vorgeschlagen, Bienenstiche zu diagnostischen Zwecken bei der Feststellung von echtem Rheumatismus zu verwenden.

Uns sind Hunderte von Kranken bekannt, die ihre Genesung vom Rheumatismus dem Bienengift verdanken. Die Beispiele einer effektiven Behandlung mit Bienengift zu einer Zeit, als alle anderen antirheumatischen Mittel keine Resultate brachten, beweisen die Qualität dieser Methode.

Daraus darf aber nicht der Schluß gezogen werden, daß die Behandlung mit Bienengift nur dann zulässig ist, wenn alle bekannten Heilmittel ausprobiert sind und sich als ergebnislos erwiesen haben. Wir empfehlen im Gegenteil, schon bei der Diagnosestellung, das heißt im akuten Stadium der Krankheit, zum Bienengift zu greifen. In diesen Fällen reicht eine Behandlungsserie (200 Bienenstiche) und manchmal sogar eine unvollständige Serie (100 Bienenstiche) aus, um den Kranken vom Rheuma zu befreien.

Der Gerechtigkeit halber müssen wir jedoch zugeben, daß auch zu uns Rheumatiker kamen, die das Bienengift nicht von ihrem schweren Leiden erlösen konnte. Daraus läßt sich folgern, daß die Prophylaxe von Rheumatismus wie auch von anderen Krankheiten weitaus wirksamer ist als zum Beispiel die Apitoxintherapie.

Die Behandlung von Neuritis und Neuralgien

Die Volksmedizin weiß schon seit langem um die Heilkraft von Bienengift bei verschiedenen Nervenkrankheiten. In Imkerzeitschriften und -zeitungen sind viele Beiträge von Bienenzüchtern veröffentlicht, die sich diesen Fragen widmen.

Die zu unserer Verfügung stehenden Materialien sowie eigene Untersuchungen bestätigen die Schlüsse der Volksmedizin.

Auf Initiative des Akademiemitgliedes M. B. Krol und unter seiner unmittelbaren Anleitung verwandte die Ärztin Ch. I. Erusalimtshik im Jahre 1938 Bienengift unter klinischen Bedingungen bei Nervenkrankheiten und erzielte gute Resultate. Der Behandlung unterzogen sich Patienten mit Entzündungen der Gesäß-, Hüft- und anderer Nerven; die meisten von ihnen hatten vorher unter Rheumatismus gelitten. Man muß hervorheben, daß fast alle Kranken vor Beginn der Therapie schon ergebnislos mit herkömmlichen medikamentösen und physiotherapeutischen Methoden behandelt worden waren.

In der Regel wurde nach ein bis zwei subkutanen Einspritzungen der Bienengiftlösung in die schmerzhaftesten Gegenden eine Verringerung der Schmerzen festgestellt; nach drei bis vier Injektionen war eine beachtliche Verbesserung des subjektiven und objektiven Gesundheitszustandes festzustellen; nach acht Injektionen setzte die völlige Gesundung ein.

V. A. Petrov berichtete im Jahre 1960 über die Anwendung von Bienengift bei Entzündungen des Trigeminus in 50 Fällen; Verbesserungen waren bei 43 Kranken zu verzeichnen, bei 30 von ihnen begann die Gesundung.

E. M. Alesker untersuchte 50 Patienten mit Entzündungen (Radiculitis, Neuritis und Polyneuritis, Plexitis, Neuromyozitis) sowie mit Entzündungskrankheiten des periphären Nervensystems (Neuralgien der Gesäß-, Nacken- und intrakostalen Nerven). Als Ergebnis der Apitoxintherapie verschwanden oder milderten sich die Schmerzen im Verlauf einer zwei- bis dreiwöchigen Behandlung. Jedoch waren bei etwa der Hälfte der mit Bienengift Behandelten Rückfälle zu verzeichnen, und wir mußten leider auch Patienten mit Neuralgien beobachten, denen Bienengift selbst in großen Dosierungen nur zeitweilig Erleichterung verschaffte.

Die Behandlung von Hautkrankheiten

Bienengift wird in der Volksmedizin sehr häufig auch bei der Behandlung verschiedener Hautkrankheiten benutzt, zum Beispiel bei Furunkulose. Außerdem gibt es Hinweise auf die gute Wirkung der Bienenstiche bei Hauttuberkulose, Ekzemen, Neurodermitis und Psoriasis; diese Angaben müssen jedoch noch eingehend überprüft werden. Die Dermatologen sollten das Bienengift bei zahlreichen Hautkrankheiten einer klinischen Erprobung unterziehen – besonders bei denen, für die es heutzutage noch keine wirkungsvollen Heilmittel gibt.

Die Behandlung einiger Augenkrankheiten

Seit langem wird Bienengift in der Volksmedizin zur Behandlung gewisser Augenkrankheiten eingesetzt. Auch in der modernen Medizin verwendet man Bienengift bei der Behandlung von Augenkrankheiten – Iritis (Entzündung der Regenbogenhaut) und Iridozyklitis (Entzündung der Ziliarkörper und der Regenbogenhaut) – ausgiebig und erfolgreich.

Die Dozentin O. I. Shershervskaja der Augenklinik von Novosibirsk führte eine Behandlung mit Bienengift in Form von Stichen durch und erzielte gute therapeutische Resultate. Bei schwerer Iritis mit einer Verschlechterung des Sehvermögens auf 0,001 zeitigte das Bienengift erstaunliche Wirkung: Die Entzündungserscheinungen gingen zurück, die Kranken gesundeten schon nach drei bis vier Tagen vollkommen und erhielten ihre frühere Sehschärfe zurück.

Allerdings muß angemerkt werden, daß es sehr gefährlich ist, Bienen auf das geschlossene Lid zu setzen. Nicht selten werden einige Operationen benötigt, um ein Stück des Stachels aus dem Augapfel zu entfernen. Sogar in den Fällen, in denen der Bienenstachel nur das Lid verletzt, reibt er mit seinem hervorstehenden Ende die Hornhaut und ruft oberflächliche Keratitis hervor. Manchmal treten schwere Erkrankungen des ganzen Auges auf.

In der Klinik für Augenkrankheiten des medizinischen S. M. Kirov-Instituts von Gorkij wird Bienengift in Form der Salbe »Verapin« mit Erfolg für die Behandlung von Keratitis, rheumatischer Iritis, rheumatischer Skleritis und Episkleritis benutzt. Am ersten Tag wird die Salbe in die Haut der linken Schulter eingerieben, am zweiten in die Haut der rechten Hüfte usw.

Auch in der Augenklinik des Medizinischen Instituts von

Omsk setzt man (V. I. Maksimenko u. a.) Bienengift bei Bläschen- und Geschwürkeratitis und als milderndes Mittel bei Trübungen der Hornhaut und des Glaskörpers ein, ebenso bei beginnenden und unreifen Katarakten und bei Verbrennungen des Auges.

Der Einfluß des Bienengifts auf den Cholesterinspiegel des Blutes

Das Cholesterin, das sich auf der Innenhaut der Arterien absetzt, ist nach Meinung des Akademiemitgliedes N. N. Anitshkov eine der Hauptursachen für die Arteriosklerose.

Frau Ch. I. Erusalimtshik, die Bienengift unter klinischen Bedingungen anwandte, stellte fest, daß sich nach der Behandlung bei den Patienten der Cholesterinspiegel des Blutes senkte. Wenn das Gift keine therapeutische Wirkung gezeitigt hatte, trat Hypercholesterinämie auf, das heißt eine Erhöhung des Cholesteringehalts.

Weitere Forschungen zeigten, daß die Anwendung von Bienengift bei Rheumakranken zu einer Senkung des Cholesterinspiegels führte, während sich bei Patienten mit Neuritis der Cholesteringehalt nicht veränderte.

Anscheinend müssen in allen Fällen vor Behandlungsbeginn die individuellen Besonderheiten der Patienten in dieser Beziehung festgestellt werden.

Die Wirkung des Bienengifts auf den Blutdruck

In der Volksmedizin weiß man darum, daß das Bienengift den Blutdruck senkt. Diese Eigenschaft bestätigt sich bei Tierexperimenten. Versuche mit Hunden haben ergeben, daß die intravenöse Injektion des Giftes einer Biene eine gewisse Senkung des Blutdrucks bewirkt; die Einspritzung des Giftes von mehreren Dutzend Bienen setzt den Blutdruck stark herab.

Die Senkung des Blutdrucks durch Bienengift kommt durch die Erweiterung der peripheren Blutgefäße infolge des im Gift enthaltenen Histamins zustande, das gefäßerweiternde Wirkung hat. Versuche von Pharmakologen zeigen, daß Histamin sogar in Verdünnungen von 1:250000000, 1:5000000000 diese Eigenschaft beibehält. Viele Patienten, die an Hypertonie litten, wurden durch Bienengift kuriert oder begannen, auf einem Bienenstand zu arbeiten, wo sie wiederholt gestochen wurden. Bald verbesserte sich ihr Allgemeinbefinden, der Blutdruck senkte sich beträchtlich, die Kopfschmerzen und die Reizbarkeit verschwanden, und die Arbeitsfähigkeit steigerte sich. Nicht geringen Einfluß übten dabei auch die Arbeitsbedingungen auf dem Bienenstand und die gesunde Luft aus.

Die Verwendung von Bienengift bei Kindern

Der Organismus von Kindern ist sehr empfindlich gegenüber Bienengift und reagiert in der Mehrzahl aller Fälle äußerst stürmisch darauf. Kinder und Heranwachsende, die an exsudativer Diathese, Lungen- und Knochentuberkulose, Herzkrankheiten (Herzfehler nichtrheumatischen Ursprungs), Nierenkrankheiten (Nierenentzündungen u. a.), Diabetes und psychischen Störungen leiden, dürfen auf keinen Fall einer Behandlung mit Bienenstichen unterzogen werden. Es verbietet sich kategorisch, ihnen Bienen zum Stechen auf die geschlossenen Lider, die Haut des Halses, des Gesichts, des Kopfes und andere Körperstellen zu setzen, die besonders giftempfindlich sind. Nur in den Fällen, in denen sich bisher angewandte medikamentöse und Sanatoriumsmethoden als wirkungslos erwiesen haben und deutliche Indikationen für die Anwendung von Bienengift (zum Beispiel hartnäckiger Rheumatismus) bestehen, darf man mit größter Vorsicht und unter der Aufsicht eines erfahrenen Kinderarztes zu dieser Behandlungsweise schreiten.

Die Bienen dürfen nur auf die Rückenhaut der Schultern und der Hüften angesetzt werden. Im Verlaufe einer zweimonatigen Behandlung erhält das Kind je nach seinem Alter 30–90 Bienenstiche: Kindern im Alter von 3–5 Jahren wird jeden zweiten Tag ein Stich verordnet (insgesamt 30); Kinder im Alter von 6–8 Jahren bekommen im Laufe des ersten Monats jeden zweiten Tag einen Stich und im Laufe des zweiten Monats täglich einen Stich (insgesamt 45). Neun- bis zwölfjährige Kinder erhalten während der ersten sechs Tage je einen Stich, danach alle zwei Tage zwei Stiche (insgesamt 60); Jugendlichen im Alter von 13–15 Jahren kann man während der ersten sechs Tage je einen Bienenstich verordnen, danach während des ersten Monats alle zwei Tage zwei Stiche und während des zweiten Monats täglich zwei Stiche (insgesamt 90).

Zusammen mit einem erfahrenen Kinderarzt hatten wir einige Kinder zu behandeln, die an Rheumatismus der schwierigsten Form litten und denen weithin bekannte Medikamente nicht geholfen hatten. Einige Jugendliche ließen sich gern Bienen zum Stechen ansetzen, anderen mußte Apitoxinsalbe verschrieben werden.

Während der Behandlung ist es wichtig, mit dem kranken Kind engen Kontakt herzustellen. Der Arzt, der die Apitoxintherapie vornimmt, sollte dem Kind vom Leben des Bienenvolkes erzählen und davon, daß die Biene, die es mit ihrem Stachel – einer natürlichen Injektionsspritze – sticht, dies blitzschnell tut, viel schneller, als es der geschickteste Mediziner könnte, weiterhin davon, daß die Größe des Stachels und der Injektionsnadel nicht zu vergleichen sind.

Man muß das Kind für diesen Sachverhalt interessieren und hervorheben, daß die Biene, die ihr heilkräftiges Gift für die Genesung des Menschen hergibt, hernach selbst stirbt. Der Kranke muß dem Arzt vertrauen, dann sind die Stiche von Nutzen.

Wenn man Kinder und Heranwachsende unter klinischen oder häuslichen Bedingungen mit Bienengift behandelt, sollte man immer die Mittel bereit haben, die bei der Vergiftung mit Bienengift schnelle und effektive Wirkung haben (siehe unten).

Kinder und Jugendliche sollen während der Behandlung mit Bienenstichen eine hochwertige Nahrung mit vielen Kalorien und Vitaminen, besonders C und B_1, erhalten. Auf große Mengen von Kohlehydraten (Brot, Kartoffeln, Zucker, Marmelade, Konfitüre usw.) muß verzichtet werden, der Genuß von Kochsalz ist einzuschränken. Es empfiehlt sich, einen Teil des Zuckers und anderer Kohlehydrate durch Naturbienenhonig zu ersetzen, zumindest durch einen Teelöffel voll morgens und abends.

Kindern und Heranwachsenden ist zu Milch, Quark und Früchten, besonders in Verbindung mit Honig, zu raten: Milch und Kefir sollten mit Honig gesüßt, die Quarkmasse damit angerührt werden; vor allem saure Äpfel schmecken mit Honig angenehm.

Wie wir sehen, ist die Wirkung des Bienengifts bei verschiedenen Krankheiten und verschiedenen Menschen uneinheitlich. Eine sehr wichtige Rolle spielt dabei ein so grundlegend individueller Faktor wie die Idiosynkrasie gegenüber Bienengift.

Die Empfindlichkeit gegenüber Bienengift

Ein Tropfen durchsichtigen Bienengifts ist heilkräftig oder giftig – je nach der Dosierung – und wirkt schnell auf den Organismus ein. Die Kluft zwischen einer heilsamen, einer giftigen (toxischen) und einer tödlichen Dosis ist gewaltig. Eine toxische Dosis ist zehnmal, eine tödliche hundertmal größer als eine heilkräftige.

Die Empfindlichkeit des Organismus gegenüber Bienengift variiert: Besonders betroffen davon sind Frauen, Kinder und ältere Menschen.

Gewöhnlich kann ein gesunder Mensch 1–5 oder sogar 10

gleichzeitige Bienenstiche leicht ertragen; sie verursachen nur eine unbeträchtliche lokale Reaktion in Form von Hautrötung, Schwellung, Juckreiz usw. Doch 200—300 gleichzeitige Stiche vergiften den Körper, so daß sich die charakteristischen Zeichen einer Störung vor allem des Herzgefäß- und Nervensystems zeigen (Atemnot, Blaufärbung der Haut, Beschleunigung des Pulses, Krämpfe, Lähmungen); 400—500 Stiche führen zum Tod, meistens infolge einer Lähmung des Atemzentrums.

Wir beobachteten Menschen, deren Empfindlichkeit gegenüber Bienengift sehr hoch war: Ein einziger Bienenstich genügte, um bei ihnen allgemeines Unwohlsein, Fieber, starke Kopfschmerzen, Nesselfieber, Brechreiz und Durchfall hervorzurufen.

Vieljährige und zahlreiche Untersuchungen zeigen, daß Imker, die über einen langen Zeitraum hinweg mit Bienen arbeiten, ihre Stiche ohne jeden Schaden für ihren Organismus ertragen (einzelne Bienenzüchter mit langer Praxis hielten sogar 1000 Bienenstiche ohne alle Vergiftungssymptome aus). Der Organismus der meisten Menschen gewöhnt sich schnell an Bienenstiche und reagiert zuweilen überhaupt nicht mehr auf sie.

Manche Imker und sogar einige Mediziner glauben, daß Bienengift alle Krankheiten kuriert. Auf dieser Basis wenden sie es bei gynäkologischen, Kinder- und sogar Geschlechtskrankheiten an. Man muß jedoch im Gedächtnis behalten, daß Bienengift bei einer Reihe von Erkrankungen, wie Tuberkulose, Herzfehlern, Diabetes, Gefäßsklerose, Geschlechtskrankheiten usw., *kontraindiziert* ist. Nach der sowjetischen Gesetzgebung ist es Menschen, die keine medizinische Ausbildung haben, verboten, eine Heilpraxis zu führen. Die Behandlung mit Bienengift darf nur ein Arzt vornehmen.

Die Beobachtungen der Volksmedizin, der modernen klinischen Praxis und unsere Umfrageergebnisse bestätigen, daß Bienengift bestimmte Heilkräfte hat. Ein guter Heileffekt wird hauptsächlich bei rheumatischen Gelenk- und Muskelbeschwerden, Veitstanz, Entzündungen der Gesäß-, Gesichts- und anderer Nerven, Bluthochdruck im 1. und 2. Stadium, Migräne und auch bei einigen anderen Krankheiten erzielt. Bei der Anwendung von Bienengift muß man jedoch Vorsicht walten lassen, besonders wenn Kinder und ältere Menschen betroffen sind, die darauf sehr sensibel reagieren.

Die Untersuchungen und Forschungen der letzten Jahre berechtigen zu der Annahme, daß Bienengift das Nervensystem selektiv beeinflußt. Die ägyptische Königin Kleopatra interessierte sich für die Wirkung von Giften und legte eine Sammlung aller möglichen giftigen Substanzen an. Sie versuchte, Gifte zu finden, die schmerzlos sind. Die Wirkung der Gifte erprobte sie an Verbrechern, die zum Tode verurteilt waren. Wie sich erwies, ruft Wespengift (Bienengift durfte zu diesem Zweck nicht verwandt werden, da die Bienen damals als heilig galten) den am wenigsten qualvollen Tod hervor. Bei der Einspritzung des Wespengifts verlor der Mensch das Bewußtsein, auf seiner Stirn erschienen Schweißtropfen, und er starb schnell und ohne Schmerz.

Der deutsche Forscher Karl Krepelin schreibt, daß Mauerwespen mit ihrer Beute besonders grausam verfahren. Sie fallen die Raupen kleiner Schmetterlinge an und stechen sie in die Nervenknoten, wodurch sie gelähmt werden. Die Wespen bringen ihren Jungen manchmal ein ganzes Dutzend derartig paralysierter Raupen ins Nest. Die heranwachsenden Larven ernähren sich ständig von diesen Raupen und fressen sie allmählich bei lebendigem Leibe auf. Der bekannte französische Naturforscher Jean Henri Fabre führt in seinem äußerst interessanten Buch »Das Leben der Insekten« analoge Beispiele an.

Die toxische Wirkung von Wespen- und Bienengift auf das Nervensystem ist in etwa gleich. Die deutschen Wissenschaftler V. Neumann und E. Habermann schreiben, daß Melittin (der aus dem Bienengift gewonnene Eiweißstoff) zur Senkung des Blutdrucks, Hämolyse (Auflösung der Erithrozyten), Verkürzung der quergestreiften und glatten Muskeln führt und daneben die Nerven-Muskel- und Ganglien-Synapsen[1] blokkiert. Das Ferment Hyaluronidase, das ebenfalls aus Bienengift extrahiert wird, vergrößert nach den Angaben dieser Wissenschaftler die Durchlässigkeit der Kapillaren. Die Gefäßdurchlässigkeit ist äußerst wichtig. Eine Senkung der Durchlässigkeit vollzieht sich infolge von Funktionsstörungen des Gefäßsystems, die durch Alterung oder Krankheit des Organismus entstehen. Dadurch verschlechtern sich die Osmosebedingungen zwischen Organen und Geweben. Heutzutage ist bekannt, daß die Durchlässigkeit des Grundstoffes von Bindegewebe und Blutkapillaren in beträchtlichem Maße vom Fermentsystem der Hyaluronsäure abhängt, die zum Grundstoffbestand des Bindegewebes gehört. Präparate, die Hyaluronidase enthalten (Bienengift, Hyrudin, Rhonidase, Hodenextrakt, Spermin u. a.), führen selbst in kleinsten Dosierungen zur erhöhten Durchlässigkeit des Grundstoffes von Bindegewebe und Blutkapillaren.

Im Jahre 1958 zeigten die französischen Forscher E. A. Gorte und G. Déris mit Versuchen an Mäusen, daß Bienengift antagonistische Wirkung auf Staphylokokken-α-Toxin und Starrkrampf-Toxin hat. Dieser Effekt ist damit zu erklären, daß Bienengift Phosphorlipase A enthält.

Das von uns gesammelte umfangreiche Material (Umfragen, Briefe) und jahrelange Beobachtungen überzeugen uns davon, daß Bienenstiche oder die Einspritzung von Apitoxin im Organismus des Menschen zur Immunität nicht nur gegenüber Bienengift, sondern auch gegenüber einigen Infektionen beitragen. Bienengift ist bei richtiger Anwendung ein medizinisch-prophylaktisches Mittel, das nicht auf ein einzelnes Organ und nur bei einer bestimmten Krankheit wirkt, sondern auf den ganzen Organismus. Es mobilisiert die Widerstandskräfte des Körpers. Damit läßt sich bis zu einem gewissen Grade er-

[1] *Ganglie:* Bündelung von Nervenzellen und -fasern. *Synapse:* Kontaktfläche zwischen den Neuronen. – Das Nervensystem des Menschen besteht aus mehr als 10 Milliarden Zellen, und jede Nervenzelle mit all ihren Auswüchsen (Neuriten und Dendriten) wird als Neuron bezeichnet.

klären, daß Imker, die viele Jahre auf dem Bienenstand gearbeitet haben, eine unerschütterliche Gesundheit besitzen und lange leben. Bei ihnen bildet sich Immunität gegenüber verschiedenen Krankheiten heraus.

Auf dem XX. Internationen Jubiläumskongreß der Bienenzüchter in Bukarest (1965) berichtete Professor Adelina Derevitsh, daß die Immunität von Imkern gegenüber Bienengift nicht auf Antikörpern, sondern auf sehr komplizierten Mechanismen beruht. Sie führte Versuche mit Meerschweinchen durch und stellte fest, daß sie das Doppelte einer tödlichen Dosis Bienengift überlebten; im Blutserum wurde kein Antitoxin gefunden, welches das Bienengift hätte neutralisieren können.

Verschiedene Mittel werden vorgeschlagen, um das Gift bei Bienenstichen unwirksam zu machen. Viele von ihnen helfen kaum, und einige (feuchte Erde, Ton usw.) sind sogar gefährlich, da sie zu Wundstarrkrampf oder Blutvergiftung führen können. Je länger sich der Stachel in der Haut befindet, desto mehr Bienengift gelangt hinein. Die Biene, die den Stich ausgeführt hat, versucht instinktiv davonzufliegen, doch die Widerhaken ihres Stachels sind fest in der Haut verhakt, so daß der ganze Stachelapparat in ihr zurückbleibt. Er enthält die Giftdrüsen, die Giftblase und die letzte Ganglie der Bauchnervenkette, die dafür sorgt, daß sich der Stachelapparat außerhalb des Bienenkörpers automatisch zusammenzieht. Dadurch dringt er tiefer in die Haut des Menschen ein und verkürzt sich so lange, bis sich der ganze in der Giftblase vorhandene Vorrat entleert hat. Damit möglichst wenig Gift in die Haut gerät, muß man den Stachel schnell herausziehen, wobei die elementaren Regeln der Hygiene (Sauberkeit der Hände und Geräte, die benutzt werden) streng beachtet werden müssen, um die Hautwunde nicht zu infizieren.

Der Stachel wird mit Hilfe einer besonderen Pinzette mitsamt den Giftdrüsen und der Giftblase entfernt; darauf wird die Stichstelle mit einer speziellen Salbe[1] eingerieben, zu deren

[1] Vom Autor vorgeschlagen und vom Pharmakologischen Komitee des Wissenschaftlichen Medizinischen Rates im Gesundheitsministerium der UdSSR gebilligt.

Bestandteilen Ringelblume, gereinigter Alkohol und Vaseline (oder Lanolin) gehören. Mit der Pinzette kann man den Stachel schnell und sorgfältig herausziehen, so daß fast das ganze Gift im Stachelapparat verbleibt. Die Ringelblume in Verbindung mit gereinigtem Alkohol beseitigt den Schmerz und das unangenehme Juckgefühl sofort.

Die Pinzette befindet sich in einem Kästchen, in dem außerdem Salbe, Watte, ein Glasspatel, eine Gebrauchsanweisung dafür und ein Spiegel zu finden sind. Der Spiegel ist dann unerläßlich, wenn der Betroffene den Stachel aus der Haut des Gesichts, des Halses usw. ziehen und ohne fremde Hilfe auskommen muß.

In der medizinischen Literatur werden ziemlich selten Fälle von Bienenvergiftung beschrieben, deshalb sind die unten zitierten Angaben von besonderem Interesse.

Bei Bienenvergiftung sollte man alle 3–4 Stunden einen Becher einer Honig-Vitamin-Alkohol-Mischung (50–100 Gramm Honig, 200 Gramm Wodka, 1 Gramm Ascorbinsäure und 1 Liter kochendes Wasser) zu sich nehmen. Honig übt bei allen Vergiftungen wohltuende, stimulierende Wirkung auf das Herz, die Leber und andere Organe aus. Alkohol besitzt, wie unsere Untersuchungen ergaben, spezifisch gegen Bienengift gerichtete Eigenschaften. Genau deshalb dürfen Patienten, die der Apitoxintherapie unterliegen, auf keinen Fall alkoholische Getränke zu sich nehmen. Ascorbinsäure ist deshalb unerläßlich, weil ihr Gehalt in den Nebennieren bei Bienenvergiftung stark fällt. Sie aktiviert die Wirkung der Histaminase, weshalb man sie bei allergischen Reaktionen in großen Dosierungen verordnet. Außerdem hebt sie die Widerstandskraft des Organismus, macht bakterielle Gifte unschädlich, hat an der Bildung von Antitoxinen teil und verstärkt die Fermentprozesse und den Einfluß von Adrenalin und Cholin.

In Fällen schwerer Vergiftung, wenn das Herzgefäß- und Nervensystem bedroht ist, muß der Betreffende sofort in ein Krankenhaus gebracht werden.

Manche Autoren empfehlen bei Allergiesymptomen als

Folge von falscher Apitoxintherapie oder Bienenstichen Adrenalin, Chlorkalzium, Bromnatrium, Dimedrol, Diasolin und andere Mittel nach Verordnung des Arztes. Dabei ist ein streng individuelles Vorgehen notwendig, da jeder Betroffene auf seine Weise auf Bienengift reagiert. Komplikationen in Form von Allergiereaktionen bei Apitoxintherapie sind zweifellos zu vermeiden, da schon der erste Versuchsstich eindeutig zeigt, ob der Kranke mit Bienengift behandelt werden kann. Wir haben über viele Jahre hinweg Versuche mit dem Ziel durchgeführt, das Gift zu erhalten, ohne der Biene zu schaden. Wir haben alle bekannten Methoden und zu diesem Zweck konstruierten Apparate ausprobiert. Schließlich gelang es uns, ein Verfahren zu entwickeln, das die Bienen zu Spenderinnen natürlichen Bienengifts macht, ohne sie ihrer Grundfunktionen zu berauben – des Sammelns von Nektar und seiner Verwandlung in Honig, der Herstellung von Wachs, Königinfuttersaft, Kittharz, des Sammelns von Blütenstaub und der kreuzenden Bestäubung von Blütenpflanzen.

Die Bienen als Spenderinnen des Bienengifts

Im Winter, wenn die Bienen ruhen, ist es schwierig, ihr Gift zu erhalten. Doch auch im Winter kann man lebendige Bienen zur Apitoxintherapie einsetzen, ohne auf die Bienenstände von Kolchosen und Sowchosen zurückgreifen zu müssen. Heutzutage gibt es in der Sowjetunion vermutlich keine einzige Stadt mehr ohne eine Anzahl von Treibhäusern, in denen Bienen »arbeiten«. Diese Treibhäuser müssen lebendige Bienen für medizinische Institutionen und einzelne Kranke liefern. Die Bienen sollten in einem Korb transportiert werden, der mit einem Wolltuch umwickelt ist, da sie sehr kälteempfindlich sind. Vor Kälte erstarrte Bienen werden durch die Wärme des Zimmers oder einer Glühbirne wiederbelebt.

Methoden der Gewinnung von Bienengift

Die junge Arbeitsbiene, die gerade ihre Wachswiege verlassen hat, besitzt fast kein Gift. Allmählich vergrößert sich der Giftvorrat und erreicht eine maximale Größe bei der zwei Wochen alten Biene. F. Flury schlug eine originelle Methode zur Gewinnung von Bienengift vor. In einem sauberen Glasgefäß mit weiter Öffnung wird eine große Anzahl lebender Bienen untergebracht; danach wird das Gefäß mit Filterpapier, das in Äther getränkt wurde, verschlossen. Die Ätherdämpfe reizen die Bienen, so daß sie ihr Gift auf die Wände und den Boden des Gefäßes sowie ihre Nachbarinnen verspritzen. Nachdem die Bienen narkotisiert sind, werden die Gefäßwände mit Wasser abgespült. Die Flüssigkeit wird gefiltert und das Wasser verdampft; die übriggebliebene Substanz ist reines Bienengift. Seine Eigenschaften verändern sich nicht, wenn man es mehrere Monate lang aufbewahrt. Die Bienen werden getrocknet und zurück in das Volk gebracht.

Dieses Verfahren hat jedoch einige Nachteile: Die Bienen geben nicht ihren ganzen Giftvorrat her; nach der Narkose, dem Waschen und Trocknen stirbt ein Teil von ihnen; das gewonnene Apitoxin ist schwer zu reinigen.

Noch einige andere Methoden zur Gewinnung von Bienengift sind bekannt, doch auch sie haben ihre Nachteile: Entweder gelingt es überhaupt nicht, ein sauberes Giftpräparat zu erhalten, oder die meisten Bienen kommen dabei um. Wir haben ein Verfahren vorgeschlagen, das den Bienen nicht schadet. Die Biene wird mit einer Spezialpinzette für die Apitoxintherapie ergriffen und mit dem Leib gegen eine Glasplatte gesetzt. Sie sticht das Glas, das heißt verspritzt ihr Gift, ohne ihren Stachel zu verlieren. Pro Glasplatte erhielten wir 300 und mehr Einheiten Apitoxin (als Einheit bezeichneten wir die Giftmenge, die von einer einzigen Biene abgesondert wird). Danach werden zwei Glasplatten mit den Oberflächen, auf denen sich das Gift befindet, aneinandergelegt. In dieser Form kann man sie sogar in einem gewöhnlichen Umschlag mit der Post verschicken.

In der letzten Zeit haben wir begonnen, statt der Glasplatten zu diesem Zweck Zelluloid-, Plastik- und Polyäthylenplättchen zu verwenden. Das so gewonnene Bienengift bewahrt seine therapeutische Wirkung zwei Jahre lang. Will man das Apitoxin zu Heilzwecken benutzen, genügt es, ein solches Plättchen in destilliertes Wasser zu legen. Die gewonnene Giftlösung kann zum Injizieren, Einreiben, Inhalieren, zur Elektrophorese und Herstellung von Salben verwandt werden.

Vor mehr als hundert Jahren bediente man sich in der Volksmedizin bei einigen Krankheiten erfolgreich eines Absuds aus toten Bienen. Vor einigen Jahren teilte der Bienenzüchter E.L. Hofman dem Verfasser mit, daß im Altai-Gebiet diese Behandlungsmethode auch heute noch beliebt ist. Alljährlich werfen unsere Bienenstände viele tote Bienen aus, die Gift enthalten. Man kann und muß die Sammlung dieses wertvollen Rohstoffes organisieren. Uns scheint, daß sich die Hauptapothekenverwaltung des Gesundheitsministeriums der Russischen Sozialistischen Föderativen Sowjetrepublik damit beschäftigen sollte. Sie muß Maßnahmen ergreifen, um ein standardisiertes Apitoxinpräparat herauszubringen. Die Imker der Kolchosen werden ihre toten Bienen den Bezirksapotheken gern überlassen, die (nach entsprechenden Anweisungen) Apitoxin herstellen können. Unsere Versuche zeigen, daß bei der Sterilisierung eines Absuds aus toten Bienen die therapeutischen Komponenten des Bienengifts nicht verlorengehen.

In den letzten Jahren hat die Apitoxintherapie in der UdSSR, den Volksrepubliken, den USA und anderen Ländern weite Anwendung gefunden. In der UdSSR werden vor allem die Bienengiftpräparate »Virapin« (Tschechoslowakei) und »Apisartron« (DDR) benutzt. Klinische Untersuchungen in Rumänien (Alexander Parteniu), in China (Fan Tschu), in den USA (Joseph Brodman), in Bulgarien (Pejko Pejtshev) und in der UdSSR (N.P. Joyrish) belegen jedoch, daß das Bienengift am wirksamsten ist, wenn es durch die natürliche Spritze der Biene, ihren Stachel, in die Haut eingeführt wird.

Die Behandlung durch Bienenstiche

Bei der Behandlung wird die Biene mit einer Spezialpinzette auf den vorher festgelegten Hautbezirk gesetzt, der mit warmem Wasser und Seife gewaschen wurde (das Einreiben mit Alkohol empfiehlt sich nicht). Wiederholte Stiche in denselben Hautbereich erhält man erst am fünften Tag. Innerhalb von vier Tagen legen sich die Schwellung, das Schwächegefühl und andere Erscheinungen, der Patient fühlt sich gut, und die Apitoxintherapie kann fortschreiten. Für die Stiche werden die Hautbereiche gewählt, auf denen gewöhnlich die subkutanen Injektionen von Medikamenten vorgenommen werden: die Oberflächen von Schultern und Hüften. Das Bienengift wird sofort aufgesogen, gelangt in den Blutstrom und wirkt auf den ganzen Organismus ein. Es dringt jedoch nur langsam im Laufe mehrerer Stunden durch die Haut, da sich die Giftblase durch Zusammenziehung der Muskeln des Stachelapparates leert. Deshalb sollte der Stachel erst dann entfernt werden, wenn das gesamte Gift in die Haut gelangt ist und die Verkürzungen des Stachelapparates beendet sind; das ist gewöhnlich mit bloßem Auge zu erkennen.

Das Bienengift kann folgendermaßen angewandt werden: Am ersten Tag wird der Patient von einer Biene gestochen, am zweiten von zwei Bienen, am dritten von drei usw. bis zum zehnten Tag. Nach der ersten Behandlungsserie, das heißt, nachdem der Patient das Gift von 55 Bienen erhalten hat, sollte eine vier- bis fünftägige Pause gemacht werden; danach wird die Behandlung fortgesetzt mit täglich drei Bienen. Während der zweiten Behandlungsserie (eineinhalb Monate) soll der Kranke das Gift von etwa 140–150 Bienen aufnehmen, das heißt, er erhält insgesamt (während beider Serien) 180–200 Bienenstiche. Wenn daraufhin keine Genesung oder beträchtliche Verbesserung eintritt, muß die Behandlung abgebrochen werden.

Die Erfahrung hat gezeigt, daß die Behandlungsdauer um mehr als die Hälfte verkürzt werden kann, doch die Zahl der

Stiche – ungefähr 200 – darf sich dabei nicht verringern. Nehmen wir an, ein Kranker verbringt seinen Urlaub in einem Sanatorium. Dort erhält er eine Nahrung mit hohem Kaloriengehalt und Sanatoriumsbehandlung. Parallel dazu kann das qualifizierte medizinische Personal bei Rheumakranken eine Apitoxintherapie anwenden. Einige Sanatorien haben eigene Bienenstände und können die Bienen für die Behandlung des Patienten mit Bienengift bereitstellen. Am ersten Tag wird der Kranke von zwei Bienen gestochen, am zweiten von vier, am dritten von sechs, am vierten von acht. Vom fünften bis zum vierundzwanzigsten Tag bekommt der Kranke täglich neun Bienenstiche. Wenn er diese großen Dosierungen schlecht aushält, sollte man sich auf fünf Stiche pro Tag beschränken.

Auf diese Weise erhält der Patient während seines Aufenthalts von 24 Tagen im Sanatorium 125 Bienenstiche; die übrigen 75 kann man bis zur Rückkehr nach Hause verschieben.

Man muß hervorheben, daß bei Kranken, denen eine Behandlung mit Bienengift verordnet wurde, in der Regel nach einem Bienenstich weder Schwellungen noch Schwächegefühle zu beobachten sind. Selbst die gleichzeitigen Stiche von 20–30 Bienen und mehr erträgt der Patient mühelos. Wenn der Patient dagegen gesundet oder sein Zustand sich beträchtlich verbessert, kann in Einzelfällen der Stich mehrerer oder auch nur einer Biene zur gewöhnlichen lokalen Reaktion führen (Rötung des Hautbereiches, Schwellung, Schwächegefühl usw.).

Mehrere Dutzend Bienen, die einem Stand entnommen wurden, können in einem gewöhnlichen Kästchen nicht länger als einen Tag überleben. Und viele Kranke scheuen die Mühe, täglich oder jeden zweiten Tag zum Bienenstand hinausfahren, um sich stechen zu lassen. Deshalb stellen einige Kranke bei sich zu Hause auf dem Dachboden oder auf dem Balkon einen kleinen Bienenkorb auf.

Nach dem Muster des gewöhnlichen Bienenkorbes haben wir einen tragbaren Stock mit einem Rahmen konstruiert; er ist so verändert und so vervollkommnet, um die Nutzung zu jeder Jahreszeit möglich zu machen. Da er die Form eines tragbaren Köfferchens hat, kann er bequem zu Heilzwecken angewendet und sogar auf Reisen mitgenommen werden. Im Stock befindet sich ein Futtertrog, der mit süßem Sirup zu füllen ist. Dazu zieht man den Trog 2–3 Zentimeter hervor und gießt den Sirup durch einen Trichter in das Reservoir. Über die siebförmige Zwischenwand des Reservoirs verteilt sich der Sirup gleichmäßig auf den länglichen Trog. Die Zwischenwand hindert die Bienen daran, in das Reservoir zu fallen.

Der Einbau dieses Futtertrogs macht es möglich, die Bienen auch dann mit Honig oder Zuckersirup zu füttern, wenn die Trachtpflanzen noch nicht blühen. Wenn die Bienen auf den Blumen arbeiten sollen, kann man den Stock in den Wald, auf ein Feld oder in einen Garten stellen. Dabei ist es nötig, das Flugloch erst spät abends zu verschließen. Wenn man es vorher tut und den Stock fortträgt, können die Bienen nicht zurückgelangen. Der Stock kann auf die Fensterbank gestellt werden, wobei das Flugloch auf die Straße oder auf einen Garten gerichtet ist.

Wenn man keine Gelegenheit hat, Bienen zu halten, kann man sich eines speziellen, von uns konstruierten tragbaren Kästchens bedienen; darin können die Bienen bis zu 10 Tagen leben. Es nimmt bis zu 100 Bienen auf, liefert ihnen Wärme, genügend Luft und Futter (Honig oder Zuckersirup). Das Kästchen ist mit zwei herausziehbaren Futtertrögen versehen; das ist deshalb angenehm, weil man sie mit Honig füllen kann, ohne das Kästchen zu öffnen und die Bienen zu stören. Wenn man eine Biene fangen will, öffnet man ein Seitentürchen und ergreift das erste herauskriechende Tier mit der Spezialpinzette.

Das von uns vorgeschlagene Gerät unterscheidet sich im Aussehen von einer anatomischen Pinzette. Seine freien Enden haben eine Breite von 3 Millimetern. Damit ist es leicht möglich, eine Biene am Leib zu erfassen und auf die Haut zu setzen. Junge Bienen, die noch keinen Giftvorrat haben, läßt diese Pinzette durchschlüpfen. Es empfiehlt sich nicht, eine

Biene mit einer gewöhnlichen anatomischen Pinzette zu fangen, da sie sogar bei leichtem Druck das Gift schon verspritzt, bevor sie auf den vorgesehenen Hautbereich gesetzt wird.

Die Spezialpinzette hat zusätzlich zwei Metallplättchen, mit denen man das Gift sofort nach dem Stich aus der Blase in die Haut drücken und mit denen man Stachel und Stachelapparat herausziehen kann. Das hat große Bedeutung, weil die Patienten oft gezwungen sind, eine Stunde oder länger zu warten, bis der Stachelapparat der Biene aufgehört hat, sich zu verkürzen. Die Pinzette bewahrt den Kranken bei der Apitoxintherapie davor, Zeit zu verschwenden, und garantiert, daß der gesamte Giftvorrat der Biene in die Haut eindringt.

Die Injektion von Bienengift

Ein Verfahren zur Injektion von Apitoxin ist entwickelt worden; es hat vor natürlichen Bienenstichen den Vorteil, daß es erlaubt, verschiedene Dosierungen je nach dem Zustand des Patienten zu verordnen. Außerdem kann man in Krankenhäusern, Kliniken und Ambulatorien immer einen Apitoxinvorrat bereithalten.

Am bequemsten und effektivsten ist die Hauteinspritzung (zwischen Epidermis und Dermis) einer Apitoxinlösung. In der Haut befindet sich der fünfte Teil des Blutes, und das Bienengift verteilt sich sofort mit dem Blut über den ganzen Organismus.

Bei subkutaner Injektion der Lösung kann man eine weit größere Menge Apitoxin (1 Milliliter) verwenden, doch der Heileffekt ist dabei nicht so zufriedenstellend wie bei der Hauteinspritzung (0,1, 0,2 oder 0,3 Milliliter). Die Injektion wird mit einer besonderen Nadel, die eine Muffe besitzt, ausgeführt.

Die Elektrophorese von Apitoxin

Heutzutage wird die Elektrophorese (Ionophorese) weithin in Kliniken für innere, Nerven-, chirurgische, gynäkologische und andere Krankheiten angewandt. Dieses Verfahren beruht auf elektrolytischer Dissoziation und ist am besten für die Anwendung von Medikamenten durch die Haut geeignet. Die Elektrophorese ist deshalb günstig, weil sie, ohne die Unversehrtheit der Haut zu beeinträchtigen oder schmerzhafte Reizungen hervorzurufen (mit Ausnahme der schwachen Rötung des Hautbereiches, der der Elektrophorese unterzogen wird), die allgemeine Reaktionsfähigkeit des Organismus ändert, was sich mit dem Einfluß des ständigen Stromes und des Apitoxins erklären läßt. Die Behandlung mit dieser Methode wird in den physiotherapeutischen Abteilungen vieler Krankenhäuser und Polikliniken durchgeführt.

Da sich im Apitoxin Substanzen befinden, die durch Elektrophorese von der Anode und Kathode her in den Organismus eingeführt werden, beschlossen wir, eine Lösung kristallinen Bienengifts, das durch die oben beschriebene Methode ohne Schaden für die Bienen gewonnen worden war, von beiden Polen her einzugeben. Auf diese Weise gelangen alle pharmakologisch aktiven Komponenten des Bienengifts in den Organismus. Zwei Elektroden mit Zwischenschichten von 150–180 Quadratzentimetern, die mit einer physiologischen und einer Apitoxinlösung befeuchtet sind, werden an den Armen oder Beinen angebracht und mit der Anode und Kathode eines galvanischen Apparates verbunden. Die Elektrophorese von Bienengift kann unter klinischen Bedingungen täglich, unter poliklinischen jeden zweiten Tag vorgenommen werden. Am ersten Tag gießt man auf die Zwischenschicht 3 Milliliter Lösung, die 6 Einheiten Apitoxin enthält, am zweiten Tag 8 Einheiten, am dritten 10, danach bis zum zwanzigsten Tag einschließlich je 10 Einheiten. Die Stromstärke beträgt 5–10 Milliampere, die Elektrophorese dauert 5–15 Minuten. Die gesamte Elektrophoresebehandlung umfaßt 15, maximal 20 Vorgänge.

Auf dem XX. Internationalen Kongreß der Bienenzüchter in Bukarest (1965) berichteten die Ärzte V. Mladenov und V. Kazandzhieva von ihren Erfahrungen mit der Ionophoresetherapie im Sanatorium Kustendil (Bulgarien) bei 203 Menschen, die an Erkrankungen des peripheren Nervensystems, an Rheumatismus und rheumatoider Arthritis im chronischen und Anfangsstadium, an deformierender Arthrose und Krankheiten der Arteriengefäße der Gliedmaßen litten. Die Behandlungsergebnisse sind ermutigend. Bei 32 von 108 Menschen mit Krankheiten des peripheren Nervensystems (Radiculitis, Neuritis, Plexitis) verschwanden die Schmerzen völlig, alle Funktionen wurden wiederhergestellt, und die Genesung begann; bei 64 verringerten sich die Schmerzen beträchtlich, und die Patienten wurden in besserem Zustand entlassen. Im Verlaufe von ein bis zwei Jahren gab es keine Rückfälle. Bei 17 von 32 Kranken mit rheumatoider Arthritis verbesserte sich das Befinden infolge von Apitoxin-Elektrophorese erheblich, die Gelenkschmerzen verringerten sich, und ihre Beweglichkeit kehrte wieder.

Fast bei allen Patienten wurden Allgemeinbefinden, Appetit und Schlaf besser. Die Behandlungsergebnisse erlauben den Schluß, daß das Bienengift die Leitungsfähigkeit der empfindlichen Nerven blockiert und auf diese Weise eine Linderung oder sogar das Ende der neuralgischen und rheumatischen Schmerzen herbeiführt, die winzigen Blutgefäße erweitert und dadurch die Versorgung der Gewebe mit Blut steigert. Außerdem wurde verzeichnet, daß Apitoxin die Blutbildung stimuliert und den Cholesterinspiegel des Blutes senkt.

Apitoxinsalbe

Bienengift kann man auch auf dem Wege der Einreibung von Apitoxinsalbe, die aus reinem Apitoxin, weißer Vaseline und Salicylsäure hergestellt wird, in den Organismus des Kranken bringen. Die Salicylsäure erweicht die Außenschicht der Haut

(Epidermis) und erhöht ihre Durchlässigkeit. Da das Apitoxin nur durch beschädigte Haut in das Blut eindringen kann, gehören zu der Salbe winzige Silikatkristalle, die die Haut verletzen. Die vom Arzt verordnete Behandlung mit Apitoxinsalbe kann der Patient selbst bei sich zu Hause vornehmen.

Als negativen Faktor der Behandlung mit Salbe kann man die Verletzung großer Hautbereiche beim Einreiben ansehen. Der Heileffekt ist bei der Einspritzung von Apitoxin in die Haut und bei der Ionophorese weitaus besser als bei der Verwendung von Apitoxinsalbe.

Die Inhalierungsmethode bei der Behandlung mit Apitoxin

Die Lungen des Menschen bestehen aus 700 Millionen Lungenbläschen, deren Wände von Blutgefäßen durchdrungen sind. Wenn man die Wände der Lungenbläschen auffalten und nebeneinander legen könnte, würden sie eine Oberfläche von fast 90 Quadratmetern gedecken. Durch das Vorhandensein dieser Bläschen werden Medikamente von den Lungen schneller aufgesaugt als vom Magen-Darm-Trakt. Deshalb hat die Einführung von Apitoxin durch die Inhalierungsmethode eine ausgezeichnete Heilwirkung. Das Verfahren ist einfach und kann in jeder beliebigen medizinischen Institution angewandt werden. Es besteht im wesentlichen darin, daß Heißwasserdämpfe, die mit Apitoxin gesättigt sind, vom Patienten eingeatmet werden und schnell durch die Lungen aufgenommen werden.

Apitoxin in Tablettenform

Der Doktor der Medizin Joseph Brodman (USA), ein bekannter Experte, was die Anwendung von Bienengiftpräparaten betrifft, und Autor wissenschaftlicher Arbeiten über die Apitoxintherapie, riet zur Benutzung von Bienengift in Tablettenform. Die Tabletten mit dem Bienengift werden unter die Zunge gelegt und gelutscht. Wenn Bienengift hinuntergeschluckt wird, erzielt es nicht die gewünschte Wirkung, da es von den Fermenten des Magen-Darm-Traktes zerstört wird. Eine derartig originelle und bequeme medizinische Anwendung von Bienengift ist neu und zweifellos von großem wissenschaftlichem und praktischem Interesse.

Die Tabletten enthalten verschiedene Mengen Bienengift, das von toxischem Protein gereinigt wurde, und haben eine Färbung, die jeweils einer bestimmten Giftdosierung entspricht. Dazu verwendet man unschädliche pflanzliche Farbstoffe. Für eine Behandlungsserie werden 28 Tabletten empfohlen, in denen das Gift von 250 Bienen vorhanden ist.

Diese Tabletten wurden im Wissenschaftlichen Forschungsinstitut für Rheumakrankheiten in Prag, in drei Kliniken der Georgischen SSR und im Labor des Pharmakologielehrstuhls am I. P. Pavlov-Hochschulinstitut von Plovdiv (Bulgarien) erprobt. In Georgien wurden die Apitoxintabletten vom Wissenschaftlichen Medizinischen Rat des Gesundheitsministeriums gebilligt. Es gibt jedoch Angaben darüber, daß Apitoxin in Tablettenform in der therapeutischen Wirkung der Behandlung durch Bienenstiche immer noch nachsteht.

P. Potshinkov schlug die Anwendung von Bienengift mit Hilfe von Ultraschall vor. Seinen eigenen Worten zufolge hat er diese Methode erfolgreich erprobt. Dieses Verfahren ist nach unserer Meinung aussichtsreich, da hierbei die kombinierte Heilwirkung von Bienengift und Ultraschall genutzt wird.

Wir haben uns bemüht, die medizinischen und prophylaktischen Eigenschaften des Bienengifts nicht nur deshalb kurz zu beschreiben, damit der Leser einen allgemeinen Eindruck von diesem bemerkenswerten Naturprodukt erhält, sondern auch deshalb, damit er sich seiner im Notfall bedienen kann. Die medizinisch-prophylaktischen Qualitäten des Bienengifts werden zweifellos auch in Zukunft in Tierversuchen und unter klinischen Bedingungen erforscht werden.

Wir sind sicher, daß das Bienengift in der Medizin bald einen Ehrenplatz nicht nur als heilendes, sondern auch als prophylaktisches und geriatrisches Mittel einnehmen wird. Bei alledem darf jedoch nicht vergessen werden, daß Apitoxin ein sehr starkes Gift ist.

Alle, die auf dem Bienenstand arbeiten wollen, und Ärzte, die vorhaben, Patienten mit Bienen zu behandeln, müssen sich unbedingt biologischen Proben unterziehen, da zufällige Stiche bei ihnen unvermeidlich sind.

Das Bienengift hat viel Gemeinsames mit dem Schlangengift: Oxydiermittel (mangansaures Kalium) und Alkohol neutralisieren die toxische Wirkung dieser Gifte. Wenn sie in den Organismus gelangen, spielt die Stelle des Eindringens eine große Rolle; die Lähmung der Atemmuskeln führt zum Tode. Interessant ist, daß zum Beispiel der Igel gleichermaßen immun gegen Schlangen- wie gegen Bienengift ist.

Die Indikationen für die Anwendung von Schlangen- und Bienengift stimmen fast überein: Vipratox (früher Viprakutan) und Virapin oder Apizartron werden bei Muskelrheumatismus (besonders bei Hexenschuß), Gelenk- und Sehnenrheumatismus, Entzündungs- und Degenerationsprozessen der Gelenke, Neuralgien usw. verwandt. Einen besonders guten therapeutischen Effekt beobachteten wir bei abwechselnder Anwendung von Bienengift- und Schlangengiftpräparaten. Am ersten Tag rieb sich der Patient die Haut der einen Schulter mit Virapin ein, am zweiten die der anderen Schulter mit Vipratox, am dritten die Haut der einen Hüfte mit Virapin und am vierten die der anderen Hüfte mit Vipratox, das heißt genauso, wie wir die Behandlung nur mit Bienengift empfehlen. Wenn Bienen- und Schlangengift in das Blut gelangen, verteilen sie sich über den ganzen Organismus und wirken auf das Nervensystem ein, doch in medizinischen Dosierungen besitzen sie zweifellos schmerzstillende Fähigkeiten.

Obwohl Bienen und Schlangen phylogenetisch weit voneinander entfernt sind, haben die Gifte dieser Hautflügler und Reptilien also etwas Gemeinsames: Bei richtiger Anwendung in medizinischen Dosierungen sind sie heilsam; beide sollten zu therapeutischen Zwecken unter der Aufsicht eines erfahrenen Arztes weithin eingesetzt werden.

Die Diät bei der Apitoxintherapie

Von Hippokrates bis heute haben die berühmten Kliniker einer vernünftigen Ernährung immer große Bedeutung beigemessen. Heute ist es unmöglich, sich die richtige Behandlung einer beliebigen Krankheit ohne Beachtung der entsprechenden Diät vorzustellen. Das gilt besonders für die Apitoxintherapie. Die von uns ausgearbeitete Diät[1] bei der Apitoxintherapie trägt durch ihre Zusammensetzung zur größeren therapeutischen Wirkung des Bienengifts und zur Senkung seines toxischen Gehalts im Organismus des Kranken bei.

Die Einhaltung der Diät ist bei der Behandlung mit Bienengift sehr wichtig. Man muß berücksichtigen, daß nicht nur die Zusammensetzung, sondern auch die Reihenfolge der Speisen bei der Apitoxintherapie von Bedeutung ist. Die Diät soll von hohem Kaloriengehalt, jedoch nicht belastend sein und eine normale Menge Kohlehydrate, Eiweiße, Fette und Vitamine enthalten. Günstig ist ein hoher Gehalt an Vitamin C und B_1, außerdem ist es ratsam, Zucker und andere Kohlehydrate (Brot, Kartoffeln) durch ungefähr 50–100 Gramm Honig am Tag zu ersetzen. Die Speisen werden am besten auf vier oder fünf Mahlzeiten verteilt.

Während der Behandlungsdauer ist der Genuß von Gewürzen und alkoholischen Getränken untersagt, da sie die therapeutische Wirkung des Bienengifts herabsetzen. Die Anwendung von Bienengift unmittelbar nach einer üppigen Mahlzeit ist kategorisch abzulehnen, da das Blut sich dann in den Ver-

[1] Apitoxintherapeuten (St. Mladenov 1969, 1971, 1974) und viele Verbreiter der Heilwirkung von Bienenzuchtprodukten erwähnen im Zusammenhang mit der Bienengiftbehandlung die vom Verfasser vorgeschlagene und beschriebene Diät.

dauungsorganen staut. Das Bienengift kann die zeitweilige Anämie des Gehirns verstärken und dadurch eine Ohnmacht hervorrufen. Ebenfalls empfiehlt es sich nicht, sofort nach den Bienenstichen zu baden oder zu duschen und große Spaziergänge zu machen. Nach dem Stich, der Entfernung des Stachels aus der Haut und der Einreibung der Wunden mit Borsalbe sollte sich der Patient für nicht weniger als 20–25 Minuten hinlegen.

Von besonders großer Bedeutung ist eine vernünftige Ernährung bei der Apitoxintherapie für Rheumatismus. Der Rheumatismus belastet nicht nur das Herz und Gelenke, sondern auch das Verdauungssystem – den Magen, die Bauchspeicheldrüse, die Leber. Man hat ermittelt, daß bei Rheumakranken die Funktionen der Hauptverdauungsdrüsen gestört sind. Deshalb raten wir während der Behandlung mit Bienengift zu einer Diät aus Milch- und Pflanzenprodukten (mit frischem Obst, Gemüse, magerem Quark), die reich an Vitaminen, Mineralsalzen und Mikroelementen ist.

Die Heilkräfte der übrigen Imkereiprodukte

Wir haben schon erfahren, wie die Bienen Honig produzieren, Gift herstellen, und uns mit den bemerkenswerten heilsamen Eigenschaften dieser Produkte vertraut gemacht. Doch daneben liefert die Bienenzucht auch Wachs, Propolis, Blütenstaub und Königinfuttersaft.

Das Bienenwachs

Die hervorragenden Eigenschaften des Bienenwachses lenkten die Aufmerksamkeit des Menschen schon in alten Zeiten auf sich. Zum Beispiel benutzte man es im alten Ägypten bei Opferungen. In Rom brannten an Feiertagen zu Ehren des Saturn und des Bacchus und anderer Götter und Göttinnen Wachskerzen mit hellem Licht. Auch in Rußland wurden gewaltige Wachsmengen zur Beleuchtung der Kirchen verbraucht. Unter Iwan dem Schrecklichen bestand ein Ritus, nach dem der Bräutigam bei der kirchlichen Trauung eine Wachskerze von eineinviertel Pud und die Braut von dreiviertel Pud Gewicht aufstellte.

Vor ungefähr tausend Jahren war die Imkerei in Rußland sehr verbreitet und einer der wichtigsten Erwerbszweige der Bevölkerung. Imkereiprodukte (besonders Wachs) ermöglichten einen schwunghaften Handel mit Westeuropa und wurden sogar bis nach Italien exportiert, unter der Herrschaft Iwans des Schrecklichen zum Beispiel bis zu 50 000 Pud jährlich.

Die Bienen als Wachsherstellerinnen

Die Bienen sondern das Wachs durch besondere Drüsen ab, die auf den vier letzten Leibringen liegen. Doch nur die Arbeitsbienen besitzen solche Drüsen; durch zahlreiche Öffnungen in acht Spiegeln werden Wachsplättchen abgeschieden.

Im Jahre 1684 löste John Martin, ein Mensch mit besonders guter Beobachtungsgabe, mit einem Nadelende die Wachsschuppen vom Leib einer Biene, die mit dem Wabenbau beschäftigt war. Er gilt mit Recht als der Entdecker der Tatsache, daß das Wachs von den Arbeitsbienen produziert wird. Es dauerte jedoch noch mehr als hundert Jahre, bevor John Hunter bewies, daß die Arbeitsbienen das Wachs mit Hilfe von Drüsen herstellen.

Wenn das Wachs abgesondert ist, beginnt irgendeine Arbeitsbiene mit dem Bau der ersten Wabe, indem sie am Dach eine kleine Menge Klebstoff befestigt, der aus den Wachsplättchen durch langanhaltendes Kauen mit starken Kiefern und Befeuchtung mit Speicheldrüsensekret hergestellt wurde. Andere Bienen folgen ihrem Beispiel, und so beginnt der Wabenbau. Neue Wachsteilchen werden hinzugefügt, und allmählich wächst in völliger Finsternis ein nach unten gerichtetes erstaunliches Bauwerk, das Leichtigkeit und Festigkeit, Eleganz und Nutzen vereint. Seit Beginn der Zeit haben Forscher dieses Bauwerk bewundert und Philosophen und Naturwissenschaftler, Mathematiker und Architekten darüber nachgedacht.

Die Bienen als Mathematikerinnen

Der belgische Schriftsteller Maurice Maeterlinck war auch ein leidenschaftlicher Bienenzüchter. In seinem Buch »Das Leben der Bienen« erzählt er, daß zu Beginn des 18. Jahrhunderts der berühmte französische Physiker Réaumur dem hervorragenden Schweizer Mathematiker König die folgende Aufgabe stellte: »Wie groß muß der stumpfe Winkel des Rhombus auf der Grundlage einer Wabenzelle der Honigbiene sein, wenn sie derartig gebaut wird, daß die größtmögliche Menge Honig beim geringstmöglichen Aufwand an Wachs darin unterzubringen ist?«

Bei der Bestimmung des Winkels kam König zu dem Ergebnis 109°26' und teilte mit, daß diese Aufgabe für seine Vorgänger unlösbar gewesen wäre, da sie die Kalkulationsmethode nicht kannten.

Der Gelehrte Maraldi maß mit größter Präzision die Winkel der von den Bienen gebauten Rhomben nach und stellte fest, daß der größere 109°28′ beträgt. Dabei handelt es sich nicht etwa um eine Abweichung der Wabenbauerinnen von den ökonomischsten Maßen, sondern um einen Fehler des Mathematikers König.

Im Jahre 1743 hielt der Wissenschaftler McLaurin aus Edinburgh vor der Königlichen Gesellschaft einen Vortrag, in dem er zeigte, daß dieser Winkel 109°28′16″ groß ist. Der Oberst D.F. Forbes kam zu dem Ergebnis 109°28′16,349″.

Die Bienen wenden also in der Praxis die sparsamste und subtilste Methode an, denn die Grundlage einer Zelle wird dadurch fester, daß sie durch die Wabenenden von drei Zellen der gegenüberliegenden Wabenseite gestützt wird. A.I. Root schreibt dazu:»Wurde diese Zellenkonstruktion von irgendeiner Biene erdacht, die sich im Altertum als Archimedes der Honigbienen erwies, als sie sich von den weniger gut organisierten Familien der anthophilia trennten? Stürzte sie mit dem Ruf: ›Heureka, ich habe es entdeckt!‹ zur Königin? Die ›Vernunft‹ des Bienenschwarms ist so groß, daß man leichter glauben könnte, die Zellenform sei eine Folge der glänzenden Gehirnarbeit der Bienen; dabei ist sie ohne jeden Zweifel vom blinden Instinkt abhängig.«[1]

Die Bienen sind in der Lage, am Tag eine Million oder mehr Wachsplättchen zu produzieren. Der Wabenbau fordert einen großen Energieaufwand, den die Bienen durch den Verzehr von Blütenstaub kompensieren. Um ein Kilogramm Wachs herzustellen, verbrauchen die Bienen mehrere Kilogramm Honig.

---

[1] A. und E. Root: *Die Bienenzucht.* Aus dem Amerikanischen übersetzt, Moskau 1938, S. 130.

Die Bienen und die Bionik

Das Emblem der Bionik sind ein Skalpell und ein Lötkolben, die mit einem Integralzeichen verbunden sind, das die Vereinigung von Analyse und Synthese kennzeichnet. Die Bionik stellt sich die Aufgabe, die Lösungen zu wichtigen technischen Problemen zu finden, indem sie die lebendige Natur erforscht und nachahmt. Diese Wissenschaft wurde im September 1960 in Dayton (USA) begründet, wo das erste Symposium stattfand, auf dem solche Probleme erörtert wurden. So lautet jedenfalls das offizielle Datum ihrer Begründung. In Wirklichkeit hat die Bionik eine lange Geschichte und kann als so alt wie die Menschheit betrachtet werden, die sich schon in der Morgenröte ihrer Entwicklung bemühte, die Erscheinungen der sie umgebenden lebenden Natur nicht nur zu beobachten, sondern auch zu überdenken und danach zum eigenen Wohl, zur Verbesserung der Lebensbedingungen zu nutzen.

Vor mehr als 400 Jahren versuchte das Renaissancegenie, der Naturwissenschaftler, Mathematiker, Mechaniker und Ingenieur Leonardo da Vinci, sich zur Lösung technischer Probleme der Kenntnisse von der lebenden Natur zu bedienen. Er strebte den Bau eines sogenannten Ornitopters an, eines Flugapparates mit schwingenden Flügeln, gegründet auf dem Flugprinzip der Vögel.

Die russischen Theoretiker der Luftfahrt N. E. Zhukovskij, K. E. Tsiolkovskij und andere Gelehrte interessierten sich lebhaft für den Flugmechanismus von Vögeln und Insekten. Wer an einem heiteren Sommertag den Flug einer Biene (mit Nektar und besonders mit von Blütenstaub gefüllten Körbchen) beobachtet hat, dem wird leicht klar, welche Vollkommenheit ihr Flugapparat besitzt. Die Forscher meinen zu Recht, daß die Vögel – obwohl auch sie geborene Flieger sind – nicht die komplizierten Figuren der »höheren Flugkunst« ausführen können, die für winzige Insekten, in erster Linie für Honigbienen, charakteristisch sind. In ihrer Manövrierfähigkeit und relativen Geschwindigkeit übertreffen die Arbeitsbienen Flugzeuge und Hubschrauber. Der Bienenflug ist ein sehr schwieriger Prozeß, der viel Rätselhaftes in sich birgt. Es ist verständlich, daß der Flugmechanismus der Honigbiene nicht nur Entomologen, sondern auch Aeronautik-Konstrukteure interessiert hat und immer noch interessiert.

Die Menschen, die über viele Jahre hinweg mit Bienen umgegangen sind und ihr Leben und ihre Gewohnheiten studiert haben, werden darin übereinstimmen, daß der Bau der Waben das Erstaunlichste an der Tätigkeit der Arbeitsbienen ist. Sie stellen die Wachsziegelchen selbst her, sondern sie ab und bauen (ohne Hinweise und Zeichnungen) sechsseitige Zellen, die gleichzeitig als bequeme Behälter für den Honig, ausgezeichnete Vorratskammern für den Blütenstaub und das Bienenbrot, gemütliche Wiegen für den Bienennachwuchs und vorzügliche Ruhekammern für die Bienen genutzt werden.

In dem Büchlein von Johann Lokzenius »Die Bienengesellschaft oder ein kurzer Vergleich des Bienenstaates mit der menschlichen Regierung«, das im Jahre 1772 aus dem Lateinischen übersetzt und in St. Petersburg herausgegeben wurde, kommen viele interessante Schilderungen des Lebens im Bienenschwarm vor. Der Autor empfiehlt den Menschen, die Bienen nachzuahmen, was den Städtebau und den hygienischen Zustand der Behausungen angeht.

Das Geheimnis der Wabenherstellung wird schon von Baumeistern in der Praxis angewandt. Der Ingenieur L. M. Mirkin, der eine Projektgruppe der Experimentalbasis im Wissenschaftlichen Forschungsinstitut für Kiesbeton von Kuibyshev leitete, stellte im Jahre 1965 ein Haus mit zwei Zimmern und einer Küche aus. Die Wohnung ist hell, warm und bequem. Die Wände sind gleichmäßig, und nirgends sind Nägel zu sehen, da das Haus von Bolzen und Leim zusammengehalten wird. Die Kuibyshever interessierten sich für das architektonische Talent der Bienen, begannen es nachzuahmen und schufen ein neues einzigartiges Baumaterial: Wabenplastilin.

Das Haus wurde aus einer dreischichtigen Täfelung gebaut, deren Inneres Wabenplastilin (in der Art sechsseitiger Zellen) aus gewöhnlichem Papier bildet, das mit einer Mischung aus Phenolharz und Wachs getränkt wurde. Ein weniger als tellergroßes Stück Wabenplastilin hält ein Gewicht von mehr als 70 Kilogramm aus, es atmet gewissermaßen dank seiner Poren und erträgt die Wärme in der Behausung gut, die durch das Wachs wasserundurchlässig ist.

Die Versuche mit Wabenplastilin ergaben, daß es bei gleichem Gewicht sechszehnmal haltbarer ist als Stahl und zehnmal haltbarer als Aluminium. Die Herstellungskosten des neuen Baustoffes entsprechen denen von Kiesbeton. Es ist ziemlich leicht, ein Haus aus Wabenplastilin zusammenzusetzen: Zwei Handwerker schaffen das innerhalb von zwei Tagen. Ein Haus aus Wabenplastilin wiegt weniger als drei Tonnen und kann in zerlegter Form leicht mit einem Lastwagen transportiert werden.

Die Ölförderer von Kuibyshev interessierten sich stark für das Wabenplastilin, denn für sie hatte die Überführung von Einzelstücken (oder Fertighäusern) aus diesem Material in die Taiga und an andere, von den Siedlungsgebieten weit entfernte Orte, wo Öl gefunden wurde, unermeßliche Bedeutung. Acht bis zehn Tage genügen, um eine ganze Siedlung solcher Häuser entstehen zu lassen, die als Unterkünfte für die Arbeiter der großen Ölindustrie dienen könnten. Wabenplastilin ist auch ein guter Baustoff für die Häuschen von nomadisierenden Bienenzüchtern.

Ende August/Anfang September 1965 wurde in der rumänischen Hauptstadt Bukarest der XX. Internationale Kongreß der Bienenzüchter eröffnet. Die Rumänen hatten sich sorgfältig auf diesen Kongreß vorbereitet und für die Ausstellungsstücke der Delegationen aus verschiedenen Ländern ein originelles fünfstöckiges Gebäude errichtet, das an eine riesige Bienenwabe erinnerte. Über ein Jahrzehnt ist vergangen, seit in diesem wabenförmigen Gebäude ein Bienenzuchtkombinat untergebracht wurde. Also hatten die Baumeister von Kuibyshev und Bukarest ganz unabhängig voneinander das von den Bienen inspirierte Prinzip sechsseitiger Zellen ausgenutzt.

Es ist ebenfalls der Erwähnung wert, wie das Problem des elektrischen Rasierapparates gelöst wurde. Die sogenannte Trockenrasur errang in relativ kurzer Zeit umfassende Popularität, doch trotz ihrer Qualitäten reichten die Elektrorasierer nicht an die »Sicherheitsklingen« heran, was die Sauberkeit der Rasur betrifft. Das Prestige der Elektrorasierer im Zeitalter der Elektrizität wurde von den Bienen gerettet. Auch hier war es der Wabenbau, der den Konstrukteuren half, eine neue Lösung zu finden. Der »Moskva-3«, der vom Kollektiv der Moskauer Fabrik »Mikromashina« hergestellt wird, gilt heute mit Recht als der beste sowjetische Rasierapparat. Zu dieser Wirkung trug ein feines Netz mit Öffnungen bei, die an die Zeichnung von Bienenwaben erinnern.

Der Nobelpreisträger Karl von Frisch fand heraus, daß ihre Facettenaugen der Biene die Möglichkeit geben, sich im Flug auch dann zu orientieren, wenn der Himmel von dichten Wolken bedeckt ist. Auf der Grundlage dieser Entdeckung des österreichischen Wissenschaftlers und Forschers schufen Konstrukteure einen Apparat, der Flugzeugpiloten bei Nachtflügen in der Antarktis hilft, wo dichte Wolkenschichten gewöhnlich die Orientierungspunkte verhüllen. Schon seit einigen Jahren benutzen die Flugzeuge der französischen Gesellschaft »Air France« auf der Strecke Paris–Tokio, die dicht am Nordpol vorbeiführt, bei der Festlegung des Kurses einen Apparat, der nach dem Bauprinzip von Facettenaugen gefertigt wurde und zu Orientierungszwecken das Polarlicht verwendet.

Die Verwendung des Wachses

Man weiß, daß das Bienenwachs zu den komplizierten Substanzen gehört, deren Zusammensetzung auch heute noch nicht völlig geklärt ist. Zur Struktur des Wachses gehören etwa 15 chemisch selbständige Verbindungen. Man hat ermittelt, daß es 70,4 bis 74,9 Prozent komplizierte Fettsäureester, 13,5 bis 15 Prozent freie Säuren (Zerotin-, Neozerotin-, Melissen-

und Montaninsäure), 12,5 bis 15,5 Prozent extreme Kohlehydrate (Pentakosan, Heptakosan, Hentriakontan), Mineralstoffe und Farb- und Aromasubstanzen enthält, die für seine Tönung und seinen angenehmen Geruch verantwortlich sind.

Vom Altertum an und bis ins Mittelalter hinein bediente man sich zum Schreiben flacher Holztäfelchen, die auf der einen Seite mit einer ebenmäßigen Wachsschicht bedeckt waren, auf welche die Buchstaben mit einem Griffel eingezeichnet wurden. Der Griffel war ein Metallstäbchen mit einem zugespitzten Ende, das die moderne Feder ersetzte; mit dem anderen, stumpfen Ende wurde die vollgeschriebene Oberfläche geglättet. Plinius der Ältere schrieb auf gewachsten Leinwandstücken.

Vier Jahrhunderte vor unserer Zeitrechnung charakterisierte Aristophanes das Bienenwachs als äußerst wertvolle und nützliche Substanz. Er schrieb, daß das Wachs allen möglichen Zwecken dient: für den Schutz von Metalloberflächen vor Beschädigung, für Skulpturen, die Herstellung von Wachsplättchen zum Schreiben und zur Versiegelung von Liebes- und Geschäftsbriefen.

Das Wachs wurde auch zum Balsamieren von Leichen verwandt. Die Tatsache, daß es konservierende Eigenschaften hat, wird von den in der Akademie der Wissenschaften der UdSSR vorhandenen anatomischen Präparaten bestätigt, die schon Peter I. bei dem berühmten holländischen Anatomen Ruysch für die Schule am ersten »Hospital« Rußlands erwarb. Das Wachs ist ein Bestandteil dieser Präparate. Die Blutgefäße und einige Gewebe wurden mit gefärbtem Wachs gefüllt, wodurch sie besser beobachtet und untersucht werden konnten. Außerdem bewahrte das Wachs die Gewebe vor der Zersetzung.

Im Altertum wurde auch der hohen Heilkraft des Bienenwachses große Bedeutung zugemessen. Hippokrates empfahl, bei Angina »eine Wachsschicht auf Kopf und Hals zu legen«. Besonders eindringlich riet er zu Wachspflastern, die mit Binden umwickelt wurden.

Abu Ali ibn Sina (Avicenna) führt in seinem »Kanon der ärztlichen Wissenschaft« nicht wenige interessante Rezepte an, zu deren Bestandteilen Wachs gehört. Ungeachtet dessen, daß seine Rezepte vor fast eintausend Jahren geschrieben wurden, haben sie auch heute ihre Wichtigkeit noch immer nicht verloren.

In altrussischen handschriftlichen Arzneibüchern heißt es, daß »Wachs alle Krankheiten und Beschwerden der Brust lindert, Furunkel entfernt, Adern und Wunden besänftigt, wenn es mit Veilchenöl angewandt wird«.

In der Volksmedizin wird das Bienenwachs bei einer Reihe von Krankheiten, besonders bei Hauttuberkulose, eingesetzt. In diesem Zusammenhang ist eine Aussage von D.M. Rapoport, einem Mitarbeiter des Weißrussischen Instituts für Haut- und Geschlechtskrankheiten, zu beachten, weil er meint, daß die für die lokale Therapie von Hauttuberkulose benutzten Präparate gewaltige Nachteile haben: Sie rufen Schwächegefühle hervor und liefern in kosmetischer Hinsicht unbefriedigende Resultate. Eine Salbe aus Wachs und Sahnebutter dagegen besitzt keine schädlichen Bestandteile und wirkt, den Worten des Autors zufolge, erfolgreich bei dieser Krankheit.

Auch in unserer Zeit nimmt das Bienenwachs einen wichtigen Platz in der Medizin ein. Nach dem Staatlichen Arzneibuch der UdSSR sollen Pflaster, Salben und Cremes in Apotheken nur mit Bienenwachs hergestellt werden. Auch in der Kosmetik wird es weithin verwendet. A.I. Karamyshev und V.A. Arnold schreiben: »Das Bienenwachs wird gut von der Haut aufgesaugt und läßt sie glatt und zart aussehen.«

Bienenwachs ist reich an Vitamin A. 100 Gramm Wabenwachs enthalten 4096 immunisierende Einheiten Vitamin A, während 100 Gramm Rindfleisch nur 60 immunisierende Einheiten dieses Vitamins haben. Am wohltätigsten für die Haut ist das gelbe (natürliche, nicht gebleichte) Wachs.

Auch unter den Bestandteilen von Nähr-, Lösungs-, Reinigungs- und Bleichcremes sowie von Gesichtsmasken findet sich Bienenwachs. Es geht in viele kosmetische Präparate ein und ist eine ausgezeichnete verdickende Grundlage für verschiedene Cremes, Schönheitswässer, Pomaden usw.

Sehr beliebt ist eine Reinigungscreme mit folgender Zusammensetzung: 6 Gramm Bienenwachs, ein halbes Gramm Borax, 27,5 Gramm Pfirsichöl, 16 Milliliter Wasser.

Das Rezept für eine Nährcreme: 3 Gramm Bienenwachs, 6 Gramm Spermazet, 24 Gramm Pfirsichöl, 4 Gramm Glyzerin.

Eine Creme für fettige Haut: 5 Gramm Bienenwachs, 5 Milliliter Salmiakgeist, 7,5 Milliliter Wasser.

Die Zusammensetzung von Nährmasken: 5 Gramm Bienenwachs, 70 Gramm Honig, Saft aus der Zwiebel einer weißen Lilie.

Lösende Masken: 10 Gramm Bienenwachs, 10 Gramm Pfirsichöl, 10 Gramm Lanolin, 50 Gramm Vaseline, ein halbes Gramm schwefelsaures Zink, 1 Gramm salpetersaures Wismut, 8 Gramm Zinkoxyd. Solche Masken bewahren die Feuchtigkeit und schützen die Haut vor dem Austrocknen.

K. Apinis empfiehlt folgendes Rezept für eine Creme gegen Falten: 30 Gramm Bienenwachs, 30 Gramm Honig, 30 Gramm Zwiebelsaft, 30 Gramm Saft aus den Blüten der weißen Lilie. Alle Komponenten werden in einem Ton- oder Porzellangefäß so lange erhitzt, bis das Wachs aufweicht, und dann mit einem Holzlöffel umgerührt, bis sie sich abgekühlt haben. Die Creme wird dick auf das mit warmem Wasser gewaschene Gesicht aufgetragen; nach 30–35 Minuten werden die Cremereste mit einer weichen Serviette oder einem sauberen Tuch entfernt. Kurze Zeit darauf wird das Gesicht leicht gepudert.

Der Kandidat der Technischen Wissenschaften N. Jakobashvili entwickelte eine Methode zur Gewinnung von Bienenwachsextrakt. Als Lösungsmittel benutzt er Petroläther. Der aromatische Stoff, der dem Bienenwachs entzogen wurde, ist ein neues und wertvolles Produkt der Parfümindustrie und kann zur Herstellung hochqualifizierter Parfüms benutzt werden.

Der Wachsaromastoff steht in seiner Güte dem teuren Rosen- und Jasminöl nicht nach, kostet aber weitaus weniger.

Aus einer Tonne Bienenwachs lassen sich 5 Kilogramm und mehr hochwertigen Öls gewinnen, und das nach der Verarbeitung (der Extrahierung des ätherischen Öls) verbleibende Wachs verliert keine seiner zahlreichen industriellen Eigenschaften.

Über viele Jahrhunderte hinweg nutzten Künstler Wachsfarben aus, die über einen schönen Glanz und große Beständigkeit verfügen. Davon legen nicht nur literarische Quellen, sondern auch archäologische Funde beredtes Zeugnis ab. Bei den Ausgrabungen der Städte Pompeji und Herculaneum, die im Jahre 1707 stattfanden, wurde ein Wandgemälde aus Wachs entdeckt, das viele Jahrhunderte die Gastzimmer reicher Einwohner vom Pompeji geschmückt hatte. Obwohl diese Städte bei einem Ausbruch des Vesuvs am 24. August des Jahres 79 mit Sand und Asche zugeschüttet worden waren und sich das Wachsgemälde also fast achtzehn Jahrhunderte lang unter der Erde befunden hatte, waren die Schönheit und Klarheit seiner Farben unversehrt.

A. I. Root und seine Koautoren schrieben, daß Wachsstükke, die in ägyptischen Pyramiden gefunden worden waren, ihre Weichheit nicht verloren hatten. Wachs, das nach Schiffbrüchen von den Wellen ans Ufer gespült worden war und lange im Sand gelegen hatte, hatte ebenfalls seine typischen Eigenschaften bewahrt.

Obwohl heutzutage neue technische Methoden das Wachsgemälde verdrängt haben, bleibt das Wachs weiterhin ein Bestandteil von Ölfarben, da einige Farbsorten die Neigung haben, sich ohne Wachs in ihre Bestandteile – Öl und Pigmente – aufzulösen.

Bienenwachs wurde auch in der Modellierkunst häufig benutzt. In Rußland wurden noch im 18. Jahrhundert Wachsbüsten und -modelle angefertigt. Man weiß, daß Peter I. im Jahre 1716 den Bildhauer V. V. Rastrelli nach St. Petersburg einlud, wo er verschiedene Skulpturen, vor allem aus Wachs, herstellen sollte.

Im Jahre 1719 fertigte V. V. Rastrelli ein Wachsmodell vom

Kopf Peters I. an, das noch heute im Ethnographiemuseum der Akademie der Wissenschaften der UdSSR verwahrt wird. 1729 modellierte V. V. Rastrelli eine Wachsbüste von Menshikov. Viele hervorragend ausgeführte Wachsporträts, die durch ihre Frische und Eleganz überraschen, sind erhalten geblieben.

Das Bienenwachs hat auch große Bedeutung für die Herstellung medizinischer Modelle, die im Unterricht medizinischer Institute eine äußerst wichtige Rolle spielen. Sie ermöglichen es, seltene Krankheiten, besonders Hautkrankheiten, zu betrachten. In dieser Richtung wurde vieles von den russischen Bildhauern S. P. Fiveyskij, S. P. Isakov, A. F. Burdonskaja u. a. geleistet. F. M. Sokolov ist ein bemerkenswerter und talentierter Bildhauer, der auf diesem Gebiet seit ungefähr 50 Jahren tätig ist.

In den USA sind Kaugummis sehr beliebt. Ihnen schreibt man einige nützliche Eigenschaften zu: Sie aktivieren die Herstellung von Speichel und Magensaft, säubern die Zähne mechanisch von Stein und Belägen bei Rauchern. Wir sind der Meinung, daß vitaminisierte Honigwachsbonbons zum Kauen für den Organismus weitaus wohltätiger sind. Bienenwachs ist aromatisch, fast geschmacklos und nicht nur völlig unschädlich, sondern sogar sehr nützlich.

Der Doktor der Medizin D. K. Jarvis (New York) rät dazu, Wachs mit Honig zu kauen, wenn der Nasen-Rachen-Raum gesäubert werden soll; außerdem meint er, daß dieses Mittel bei Oberkieferhöhlenentzündung, Asthma und Heuschnupfen unersetzlich ist. Den Kranken wird empfohlen, jede zweite Stunde etwa 15 Minuten lang einen halben Teelöffel voll Entdecklungswachs (die abgeschnittenen Deckel der versiegelten Honigwaben) zu kauen. Jedoch hält sich der Honig in den geöffneten Waben nicht sehr lange, und in kristallisierter Form schmeckt er weniger gut.

Die Moskauer Bonbonfabrik »Roter Oktober« stellt die Honigkaramellen »Bienchen« und »Goldener Bienenkorb« her. Diese Bonbons erfreuen sich bei der Bevölkerung großer

Nachfrage. Es handelt sich um relativ große Zuckerzellen, die eine geringe Menge nicht kristallisierten Honigs enthalten. Diese Bonbons überzogen wir mit drei dünnen Schichten hochwertigen Bienenwachses. Die fertigen Honigbonbons werden in leicht angewärmtes Wachs gesenkt. Danach halten sie sich über einen langen Zeitraum hinweg, ohne ihre angenehmen Geschmackseigenschaften zu verlieren. Außerdem fügten wir der Füllung der Honig-Wachs-Bonbons (in Milligramm-Prozent) 0,5 Vitamin A, 1 Vitamin B_1, 1 Vitamin B_2, 25 Vitamin C und 20 Rutin hinzu. Bienenhonig, der sich in einem derartigen »Wachssafe« befindet, bewahrt mehrere Monate lang die Wirksamkeit der Vitamine.

Das Kauen von Honig-Wachs-Bonbons ist zweifellos von Nutzen, da es starke Speichelabsonderung hervorruft, welche die Sekret- und Motorfunktionen des Magens erhöht. Diese Bonbons steigern den Stoffwechsel, wirken positiv auf den Blutkreislauf und die Muskelkraft, und das Wachs säubert die Zähne mechanisch von Belägen und kräftigt das Zahnfleisch. Sie haben den weiteren Vorteil, daß sie es ermöglichen, sich die üble Angewohnheit des Rauchens abzugewöhnen.

Das Wachs hat außerordentlich große Bedeutung für die Volkswirtschaft. 40 Industriezweige benutzen es als Rohstoff: zum Beispiel die Gießereiindustrie, die Elektro-, Galvanisierungs- und Telefontechnik, die optische Industrie, die Radiotechnik, der Eisenbahntransport, die Textil-, Leder-, Parfümerie-, Luftfahrt-, Metallurgie-, Glas-, Automobil-, Pharmazeutik-, Konditorei-, Polygraphie-, Lackier-, Chemie-, Papier-, Holzverarbeitungsindustrie u. a.

Wachs gehört zu den Bestandteilen von Skifett, Mastix zur Okulierung von Bäumen, Sattelzeugfetten, Schuhcremes, Siegellack, Zement zum Zusammenfügen von Marmor und Gips, Stiften zum Schreiben auf Glas usw.

Dank den Walzen, die aus Bienenwachs hergestellt wurden, gelang es, für die künftigen Generationen die Stimmen von Lev Tolstoj, Kommissarzhevskaja, Shaljapin, Blok, Majakovskij, Lunatsharskij, Kirov, Kalinin, Katshalov, Nezhadonova, Sobinov und vieler anderer berühmter Schriftsteller, Künstler, Sänger und Politiker aufzubewahren. Dank den Walzen aus Wachs ist es auch gelungen, die Stimme von Vladimir Iljitsh Lenin der Nachwelt zu erhalten.

Die Propolis

Wenn man an einem heiteren Sommertag einen Bienenkorb öffnet, sieht man eine bräunlich-grünliche Harzsubstanz, mit der die Leinwandstücke auf den oberen Streben der Wabenrahmen verklebt sind. Das ist das Kittharz oder die Propolis.[1] Die Bienen verstopfen die Ritzen im Korb mit Propolis und befestigen damit die Rahmenkanten an den Falzen ihres Wachspalastes; daneben polieren sie damit die Wabenzellen, die als Vorratskammern für Honig und Blütenstaub und als Wiegen für die Larven dienen. Mit Propolis umgeben sie in den Stock vorgedrungene und getötete Tiere (Eidechsen, Schlangen, Mäuse), verhindern so die Verwesung der Kadaver und schützen die vieltausendköpfige Bevölkerung des Stocks vor dem unangenehmen Geruch und der bakteriellen Flora.

Die Zusammensetzung der Propolis und ihre Verwendung

Seit Aristoteles haben sich die Erforscher des Bienenlebens damit beschäftigt, woraus die Bienen die Propolis herstellen. Lange glaubte man, daß sie sie aus den Blüten von Weiden, Pappeln, Birken, Tannen, Fichten, Kiefern, Roßkastanien usw. sammeln. Der amerikanische Wissenschaftler Mikola G. Haydak schrieb, daß die Bienen die Propolis aus den Knospen verschiedener Pflanzen erhalten und außerdem das Harz von Nadelbäumen verwenden.

[1] *Propolis* von griechisch *pro* (vorne) *polis* (Stadt). Diese Bezeichnung ist damit verbunden, daß die Bienen im Naturzustand den Eingang zu ihren Städtchen mit Propolis verkleinerten, um ungebetene Gäste fernzuhalten.

Die Bienen bringen diesen wertvollen Bau- und Reparaturstoff von 10 Uhr morgens bis 16 Uhr nachmittags ein. Wenn sie den Korb erreicht, übergibt die Propolissammlerin ihre Last anderen Bienen und macht sich selbst von neuem zur Sammlung des Kittharzes auf. In jedem Bienenschwarm ist nur eine kleine Zahl von Bienen mit der Sammlung von Propolis beschäftigt. Man unterscheidet Propolis, das von den Bienen eingebracht wird, und Pollenbalsam, den die Bienen selbst herstellen, wenn sie Blütenstaub fressen. Die Hüllen der Blütenstaubkörner enthalten eine gewisse Menge einer harzigen Substanz – eines Balsams, der während des Verdauungsvorganges von den Körnern befreit wird (die Bienen stoßen ihn auf).

Nach den Angaben verschiedener Autoren enthält die Propolis durchschnittlich 55 Prozent Harz und Balsam, bis zu 30 Prozent Wachs, ungefähr 10 Prozent aromatischer ätherischer Öle und 5 Prozent Blütenstaub, das heißt einen Komplex mannigfaltiger wertvoller Stoffe. Im Stock werden das Wachs und das Harz zusammengefügt, indem die Bienen sie mit den Oberkiefern zerreiben, und so entsteht die Propolis.

P. Lavis (Frankreich) verteidigte in seinem Vortrag auf dem XXII. Kongreß der Bienenzüchter in München (1969) die alte Hypothese von der Herkunft der Propolis aus den Knospen von Pappeln und ähnlichen Bäumen. Diese Hypothese wird dadurch erhärtet, daß fünf Flavonstoffe, die in der Propolis entdeckt wurden, auch in Pappelknospen enthalten sind.

Während des Burenkrieges wurde die Propolis zur Behandlung von Wunden verwandt und hatte, wie Militärärzte bezeugen, einen guten therapeutischen Effekt.

Am populärsten wurde das Kittharz als Mittel zur Beseitigung von Hühneraugen. Ein Stück Propolis, das leicht bis zur Weichheit erhitzt wurde, wird als dünnes Pflästerchen auf das Hühnerauge aufgetragen und mit einer Binde oder einem sauberen Lappen umwickelt. Nach einigen Tagen fällt das Hühnerauge mit der Wurzel aus seinem Bett.

In den Jahren des Großen Vaterländischen Krieges wurde das Kittharz mit zufriedenstellenden Ergebnissen bei der

Wundbehandlung erprobt. Doch es kam nicht zur Propolistherapie; denn man hätte große Mengen hochwertigen Kittharzes gebraucht, das nur in geringen Quantitäten geliefert wird.

In der Volksmedizin herrscht die Annahme, daß Tuberkulose mit Propolis zu bekämpfen ist. In einem der Laboratorien des Moskauer Tuberkuloseinstituts wurden auf unsere Bitte hin besondere Versuche zur Untersuchung der bakteriziden Eigenschaften der Propolis durchgeführt. Jedoch wuchsen die Mikrobakterien der Tuberkulose unter Thermostatbedingungen in einem Nährmilieu, dem Propolis hinzugefügt war, genauso wie andere ohne Propolis. Interessant ist, daß die Tuberkelbazillen in Nährlösungen mit Propolis in sehr starker Verdünnung noch üppiger gediehen als in den Kontrollösungen.

K. G. Gaptrachimanova verwandte eine Propolissalbe erfolgreich zur Behandlung landwirtschaftlicher Nutztiere, die an Nekrobazillose litten. Diese Salbe, die aus Vaseline-, Sonnenblumen- und Bilsenstrauchölen im Verhältnis 1:1, 1,5:1 hergestellt wird, liefert bessere Resultate als alle sonstigen Mittel. N. Toporova und K. Toporina kamen zu dem Schluß, daß Propolissalbe bei der Nekrobazillose großen Hornviehs ausgezeichnete Wirkung ausübt, ohne daß die abgestorbenen Bereiche entfernt werden müssen. Anscheinend ist Propolissalbe ein schwacher Reizerreger und fördert die Entstehung einer normalen Trophik.

Im Jahre 1957 berichtete N. N. Prokopovitsh von experimentellen Arbeiten zur Erforschung der lokalanästhesierenden Wirkung von Propolis. Die Untersuchungen ergaben, daß die anästhesierende Kraft einer 0,25prozentigen Propolislösung jene von Kokain und Novocain übertrifft. Spezielle Versuche demonstrierten, daß die ätherischen Öle der Propolis anästhesierende Eigenschaften besitzen: Eine 0,25prozentige Lösung führt in 12,5 Minuten zu völliger Anästhesie. Eine Propolislösung derselben Konzentration hat nach dem Entzug des ätherischen Öls keinen anästhesierenden Effekt mehr.

Auf der Ersten Wissenschaftlichen Konferenz des Moskauer Kreises, die der medizinischen Imkerei gewidmet war, hielt der Kandidat der medizinischen Wissenschaften G. S. Muchamediarov einen interessanten Vortrag über die Eigenschaften der Propolis als Antijuckmittel. Unsere ambulatorischen Beobachtungen zeigten, daß die Propolis in der Mehrzahl aller Fälle das Jucken zeitweilig bekämpft. Die Dermatologen sollten sich mit diesem Mittel beschäftigen und seine Erprobung in großem Maßstab organisieren.

Aufmerksamkeit verdient auch der Vortrag von M. Molnar-Tot auf dem XX. Internationalen Jubiläumskongreß in Bukarest (1965) über die therapeutischen Ergebnisse der Anwendung von Propolis bei verschiedenen Hautkrankheiten. Bei der Psoriasis eines fünfzehnjährigen Jungen und der Radiodermatitis eines Radiologen war die Behandlung mit Propolis am wirksamsten. Wenn sich der heilsame Effekt der Propolis nicht in den ersten Behandlungstagen zeigt, ist es sinnlos, sie fortzuführen. Der Autor empfiehlt eine Propolislösung mit 85 Prozent Alkohol und eine Salbe auf der Basis von Lanolin.

Gute Ergebnisse werden bei Erkrankungen der oberen Atemwege und der Lungen – chronischem Schnupfen, Tracheitis, Bronchitis – durch die Inhalierung von hochwertiger Propolis erzielt.

Die von uns vorgeschlagene Inhalierungsmethode ist einfach und kann nicht nur unter klinischen, sondern auch unter häuslichen Bedingungen leicht durchgeführt werden. 60 Gramm Propolis und 40 Gramm Wachs werden in eine Aluminium- oder Emailleschüssel mit einem Volumen von 300–400 Milliliter gefüllt und in ein größeres Metallgefäß mit kochendem Wasser gestellt. Dabei lösen sich die Phytonzide von der organischen Verbindung mit den anderen Komponenten der Propolis (besonders mit den Harzen u. a.) und gelangen in die Atemwege. Die Inhalierung von Propolis vollzieht sich zehn Minuten lang morgens und abends über zwei Monate.

Noch günstiger ist es, wenn man sich eines Tascheninhaliergeräts bedient, in dem die zerkleinerte Propolis die flüchtigen

Phytonzide absondert und konzentriert. Ein solches Gerät kann sich jeder selbst herstellen. Man kaufe sich in der Apotheke einen Inhalierer, bohre von allen Seiten in die Patrone einige Öffnungen und fülle sie mit zerkleinerter Propolis. Das Gerät muß verschlossen gehalten und die Hülle darf nur bei Benutzung entfernt werden. Die Inhalierung von Propolis hat nicht nur kurative, sondern in großem Maße auch prophylaktische Wirkung.

Die kurative Wirkung beim Inhalieren stützt sich anscheinend auf die in der Propolis enthaltenen Phytonzide. Wenn das Aroma der Propolis und des Wachses verschwindet, müssen beide sofort erneuert werden. In vielen Fällen verschafft die Inhalierung von Propolis mit Wachs beträchtliche Erleichterung, .heilt jedoch nicht.

Von Interesse sind die Beobachtungen von Adelina Derevitsh, A. Popesku und N. Popesku. Drei Propolismuster (zwei aus Rumänien und eines vom Verfasser dieses Buches) wurden auf ihre bakteriziden Eigenschaften hin untersucht. Man fand heraus, daß die Propolis eine gewisse Bremswirkung auf das Wachstum von Enterokokken und anderen Mikroben ausübt, doch ohne Einfluß auf Staphylokokken bleibt. In einer Konzentration von 1:10 verzögert das Kittharz das Wachstum von Hanfsamen.

Die von Adelina Derevitsh, A. Popesku und N. Popesku durchgeführten Versuche zeigten außerdem, daß die Propolis toxisch ist. Wenn man Bienen zum Beispiel reinen Honig mit 20 Prozent Propolislösung gab, starben sie recht schnell an Paralyse. Unsere Meinung (N. P. Joyrish, 1964, 1966), daß die Einnahme von Propolis nicht nur einen schädlichen Einfluß auf die Magen- und Darmschleimhaut, sondern auch auf die Leber und andere Organe haben kann, wurde also durch die Versuche bestätigt.

Propolissalbe, die vor der Strahlentherapie auf die Haut der Patienten aufgetragen wird (nach Mitteilung von V. N. Chmelevskaja und anderen aus dem Röntgenologisch-radiologischen und Onkologischen Forschungsinstitut von Kiew, 1965), verhindert in der Mehrzahl aller Fälle die Entstehung von spezifischen Reaktionen der Hautschichten.

Bei Paradontose und Zahnkaries bringt die Anwendung von Propolis als Mittel zum Gurgeln gute Resultate (20 Tropfen eines 15–20prozentigen Alkoholextrakts mit hochwertiger Propolis auf ein Glas abgekochten Wassers bei Zimmertemperatur; zweimal am Tag für ein bis zwei Monate).

Propolismuster aus verschiedenen geographischen Zonen der Sowjetunion unterscheiden sich nicht nur durch ihre Färbung und ihr Aroma, sondern auch durch ihre chemische Zusammensetzung. Sogar Propolismuster aus demselben Stock haben keinen einheitlichen chemischen Bestand. Kittharz ist eine recht komplizierte Substanz, die Eiweiß und Vitamine und in der Asche Eisen, Mangan, Kalzium, Aluminium, Kremnium, Vanadium und Strontium enthält. Durch Spektralanalyse wurde ermittelt, daß Propolis eine hochmolekulare organische Verbindung ist, in der Aschekomponenten vorhanden sind, deren flüchtige Öle vermutlich die physiologische Wirkung der Phytonzide beeinflussen.

Auf dem XX. Internationalen Jubiläumskongreß der Bienenzüchter in Bukarest (1965) hielten A. Derevitsh, A. Popesku und N. Popesku einen interessanten Vortrag. Bei Experimenten mit Meerschweinchen fanden sie heraus, daß Alkoholextrakt mit Propolis und Propolissalbe nach Verbrennungen die Heilung der Haut beschleunigen, so daß sie ein normales Aussehen annimmt. Die Forscher meinen, daß die ganze Gruppe der Flavonoide schützende und regenerierende Wirkung auf das Bindegewebe ausübt; zu dieser Gruppe gehört ein aktiver Bestandteil der Propolis: das Halangin. Dieses Produkt kann mit gutem Erfolg als therapeutisches Mittel eingesetzt werden.

Aus dem Komplex der Propolisingredienzien sind, wie schon erwähnt, nur die Phytonzide der ätherischen Öle aktiv tätig. Damit ist zu erklären, warum Propolis, die für längere Zeit ohne hermetische Verpackung gelagert wurde, ihre mikrobentötenden Eigenschaften verliert. Außerdem wird verständlich, daß die Erwärmung von Propolis diese Eigenschaften erhöht, da die ätherischen Öle, die organisch mit dem Wachs, den Harzen, den Balsamen und dem Blütenstaub verbunden sind, »Bewegungsfreiheit« erhalten. Eben deshalb sehen wir in der Inhalierung von Propolis ihre wirkungsvollste Anwendung. Die Phytonzide des Kittharzes werden vom Wasserdampf fortgetragen und erreichen die Lungen, die über eine gewaltige aufnahmefähige Oberfläche verfügen. Die flüchtigen Phytonzide der Propolis gelangen aus den Lungen sofort in den Blutstrom.

Professor B. P. Tokin hat recht, wenn er sagt: »Die Propolis stellt einen erstaunlichen Komplex biologisch aktiver Stoffe dar.«

Wir meinen, daß das medizinische Arsenal in der nahen Zukunft durch ein neues wirksames Heilmittel, ein Phytonzidpräparat aus Propolis, bereichert werden wird. Die Arbeiten zur Erforschung der Propoliswirkung und zu den Möglichkeiten ihrer Standardisierung werden fortgesetzt.

In den »Arbeiten des Internationalen Symposions zur Anwendung von Imkereiprodukten in der Medizin und Veterinärmedizin« (Bukarest, 1972) wird viel über die Benutzung von Propolis in der medizinischen Praxis berichtet: bei verschiedenen Erkrankungen der Atemwege, bei der vielseitigen Behandlung von Lungen- und Bronchialtuberkulose, bei Magengeschwüren, chronisch eiternder Otitis, schwer heilenden Wunden, bei der Behandlung und Prophylaxe von nicht-spezifischer Lungenentzündung und Bronchialasthma von Kindern, in der Dermatologie, Chirurgie, Stomatologie, Otolaryngologie, Gynäkologie und bei büschelförmigem Haarausfall.

Einige Forscher (S. Mladenov, 1969) meinen, daß die Propolis ein »absolut unschädliches Mittel« ist. Dieser Behauptung kann man wegen des hohen Harzgehaltes der Propolis (mehr als 50 Prozent) schwerlich zustimmen.

Gegenwärtig hat die Begeisterung für die Propolis ihren Höhepunkt erreicht. Ihre Anwendung wird bei fast allen Krankheiten empfohlen. Viele Ärzte, die sie zu einem Allheilmittel gemacht haben, verordnen sie sogar bei Bronchialasthma und vergessen dabei, daß Propolis ein Allergen für viele Menschen ist.

Wir müssen unbedingt die Erläuterung zitieren, die A. Babajan, der Leiter der Verwaltung zur Einführung neuer Heilmittel und medizinischer Techniken im Gesundheitsministerium der UdSSR, aus Anlaß der Veröffentlichung eines Artikels von E. Salnikov, »Die magische Propolis«, in der Zeitung »Trud« gegeben hat.

»Die Mitteilung von der weiten Anwendung der Propolis in der medizinischen Praxis entspricht nicht der Wirklichkeit, da erst im Mai des Jahres 1972 vom Gesundheitsministerium der UdSSR das erste Propolispräparat freigegeben wurde: das Spray ›Proposol‹, das zur Behandlung von Entzündungen der Mundhöhlenschleimhaut empfohlen wurde. Verschiedene medizinische Propolisformen werden gegenwärtig klinischen Tests (vor allem in der dermatologischen Praxis) unterzogen und sind nicht zur medizinischen Anwendung und industriellen Produktion zugelassen.

Die Heilwirkung von Propolis bei büschelförmigem Haarausfall und Tuberkulose ist überhaupt noch nicht in den klinischen Basen des Pharmakologischen Komitees untersucht worden, so daß die Propolis vom Gesundheitsministerium der UdSSR zur Behandlung dieser Krankheiten nicht empfohlen werden kann.« (»Gesundheit«, 1972, Nr. 8.)

Der Blütenstaub

Wie die Blüten ohne Bienen keine Samen hervorbringen, das heißt, nicht fremdbestäubt werden und deshalb ohne Nachwuchs bleiben, können die Bienen ihrerseits ohne Blütenstaub keine Nachkommenschaft heranziehen.

Die Bienen suchen verschiedene Blüten auf, übertragen mit ihrem flauschigen Körper den Blütenstaub von den Staubgefäßen auf die Narben und vollziehen so die Befruchtung. Das

Blütenstaubkörnchen stellt trotz seiner mikroskopischen Größe einen Protoplasmaklumpen dar, der nicht nur für die Pflanzen, sondern auch für die Bienen außerordentlich große Bedeutung hat.

Die Bienen als Überträgerinnen des Blütenstaubes

Wenn man an klaren, heiteren Tagen am Flugloch sitzt, kann man ein interessantes Bild beobachten. Die Bienen kehren mit einer großen Ladung Blütenstaub, deren Gewicht zwischen 0,008 und 0,015 Gramm schwankt (was dem zehnten Teil ihres Körpergewichts entspricht), in den Stock zurück. Ein Flug, welcher der Biene diese beiden Blütenstaubklümpchen einbringt, dauert 30 Minuten oder sogar 2–4 Stunden.

Wenn die Bienen die »Körbchen« an den Hinterbeinen mit Staub gefüllt haben, halten sie beim Flug durch die Luft geschickt das Gleichgewicht. An der Farbe der Höschen kann man ablesen, auf den Blüten welcher Pflanzen die Biene geweilt hat. Blaue Höschen bedeuten, daß sie auf den Blüten der wilden Malve war. Wenn der Blütenstaub in den Körbchen rot ist, hat die Biene eine reiche Tracht aus den Blüten von Birnbaum, Pfirsichbaum oder Roßkastanie erhalten. Eine grüne Last kennzeichnet eine Biene, die auf den Blüten von Linde, Ahorn, Eberesche und Hanf war. Häufig nähern sich dem Stock Bienen mit goldgelbem Staub, und der gute Imker weiß sofort, daß seine Tiere die Blüten des Heckenrosenstrauches, des Nußbaumes, des Stachelbeerstrauches, des Buchweizens und der Engelwurz bedient haben. Bienen mit violetter Last waren auf den Blüten der Glockenblume und der Phacelia zu Gast. Weißer oder grauer Blütenstaub rührt von Apfel- oder Himbeerblüten her. Braune Pollenhöschen deuten auf Onobrychis, weißen und roten Klee und Kornblumen hin. Besonders schön sind Bienen mit dem orangefarbenen Blütenstaub der Sonnenblume und des Löwenzahns.

Die Zusammensetzung des Blütenstaubes

Die Rolle des Blütenstaubes für das Leben der Bienen ist gut bekannt. Eine jahrhundertelange Praxis hat erwiesen, daß nur die Bienenschwärme sich positiv entwickeln und schnell zu Kräften kommen, die von Beginn des Frühlings an mit Blütenstaub versorgt sind. Die Bedeutung des Blütenstaubes für die Lebenstätigkeit der Bienen kann kaum überschätzt werden. Vor allem handelt es sich um eine unersetzliche eiweißhaltige Futterquelle. Schon A. M. Butlerov ermittelte, daß die Bienen das Eiweiß, das für die Tätigkeit jedes beliebigen Organismus unerläßlich ist, aus dem Blütenstaub gewinnen.

Jedes Blütenstaubkörnchen, das man nur unter dem Mikroskop erkennen kann, ist ein kompliziertes Konzentrat vieler äußerst wertvoller Nährstoffe und medizinisch-prophylaktischer Substanzen. Jedes Stäubchen enthält stickstoffhaltige Stoffe: Peptone, Globuline, Aminosäuren; auch Kohlehydrate, fettartige Substanzen, Fermente, Mineralien, Vitamine (B_1, B_2, B_6, B_{12}, A, D, E, K). Das winzige Blütenstaubkörnchen ist also eine Schatzkammer voller Stoffe, die für den Organismus wertvoll sind. In einem Höschen können bis zu 100 000 Staubkörner enthalten sein, nach den Angaben einiger Forscher sogar bis zu 4 Millionen.

G. A. Grigorjan und seine Mitarbeiter[1] untersuchten spektrographisch die Höschen von Bienen aus zwölf Gebieten Armeniens. Im Blütenstaub wurden die folgenden Mikro- und Makroelemente entdeckt: Schwefel, Aluminium, Magnesium, Mangan, Molybdän, Kupfer, Kalzium, Eisen, Natrium, Kalium, Nickel, Vanadium, Chrom, Phosphor, Zirkonium, Beryllium, Bor, Zink, Zinn, Soda, Arsen, Blei, Gallium, Strontium, Barium, Lithium. Aus der Umgebung treten die Mikroelemente zusammen mit Honig, Blütenstaub und Wasser in den

---

[1] G. A. Grigorjan, V. A. Stepanjan, A. A. Markosjan, S. F. Danieljan: *Die Mikroelemente im Höschen und im Organismus der Bienen.* Sammlung von Vorträgen auf dem XXII. Internationalen Bienenzuchtkongreß in München, 1969, Bukarest, 1971.

Organismus der Bienen ein, wo sie abgelagert werden. Deshalb ist die Zahl der Mikroelemente im Organismus der Bienen höher als im Blütenstaub.

Die direkte Bestimmung des Blütenstaubes besteht darin, daß die Bienen aus ihm das sogenannte Bienenbrot herstellen. Die Herstellung dieses höchst wichtigen Eiweiß-Polyvitamin-Produktes wird im folgenden beschrieben.

Die Biene gelangt mit ihrer Blütenstaubladung zwischen die Rahmen des Stockes und entledigt sich ihrer Last, indem sie die gesammelten Körnchen in die Wachszellen legt. Die Stockbienen »stampfen« den Blütenstaub mit Kopfstößen in die Zellen, und andere übergießen seine obere Schicht mit Honig. Die mit Honig gesättigte obere Schicht des Blütenstaubes macht ihn unzugänglich für die Luft und schützt ihn vor dem Verderben. In dem Blütenstaub, der an drei Seiten von Wachs und an einer von Honig umgeben ist, vollziehen sich unter dem Einfluß von Fermenten wichtige chemische Reaktionen. Ein Teil des Zuckers verwandelt sich dabei in Milchsäure, welche die leichtverderblichen Komponenten des Blütenstaubes ausgezeichnet konserviert. Bienenbrot unterscheidet sich im Gehalt von Zucker, Eiweißen, Fetten, Mineralsalzen und anderen Elementen von Blütenstaub und Honig, das heißt, es entsteht infolge komplizierter Fermentprozesse.

Beachtung verdienen die von dem Akademiemitglied N. M. Kuljagin durchgeführten Versuche. Wie sich herausstellte, legt die Bienenkönigin keine Eier mehr, wenn im Stock kein Blütenstaub vorhanden ist, und die Bienen hören auf, Wachs abzusondern und die sechsseitigen Wachszellen zu bauen, die für die Entwicklung des Nachwuchses und für die Lagerung von Honig und Blütenstaub unerläßlich sind.

Aufmerksamen Bienenzüchtern ist schon seit langem aufgefallen, daß die Bienen Mühlen und Scheunen aufsuchen, wenn in der Natur kein Blütenstaub zu finden ist, und Mehl in den Stock bringen.

Wenn also in einem kühlen Frühling Weide, Löwenzahn und andere Blütenstaubträger so spät blühten, daß die Bienen sie noch nicht nutzen konnten, und die Vorräte des vergangenen Jahres schon aufgebraucht waren, geriet der Nachwuchs der Bienen in Gefahr. Die Tiere brachten jedoch gelben »Blütenstaub« in den Korb; dabei handelte es sich um Heustaub, der von verfaulenden Balken stammte (V. V. Baganov).

Der Blütenstaub verschiedener Pflanzen unterscheidet sich nicht nur durch Farbe oder Tönung, sondern auch durch die Ausmaße und die Oberflächenform der Körnchen. Zum Beispiel sind die Blütenstaubkörnchen einiger Weiden- und Birkenarten 7 Mikron groß, während sie bei einigen Kürbispflanzen eine Größe von 150 Mikron erreichen. Bei sorgfältiger Untersuchung der chemischen Zusammensetzung von Blütenstaub wurde festgestellt, daß die Körnchen verschiedener Pflanzen im Gehalt von Eiweißen, Fetten, Kohlehydraten, Vitaminen, Mineralsalzen und anderen Stoffen differieren.

Nach den Angaben des Forschers S. I. Lebedev kann Blütenstaub als ausgezeichnete Quelle für die Gewinnung großer Mengen Karotins dienen. Der Karotingehalt im Blütenstaub von Lilien und gelben Akazien ist mehr als zwanzigmal so groß wie jener der roten Möhre, die als industrieller Hauptlieferant dieses Vitamins gilt.

Die Zweckmäßigkeit der Karotingewinnung aus dem Blütenstaub von Lilien, gelben Akazien und anderen Pflanzen ist damit zu begründen, daß das Provitamin A ohne vorherige Bearbeitung direkt aus den Staubkörnchen extrahiert werden kann. Orientierende Berechnungen zeigen, daß 100 Lilien 10 Gramm Blütenstaub und damit 25 Milligramm Karotinpräparat ergeben; 1 Hektar bringt 30 Kilogramm Blütenstaub, in denen ungefähr 100 Gramm Karotin enthalten sind.

Versuche, die im Allunions-Forschungsinstitut für Vitamine von V. A. Devjatnin vorgenommen wurden, bewiesen, daß Blütenstaub sehr reich an Rutin (Vitamin P) ist. Im Staub einiger Pflanzen, besonders des Saatbuchweizens, erreicht der Rutingehalt 17 Milligramm-Prozent. Die angeführten Daten belegen, daß die chemisch-biologische Zusammensetzung des Blütenstaubes auch weiterhin eingehend untersucht werden sollte.

Das Sammeln des Blütenstaubes

Aus Blütenstaub wird man in der nächsten Zukunft nicht nur hochaktive therapeutische Präparate, sondern auch mit Vitaminen angereicherte und diätetische Nahrungsmittel herstellen können. Dazu müssen vor allem Wege gefunden werden, um den Blütenstaub in genügendem Umfang von den Pflanzen zu erhalten.

Die Menge des Blütenstaubes, den die Pflanzen produzieren, ist ausreichend. Eine Apfelblüte enthält ungefähr 100 000 Blütenstaubkörner, ein Wacholderzapfen 400 000, eine Weißbuchenblüte 1,2 Millionen, eine Pfingstrose 3,6 Millionen, eine Nußbaumblüte 4 Millionen und eine Birkenblüte 6 Millionen Blütenstaubkörner. Eichen, Ulmen und andere Bäume, vor allem immergrüne (Kiefern, Tannen, Zedern), liefern besonders viel Blütenstaub; in einem Kiefernwäldchen ist die Luft im Sommer buchstäblich damit getränkt. Ein beträchtlicher Teil des Staubes fällt auf den Rasen und die Erde und bleibt dort. Ein weiterer Teil steigt mit den Luftströmungen bis zu einer Höhe von 2500 Metern hoch und wird horizontal bis zu einer Entfernung von 4000 Metern fortgetragen (I. V. German).

Es wurde festgestellt, daß eine Maisrispe etwa 20 Millionen Blütenstaubkörner auswirft, doch für die Bestäubung der Knospe sind nur 800, maximal 1000 Körner nötig. Das heißt, daß es in der Natur millionenfach mehr Blütenstaub gibt, als für die Bestäubung erforderlich ist. Unsere Überschlagsrechnungen zeigen, daß die Bienen in der UdSSR während eines Sommers ungefähr 200 000 Tonnen Blütenstaub sammeln. Dabei handelt es sich nur um einen geringen Teil dessen, was die Pflanzen hervorbringen. Alljährlich verkommen also in unseren Wäldern, Feldern, Wiesen und Gärten viele Hunderttausende von Tonnen eines Produktes, das hohen Nährwert und wichtige medizinische Eigenschaften besitzt.

Es ist bekannt, daß die Bienen die Hauptsammlerinnen von Blütenstaub sind. Im Jahre 1940 schlug F. S. Zubritskij einen

Blütenstaubfänger vor, das heißt ein Gerät, mit dessen Hilfe den Bienen der Blütenstaub abgenommen werden kann. Dieses einfache, für jeden herstellbare Gerät besteht aus einer Leiste mit vertikal angebrachten Sicherheitsnadeln; es wird am Flugloch befestigt. Der Blütenstaubfänger läßt die Bienen hindurch in den Korb, hält aber den Blütenstaub aus den Körbchen an ihren Beinen zurück.

Auf das Sammeln von Blütenstaub mit diesem Apparat hatte man große Hoffnung gesetzt. Der so gewonnene Staub sollte als neues hochwertiges Nahrungsprodukt für den Menschen genutzt werden. Imker, die sich für diese Methode begeisterten, erhielten von starken Bienenschwärmen 100–200 Gramm Blütenstaub am Tag und 10–20 Kilogramm während des Sommers. Der Einsatz des Blütenstaubfängers verbreitete sich jedoch nicht. Das ist teilweise damit zu erklären, daß sich der Honigertrag erheblich senkt, wenn den Bienen der Blütenstaub abgenommen wird. Außerdem war es unmöglich, mit diesem Gerät die großen Mengen zu erhalten, welche die Vitaminindustrie und die medizinischen Institutionen benötigen. Zu guter Letzt ist der von den Bienen gesammelte Bienenstaub nicht einheitlich, sondern stellt ein Gemisch aus dem Staub verschiedener Pflanzen dar.

Es ist verständlich, daß sich ein derartiger Blütenstaub für wissenschaftliche Forschungsarbeiten und die praktische Anwendung in der Medizin nicht eignet. Für medizinische Zwecke kann man nur nach seinem chemischen Bestand einheitlichen Blütenstaub benutzen, während die chemisch-biologische Zusammensetzung des Staubes verschiedener Pflanzen uneinheitliche Heileigenschaften hat.

Dem muß hinzugefügt werden, daß die Bienen, die den Blütenstaub sammeln, nicht selten auch giftige Substanzen in den Korb einbringen (den Staub der weißen Nieswurz, des Porsts, Rittersporns, Rhododendrons und anderer Pflanzen).

Im Jahre 1955 zog das Allunions-Forschungsinstitut für Vitamine auf unseren Vorschlag hin Schüler zum Sammeln von Blütenstaub hinzu. Pioniere und Komsomolzen reagierten lebhaft auf unseren Aufruf. Das Institut erhielt eine Vielzahl von Paketen mit dem Blütenstaub verschiedener Pflanzen, die aus den entferntesten Winkeln des Landes geschickt wurden. Dieser Versuch zeigte, daß die Sammlung von Blütenstaub in ähnlicher Weise organisiert werden kann wie die von Heilpflanzen.

Bei touristischen Ausflügen können die Schüler eine große Menge Blütenstaub sammeln. Die blühenden Zweige von Büschen, Maisrispen und andere Pflanzen werden in Glasgefäße oder Pappkartons gelegt und dann durchgeschüttelt. Man kann die blühenden Zweige auch über einem sauberen Blatt Papier oder einer Zeitung ausschütteln und den Blütenstaub danach in getrockneter Form an die entsprechenden Institutionen schicken.

Am günstigsten ist es, sich des Blütenstaubsammlers unserer Konstruktion zu bedienen, der aus fünf dünnen Stäben von jeweils zwei Metern Länge besteht. Mit Hilfe von Metallröhrchen können die Stäbe miteinander verbunden werden. Das Ende des einen ist mit einem gewöhnlichen Zweigschneidegerät versehen. Auf diese Weise kann man mit dem Blütenstaubsammler Blüten in Höhe von 10–11 Metern abschneiden. Auf der Erde unter dem Strauch oder Baum breitet man eine Papierdecke aus, auf die die abgeschnittenen Blüten fallen. Danach schüttet man sie am besten in Papiertüten und transportiert sie nach Hause, wo sie für zwei bis drei Tage getrocknet werden, bevor man den Blütenstaub entzieht. Der Blütenstaubsammler ist leicht in Schulwerkstätten herzustellen.

Die Heilkräfte des Blütenstaubes

Da im Blütenstaub wertvolle und für den menschlichen Organismus unerläßliche Vitamine vorhanden sind, sollte man ihn zu den wichtigsten Heilmitteln zählen.

Die Medizin verwendet Blütenstaub oder Bienenbrot jedoch noch nicht zu Heilzwecken. Aber in der Volksmedizin ist Blütenstaub ein beliebtes Mittel.

Wir stellten uns die Aufgabe, seine Effektivität bei einigen Krankheiten unter ambulatorischen Bedingungen zu überprüfen. Insbesondere wandten wir Blütenstaub in Verbindung mit Bienenhonig (im Verhältnis 1:1 oder 1:2) erfolgreich bei der Behandlung von Bluthochdruck an. Beobachtungen überzeugten uns davon, daß Blütenstaub mit Honig auch bei der Behandlung einer Reihe anderer ernsthafter Erkrankungen, besonders des Nerven- und Drüsensystems, angewandt werden kann.

Experimente, die R. Chauvin und andere in Frankreich anstellten, ergaben, daß Mäuse, die mit dem Futter geringe Mengen Blütenstaub erhalten hatten, sich schneller entwickelten und an Gewicht zunahmen. Es wurde festgestellt, daß der Blütenstaub sogar dann wohltätig auf den Organismus einwirkt, wenn man ihm die Vitamine entzieht. Im Kot der Mäuse, in deren Futter Blütenstaub gegeben wurde, fanden sich fast keine Mikroben. Dadurch wird die Existenz von antibiotischen Stoffen im Blütenstaub bezeugt.

Die Arbeiten, die den Heilkräften des Blütenstaubes gewidmet wurden, belegen, daß er bei bösartiger Blutarmut einen guten kurativen Effekt hat, die Darmtätigkeit (besonders bei Kolitis und chronischer Verstopfung) normalisiert, Appetit und Arbeitsfähigkeit hebt, den Blutdruck senkt und den Gehalt an Hämoglobin und Erythrozyten bei Anämie vergrößert.

Mit dem Blütenstaub beschäftigt sich eine Monographie von großem wissenschaftlichem Wert des französischen Gelehrten und Politikers Alain Caillas. Der Forscher L. Perin wandte Blütenstaub mit Erfolg in der Kinderklinik bei der Behandlung mehrerer Krankheiten an (Diarrhöe, Kolibazillose) und verschrieb ihn auch Rekonvaleszenten nach schweren und infektiösen Krankheiten. Zum Beispiel sorgte bei 20 Kindern, die an Anämie litten, der Zusatz eines einzigen Teelöffels voll Blütenstaub zum Frühstück über einen Monat hinweg dafür, daß sich die Zahl der Erythrozyten durchschnittlich auf 800 000 je Kubikmillimeter vergrößerte.

Auf dem XX. Kongreß der Bienenzüchter in Bukarest berichtete Alain Caillas von den klinischen Untersuchungen der schwedischen Ärzte Erik Aske Upmark aus der Klinik der Universität von Upsala und Gösta Jonson aus der Urologischen Abteilung der Chirurgischen Klinik an der Universität von Lund. Die Forscher glauben, daß Blütenstaub ein gutes Mittel zur Behandlung einer entzündeten Vorsteherdrüse ist.

In schwedischen Apotheken gibt es ein Blütenstoffpräparat mit der Bezeichnung »Cernilton«, mit dem Erkrankungen der Vorsteherdrüse und Adenome (außer Krebskrankheiten) nicht nur behandelt, sondern auch verhindert werden können. Im Zusammenhang damit empfiehlt Alain Caillas allen Männern im Alter von mehr als 40–45 Jahren, täglich zur Prophylaxe von Prostatitis und Adenomen der Prostata 50 Gramm Blütenstaub zu sich zu nehmen.

Unsere Untersuchungen zeigen, daß ein Extrakt aus 5 Gramm Blütenstaub genügt; dazu gibt man die gleiche Menge Honig und verrührt alles in einem halben Becher Mineralwasser; die Mischung wird ein-, zweimal am Tag eingenommen. Die Wirkung ist weitaus besser als jene von reinem Blütenstaub.

Nach den Beobachtungen einiger (besonders französischer) Forscher ist Blütenstaub ein gutes biologisches Stimulans bei der Behandlung vorzeitigen organischen Verfalls alter Leute. In Frankreich wird dem Blütenstaub große Bedeutung als ausgezeichnetem Diätprodukt und Heilmittel zugemessen; in den letzten Jahren hat man begonnen, ihn auch in der Kosmetik zu benutzen.

Das Akademiemitglied N. V. Zizin vermutet, daß die dem Honig zugeschriebenen verjüngenden Eigenschaften mit dem darin vorhandenen Blütenstaub zu erklären sind.

Das »Bienenbrot«

Das Bienenbrot ist das Ergebnis eines komplizierten Fermentprozesses, bei dem Blütenstaub und Honig zusammenwirken.

Schon das Akademiemitglied N.M. Kuljagin bewies mit seinen Versuchen, daß die Bienen ohne Bienenbrot kein Wachs absondern. Später machte M.Z. Krasnopeev folgendes Experiment: Er nahm 10 Bienenvölkern im Herbst die Wabenrahmen mit dem Bienenbrot weg und gab sie 10 anderen (jeweils 2 Rahmen pro Volk). Am 20. April zeigte sich, daß die Völker, die Bienenbrot besaßen, durchschnittlich 18480 Larven hatten und ihr Bruttohonigertrag 68,6 Kilogramm pro Schwarm betrug. In den Kontrollvölkern ohne Bienenbrot wurden jeweils nur 245 Larven gezählt, und der Bruttohonigertrag lag bei 26,8 Kilogramm.

Fast alle Forscher (A.M. Butlerov, L.I. Perepelova, Ch.N. Abrikosov) meinen, daß das Bienenbrot ein unersetzliches Eiweiß-Vitamin-Futter ist. Diese Meinung wird durch Versuche bestätigt, die auf der Ukrainischen Versuchsstation für Bienenzucht durchgeführt wurden. Bienenvölker, die eine zusätzliche Fütterung aus einem Honig- und Bienenbrotgemisch erhalten hatten, zogen durchschnittlich 42560 Larven heran und produzierten 1239 Gramm Wachs, während Kontrollvölker nur 19467 Larven hervorbrachten und 355 Gramm Wachs absonderten. Nach einem Jahr hatten die Bienenvölker mit ihren Ablegern, die eine Honig-Bienenbrot-Mischung bekommen hatten, 202410 Larven aufgezogen und 3,33 Kilogramm Wachs abgesondert, während die Kontrollschwärme im gleichen Zeitraum 11892 Larven hervorbrachten und 0,75 Kilogramm Wachs herstellten.

Die Mitarbeiter der Fernöstlichen Filiale in der Sibirischen Abteilung der Akademie der Wissenschaften der UdSSR I.I. Tshebotarev, R.A. Shestakova und A.V. Kosterin (1969) stellten eine halbquantitative Spektralanalyse der Ascherückstände von Küstenhonig (Lindenhonig) und -bienenbrot an und fanden heraus, daß in ihnen alle lebenswichtigen Makro- und Mikroelemente sowie andere in biologischer Hinsicht wertvolle Komponenten vorhanden sind.

Einige Bemerkungen über die Bienenlarven

Die kanadischen Gelehrten Hocking und Mazumura schlugen vor, die Bienenlarven als Nahrungsmittel zu verwenden.[1] Es ist bekannt, daß in einigen Gebieten der USA die Methode der sogenannten Paketbienenzucht gepflegt wird, wobei im Herbst die Bienenvölker, die 0,25 bis 2,25 Kilogramm Bienenlarven enthalten, »ausgeräuchert« (vernichtet) werden. Damit ergibt sich die legitime Frage, ob man sie zur menschlichen Ernährung nutzen sollte.

Es gibt seit langem Berichte über den Genuß der Bienenlarven. Die Afrikaner halten sie zum Beispiel für eine Delikatesse. Hocking und Mazumura errechneten, daß man in drei kanadischen Provinzen von 115000 Bienenvölkern etwa 135 Tonnen Bienenlarven erhalten könnte.

Man hat festgestellt, daß Bienenlarven viel Vitamin A enthalten und in dieser Hinsicht nur der Dorschleber unterlegen sind; in der Vitamin-D-Menge übertreffen sie Fischfett um das Zehnfache. Bienenlarven wurden zu Nahrung gemacht, indem man sie in pflanzlichem oder tierischem Fett leicht röstete; das entstandene Gericht wurde von 25 Menschen gekostet, und die Mehrheit bewertete es positiv.

Noch aussichtsreicher ist es nach unserer Meinung, hochwertiges Eiweiß und Vitamine aus den Drohnenlarven zu gewinnen, die größer und ihrer biologischen Zusammensetzung nach weit wertvoller sind. Wir erhielten einen Extrakt aus Drohnenlarven und überzeugten uns, daß man die Eiweißmasse (besonders nach dem Entzug von großen Mengen Vitamin A und D) ohne Erhitzung zur Herstellung schmackhafter und nahrhafter Konserven verwenden kann.

[1] Zitiert nach V. A. Temnov: »Die Bienenlarven als Nahrungsmittel.« *Bienenzucht*, 1961, Nr. 1.

Der Königinfuttersaft

Schon seit der Zeit des Aristoteles interessiert die Forscher die Frage, warum die Bienenkönigin, die aus der gleichen Zelle hervorgeht wie alle anderen, fast zweimal länger und schwerer ist als eine Arbeitsbiene, warum sie über die erstaunliche Fähigkeit verfügt, gewaltige Mengen von Eiern (bis zu 2000 und mehr am Tag) zu legen, warum sie etwa sechs Jahre alt wird, ihre Töchter, die Arbeitsbienen, aber nur 30–35 Tage. Die Chemie half, dieses Geheimnis der Natur zu entschlüsseln.

Das Ei, das zur Aufzucht der Königin bestimmt ist, bringen die Bienen in einer speziellen eichelförmigen Wachszelle, der sogenannten Weiselzelle, unter und versorgen die Larve mit einem besonderen Futter.

Die Weiselzelle ist mit einem Wachsfäßchen zu vergleichen, in dem die Larve der zukünftigen Königin buchstäblich in einer sahneartigen Masse schwimmt. Es handelt sich dabei um den Könginfuttersaft, eine Geleesubstanz von milchiger Farbe mit Perlmuttönung. In einigen Ländern (USA, Frankreich, England, Italien) nennt man sie »Königinnengelee« = »Gelée royale«.

Die Zusammensetzung des Königinfuttersaftes

Natürlicher Königinfuttersaft enthält bis zu 18 Prozent Eiweißstoffe, 10–17 Prozent Zucker, bis zu 5,5 Prozent Fett und mehr als 1 Prozent Mineralsalze. Um sich vorzustellen, wie nahrhaft Königinfuttersaft ist, braucht man sich nur zu erinnern, daß Kuhmilch 3,3 Prozent Eiweiß, 4 Prozent Fett und 4,6 Prozent Zucker enthält. Im natürlichen, ungetrockneten Königinfuttersaft sind folgende Vitamine enthalten: B_1, B_2, B_3, B_6, B_c, PP, H. Die Vitamine C, A (Karotin) und D sind fast gar nicht, nach der Meinung einiger Forscher sogar überhaupt nicht vertreten.

Königinfuttersaft enthält Vitamin E, das die Geschlechtstä-

tigkeit anregt. Der Saft, mit dem die Larven von Arbeitsbienen gefüttert werden, ist anscheinend frei von diesem Vitamin, denn Ratten, die damit ernährt wurden, erwiesen sich als unfruchtbar (Versuche von L. Hill). Im Saft für Drohnen und Bienen sind die gleichen Substanzen enthalten wie im Königinfuttersaft, doch in unvergleichlich geringerer Menge.
    Henry L. Hayle ermittelte schon im Jahre 1939, daß Königinfuttersaft ein Keimdrüsenhormon enthält. Experimente mit Versuchstieren zeigten, daß Ratten (Weibchen), denen ein Extrakt aus Königinfuttersaft subkutan injiziert wurde, innerhalb von fünf Tagen ihr Gewicht vergrößerten und die follikuläre Aktivität der Eierstöcke verstärkten.

Die Heilkraft des Königinfuttersaftes

Im Jahre 1956 veröffentlichte der französische Arzt Destrème einen Aufsatz mit dem Titel »Versuch zur Anwendung des Königinnengelees im Kampf gegen das Alter«, in dem er die Ergebnisse seiner Behandlung von 134 Patienten mit Königinfuttersaft anführte. 52 von ihnen waren 60 bis 89 Jahre alt. Intramuskuläre Injektionen von Königinfuttersaft (jeweils 20 Milligramm) hatten bei 60 Prozent der Kranken positive Wirkung: Ihr Appetit steigerte sich, Munterkeit und Lebensfreude kehrten zurück, der Blutdruck normalisierte sich; außerdem nahm ihr Gewicht zu.
    Heutzutage ist Königinfuttersaft ein äußerst wichtiger Bestandteil vieler kosmetischer Produkte. Der wohltätige Effekt von Königinfuttersaft auf die Haut läßt sich mit den darin vorhandenen Vitaminen, besonders Pantothensäure, sowie den Hormonstoffen erklären.
    Königinfuttersaft wurde bei Erkrankungen des Herzgefäßsystems, des Magen-Darm-Traktes, bei Tuberkulose und Brucellose, Arthritis (am besten in Verbindung mit Bienenhonig) usw. erfolgreich erprobt und angewandt. Er enthält viel Acetylcholin – einen Stoff, der die Blutgefäße erweitert und deshalb bei Bluthochdruck gute Wirkung zeigt.

Klinische Untersuchungen haben ergeben, daß der Königinfuttersaft auch bei zu niedrigem Blutdruck eine heilsame Wirkung hat. Er ist ein Regulator: Bei Kranken mit zu hohem Blutdruck sorgt er für dessen Senkung, bei Patienten mit zu niedrigem Blutdruck normalisiert er ihn. Der Königinfuttersaft stellt somit ein seltenes natürliches Mittel dar, mit dem sich die Forscher, Pharmakologen und Kliniker beschäftigen sollten.

Dr. Roberto Helin (Argentinien) berichtet in einem Brief an den Verfasser davon, wie ein Patient, der an obliterierender Endarteriitis (Verengung und Verstopfung der Gefäße) litt, mit Königinfuttersaft geheilt wurde. »Eine Frau von 80 Jahren«, schreibt Roberto Helin, »deren Fall die Ärzte als hoffnungslos ansahen, war an obliterierender Endarteriitis erkrankt. Beingangrän war abzusehen. Ihr Sohn, ein Chemiker, bat mich um Königinfuttersaft als letztes Mittel. Das geschah am Ende des letzten Jahres. Das Gangrän trat nicht ein, und jetzt fühlt sie sich gut.«

Aus dieser Beschreibung läßt sich natürlich noch nicht folgern, daß Königinfuttersaft ein ausgezeichnetes Mittel für die obliterierende Endarteriitis ist. Dafür sind noch lang anhaltende klinische Untersuchungen nötig. Seit 1966 hat der Autor Gelegenheit gehabt, sich davon zu überzeugen, daß Königinfuttersaft Gangrän und obliterierende Endarteriitis nicht immer kuriert.

Viele Forscher befaßten sich mit der Untersuchung von Königinfuttersaft. Josef Matuszewski meint zum Beispiel, daß der Saft den Stoffwechsel normalisiert, harntreibend wirkt, bei Verfettung und Untergewicht anzuwenden ist, die Widerstandsfähigkeit des Organismus gegen Infektionen kräftigt, die Blutherstellung stimuliert, die Drüsenfunktionen reguliert sowie Arteriosklerose und Koronarinsuffizienz heilt. Remis Chauvin, Curiotti und andere Wissenschaftler schreiben außerdem, daß Königinfuttersaft Munterkeit hervorruft, Energie verschafft, Unwohlsein vertreibt und den Appetit verbessert.

Die Meinungen der Gelehrten über die Heilwirkung von

Königinfuttersaft sind oft nicht in Einklang zu bringen und manchmal sogar diametral entgegengesetzt. Auf dem XXIII. Internationalen Kongreß in Moskau (1971) machten P. Pejtshev, A. Zhurdzhev und G. Dimitrov (Bulgarien) Angaben über die Verwendung von Königinfuttersaft bei der Behandlung von chirurgischen und urologischen Krankheiten (Pyelonephritis, postoperationelle Erscheinungen u. a.).

Der Königinfuttersaft wurde intramuskulär gespritzt und oral eingenommen und zeitigte gute Resultate. Die Autoren glauben, daß dieses Mittel die Lebenstätigkeit des Organismus verstärkt, die geistige und körperliche Arbeitsfähigkeit hebt, die Stimmung verbessert und zur Normalisierung des Stoffwechsels beiträgt. Außerdem erhöht es die immunbiologische Reaktionsfähigkeit des Organismus und vergrößert die Schutzfunktion der Phagozyten.

Im Gegensatz zu den Angaben von P. Pejtshev und seinen Mitarbeitern befinden sich die Untersuchungen der polnischen Forscher J. Matuszewski, J. Kaczor und A. Koltek. Sie halten dafür, daß Königinfuttersaft die Entwicklung von Lymphozyten bremst und die Fähigkeit des Organismus zur Herstellung von Antikörpern senkt. 30 Patienten gaben die Autoren lyophilisierten Königinfuttersaft sublingual und beobachteten in der Mehrzahl der Fälle eine Verringerung der Lymphozyten des Blutes und einige andere Anzeichen dafür, daß die Bildung von Antikörpern unterdrückt wurde. Offenbar muß die Frage des Einflusses von Königinfuttersaft auf die immunbiologische Reaktionsfähigkeit des Körpers und die Funktionen der Leukozyten noch weiter erforscht und erörtert werden.

P. B. Wilson führt in einem Artikel über die Untersuchung der therapeutischen Eigenschaften von Königinfuttersaft durch Ärzte in Frankreich und Italien interessante Daten an. Der Saft wird von ihm als gutes Mittel gegen Neuropsychosen beschrieben; er übt biologische Wirkung auf die Nebennieren usw. aus. Die aktiven Komponenten des Königinfuttersaftes gehören zur Kategorie der Hormone.

Es wird die Ansicht geäußert, daß zu Heilzwecken der

Grundkomponentengehalt des Saftes, besonders was die Vitamine betrifft, erheblich vergrößert werden muß. In Frankreich wurde das Präparat »Apiphortile« entwickelt, in dem die Grundstoffe des Königinfuttersaftes um ein Tausendfaches vermehrt sind; eine Kapsel des Präparates entspricht 200 Gramm Saft. »Apiphortile« wird erfolgreich zur Prophylaxe und Behandlung von Arteriosklerose, Avitaminose und Erschöpfung eingesetzt. In der Literatur über Königinfuttersaft wird oft behauptet, daß er sich gut in Bienenhonig aufbewahren läßt. Wir raten nicht dazu, da sich unter dem Einfluß der in beiden Stoffen vorhandenen Fermente die Zusammensetzung des Königinfuttersaftes erheblich verändert, so daß er zum Teil seine Heilkräfte verliert. Im Ausland wird der Saft subkutan und intramuskulär gespritzt und außerdem in Verbindung mit Honig und Blütenstaub oral eingenommen. Auch zur oralen Anwendung kleiner Dosierungen eines Honig-Futtersaft- oder Honig-Blütenstaub-Futtersaft-Präparates können wir nicht raten, da die Magensäfte die Heileigenschaften des Königinfuttersaftes inaktivieren.

Im Laufe mehrerer Jahre haben wir Königinfuttersaft erfolgreich sublingual angewandt: Der Patient nimmt die nötige Menge Saft mit einem Spatel und legt sie unter die Zunge, oder er tröpfelt eine Emulsionslösung auf die Zunge.

Königinfuttersaft wird gut von den Schleimhäuten unter der Zunge aufgesogen und verteilt sich mit dem Blutstrom schnell über den ganzen Organismus, ohne daß der Magen durchlaufen wird.

Wir überzeugten uns davon, daß große Dosierungen Königinfuttersaft (ungefähr 100–200 oder sogar 400 Milligramm am Tag), die sublingual oder oral eingenommen werden, zu verstärkter Munterkeit führen. Kleinere Dosierungen (10–20 Milligramm) wirken anscheinend mehr psychotherapeutisch. Man kann den Saft auch hinunterschlucken, wenn 10–15 Minuten vor der Einnahme ein halber Becher alkalihaltigen Wassers getrunken wird (ein Teelöffel voll Trinksoda auf einen halben Becher warmen abgekochten Wassers).

Ein allgemeines Rezept und ein Behandlungsschema, das für alle Kranken Gültigkeit hätte, läßt sich natürlich nicht geben. Jeder Patient benötigt eine streng individuelle Methode und einen speziell für ihn zusammengestellten Behandlungsplan.

Bei vielen ernsten Krankheiten, vor allem bei Rheumatismus und Arthritis, kann man sich auf der Grundlage einer speziellen Diät auch einer komplexen Behandlung mit Bienengift und Königinfuttersaft bedienen. Zusammen beeinflussen diese Heilmittel den Organismus außerordentlich wohltätig, zeigen pharmakologische Wirkung und mobilisieren die Widerstandskräfte des Körpers. In der richtigen Verbindung potenzieren Apitoxin und Königinfuttersaft sogar gegenseitig ihre Heilkräfte.

Wenn man die pharmakologische Wirkung von Apitoxin zusammen mit Königinfuttersaft erklären will, muß man sich an die Aussagen von I.P. Pavlov erinnern. Zur Behandlung von Erkrankungen des Nervensystems schlug er Koffein in Verbindung mit Brompräparaten vor, da Koffein die Reizprozesse in der Gehirnrinde verstärkt, während Brom diese Prozesse bremst. Das Akademiemitglied Pavlov schrieb dazu: »Jetzt haben wir mit diesen pharmakologischen Mitteln (d.h. Brom und Koffein – N.J.) gewissermaßen zwei Hebel, die wir an die Nerventätigkeit ansetzen können. Wenn wir sie in Bewegung setzen und entsprechend die Kraft des einen, dann die des anderen Hebels ändern, haben wir die Möglichkeit, die gestörten Prozesse wieder in das richtige Verhältnis zu bringen.«[1] Genau daran glaubt letzten Endes jeder behandelnde Arzt.

Versuche von N. Boshev am Lehrstuhl für Physiologie des Medizinischen I.P. Pavlov-Hochschulinstituts von Plovdiv haben erwiesen, daß Königinfuttersaft bei Tieren allgemein das Nervensystem anregt. Im Gegensatz dazu bremst Bienengift in therapeutischen Dosierungen die Tätigkeit der Gehirnrinde.

---

[1] I. P. Pavlov: *Gesammelte Werke*. 2. Ausgabe, Bd. III, 2. Moskau, Leningrad 1951, S. 311 (russ.).

Apitoxin und Königinfuttersaft dürfen also bei jedem Patienten nur streng individuell angewandt werden, wobei die vielschichtigen pharmakologischen Eigenschaften dieser beiden wichtigen Naturheilstoffe berücksichtigt werden müssen.

Es darf nicht verschwiegen werden, daß sich in Fällen von chronischer Arthritis nach der Heilung Rückfälle ergaben, bei denen die Apitoxintherapie sogar in Verbindung mit Königinfuttersaft keinen Heileffekt brachte.

Vielen Patienten ist zu empfehlen, nach der Konsultation des behandelnden Arztes für einen Monat in ein ländliches Gebiet zu fahren, wo es einen gut eingerichteten Bienenstand gibt, und sich dort einer Behandlung zu unterziehen. Zehn Tage hintereinander muß jeweils der Saft einer Weiselzelle eingenommen werden (aus 10 Weiselzellen erhält der Kranke ungefähr 2 Gramm Königinfuttersaft).

Experimentelle Forschungen und klinische Untersuchungen haben dabei geholfen, viele Rätsel dieses interessanten Mittels zu lösen und es den Gesundheitsbehörden zur Verfügung zu stellen. Heute erfolgt ein Studium des Königinfuttersaftes als Heilmittel in vielen Institutionen der UdSSR, den Ländern des sozialistischen Lagers, aber auch in Frankreich, Italien, den USA und der Bundesrepublik Deutschland.

Die Gewinnung des Königinfuttersaftes

Der Gewinn großer Mengen Königinfuttersaftes ist mit gewissen Schwierigkeiten verbunden, da die Bienen nur unter bestimmten Umständen viele Weiselzellen anlegen: entweder wenn das Volk verwaist oder die Königin zu alt ist. Wenn man Königinfuttersaft erhalten will, muß man die Königin entfernen, so daß die Bienen einige Weiselzellen, manchmal bis zu 100, anlegen.

Um eine große Menge Königinfuttersaft zu sammeln, kann man den von uns vorgeschlagenen tragbaren Kasten benutzen, der die Arbeit des Sammlers sehr erleichtert. Der Kasten enthält nicht nur alles Notwendige für die Sammlung, Konservierung und Versendung des Saftes mit der Post oder per Eilboten zu den Apotheken, sondern er dient auch als Arbeitstisch. Der Sammler wäscht sich die Hände mit Seife und einer Bürste, zieht einen weißen Kittel an und setzt eine Haube oder einen Strohhut auf; danach nimmt er zusammen mit dem Imker die Wabenrahmen mit den Weiselzellen aus dem Stock und legt sie auf ein Untergestell. Dadurch erhält er die Möglichkeit, die Weiselzellen mühelos mit einem scharfen Skalpell herauszuschneiden und in einem Gefäß zu sammeln.

Wenn einige Dutzend oder hundert Weiselzellen vorhanden sind, wird das Untergestell aus dem Kasten genommen; die Weiselzelle wird der Länge nach mit dem Skalpell aufgeschnitten, der Königinfuttersaft mit Hilfe eines Glaspatels entnommen und in Fläschchen mit breiten Öffnungen gegeben. Wenn das Fläschchen zu etwa neun Zehntel gefüllt ist, fügt man etwas Stabilisierflüssigkeit (vierzigprozentigen Alkohol) hinzu; das gut verkorkte Fläschchen wird mit dem Hals nach unten in erwärmtes Wachs gesenkt, und ein Etikett mit der Angabe des Datums und dem Namen des Sammlers wird aufgeklebt. Jedes Fläschchen wird in eine Papierserviette gewickelt und in einen speziellen Sperrholzbehälter gelegt.

Die Larve nimmt man mit einer Pinzette aus der Weiselzelle heraus und senkt sie in ein Gefäß mit Stabilisierflüssigkeit, in dem der Futtersaft abgewaschen wird. Der sich auf dem Boden absetzende Saft wird in die Fläschchen gegossen. Die Larve wird in einem Porzellanmörser zerrieben und in ein anderes Gefäß mit Stabilisierlösung gelegt. Sie ist zur Verwendung in kosmetischen Präparaten bestimmt. Um der Weiselzelle allen Königinfuttersaft zu entziehen, wird ihre Innenfläche sorgfältig mit einer Bürste gereinigt, die danach in einem Meßgefäß mit Stabilisierflüssigkeit zu waschen ist. Der tragbare Kasten ist mit Streichhölzern, einem Spiritusbrenner, einem Notizbuch und einem Kugelschreiber ausgerüstet.

Unsere Erfahrungen des Jahres 1960 beweisen, daß man Weiselzellen mit Königinfuttersaft in einer besonderen Verpackung aus entfernten Gebieten der UdSSR mit Luftpost nach Moskau schicken kann, wo aus dem Saft Heilpräparate hergestellt werden.

Zur längeren Aufbewahrung von Königinfuttersaft wird die Methode der Lyophilisierung (Feuchtigkeitsentzug) weithin angewandt. Im Zweiten Weltkrieg begann man, sich der Lyophilisierung bei der Herstellung von Antibiotika zu bedienen. Vor der Einnahme wird dem entwässerten Saft Wasser hinzugegeben. In der Sozialistischen Republik Rumänien wird Königinfuttersaft, der durch Lyophilisierung konserviert wird, zusammen mit einem Fläschchen vierzigprozentigen Rektifizieralkohols verkauft.

Nach langwierigen Untersuchungen und Experimenten, die am Lehrstuhl für Pharmakologie und Mikrobiologie des I.P. Pavlov-Hochschulinstituts von Plovdiv unter der Leitung von Pejtsho Pejtshev durchgeführt wurden, erhielt man eine recht beständige sterile wäßrige Lösung mit verschiedenen Konzentrationen von Königinfuttersaft. Dabei wurde auf die Sterilisierung durch Abkochen, welche die mikrobentötende und andere wertvolle Eigenschaften des Saftes zerstört, verzichtet. Die Untersuchung der pharmakologischen und therapeutischen Kennzeichen des neuen Königinfuttersaft-Präparates wird fortgesetzt.

Königinfuttersaft, Extrakte aus Drohnenlarven und Propolis haben außer bakteriziden auch virustötende, grippebekämpfende Eigenschaften.

Die virustötenden, grippebekämpfenden Merkmale einer alkoholischen Emulsion aus Königinfuttersaft wurden von den Virologen A. Derevitsh und A. Petresku im Institut für Infra-Mikrobiologie bei der Akademie der Wissenschaften der Sozialistischen Republik Rumänien experimentell erforscht. Diese Untersuchungen ergaben, daß nur der natürliche Königinfuttersaft, jedoch nicht die Stabilisierflüssigkeit (vierzigprozentiger Alkohol) über virustötende Eigenschaften verfügt (die Versuche wurden an Virusstämmen der Gruppe A und B vorgenommen).

In die Allantoinhöhle eines Hühnerembryos wurden eine Virusdosis und 2 Milligramm eines in Wasser gelösten Königinfuttersaft-Extraktes eingeführt. Der Virus wurde nicht abgesondert und eine schädliche Einwirkung des Extraktes auf die Hühnerembryos nicht verzeichnet: Die Küken schlüpften gleichzeitig mit Kontrolltieren aus.

Im Laufe der letzten Jahre haben wir wiederholt die medizinisch-prophylaktische Wirkung einer alkoholischen Emulsion aus Königinfuttersaft bei Grippe erprobt. In dieser Emulsion (2 Gramm natürlicher Königinfuttersaft und 18 Gramm vierzigprozentigen Alkohols) hält sich der Saft über lange Zeit hinweg. Die Hinzufügung von Alkohol zum Königinfuttersaft stabilisiert nicht nur dessen labile Komponenten, sondern trägt auch dazu bei, daß der Saft durch die Schleimhäute unter der Zunge, im Rachen und in der Nase schneller angenommen wird. Zur Prophylaxe von Grippe genügt es, die Schleimhäute der Nase mit der Emulsion aus Königinfuttersaft einzureiben und 20 Tropfen davon sublingual einzunehmen oder die Mund- und Rachenhöhle damit zu befeuchten. Bei Grippeerkrankungen sollte dies dreimal (morgens, mittags und abends) über ein bis zwei Tage hinweg erfolgen.

Es ist bekannt, daß die Drohnenlarven in den ersten drei Tagen ihres Larvenstadiums buchstäblich in ihrem Futtersaft schwimmen. Der von uns gewonnene Extrakt aus Drohnenlarven ist ein sehr aktiver Biostimulator, der unbestritten über medizinisch-prophylaktische Eigenschaften verfügt.

Versuche haben bewiesen, daß Extrakt aus Drohnenlarven dem Königinfuttersaft, was seine virustötende, grippebekämpfende Wirkung betrifft, nicht nachsteht.

In den letzten zehn bis fünfzehn Jahren wurden dem Königinfuttersaft viele Untersuchungen und Veröffentlichungen gewidmet. Man sah ihn als Allheilmittel für alle Krankheiten an. Auch heute noch werden Arbeiten gedruckt, die ihm ungewöhnliche und völlig unbegründete medizinische Eigenschaften zuschreiben. Zum Glück wird der Enthusiasmus einiger ausländischer und sowjetischer Forscher, die Reklamemeldungen nicht von der Wirklichkeit unterscheiden können, von seriösen Experimenten und Beobachtungen abgelöst. Ungeachtet der Tatsache, daß die komplizierte chemische Zusammensetzung des Königinfuttersaftes noch nicht völlig erforscht ist, läßt sich feststellen, daß die Medizin durch ein äußerst wertvolles medizinisch-prophylaktisches Präparat mit den Merkmalen eines Biostimulators bereichert wurde. Davon zeugen die wissenschaftlichen Arbeiten, die in der UdSSR, Rumänien, Bulgarien, der Tschechoslowakei, der DDR, Frankreich, Jugoslawien, Italien, Belgien, China, Polen, den USA und anderen Ländern durchgeführt wurden. Mit Genugtuung kann festgestellt werden, daß der übertriebene Optimismus der einen und der ablehnende Pessimismus der anderen hinsichtlich der Eigenschaften des Königinfuttersaftes heute relativ ausgeglichen sind; die Suche nach den einfachsten Methoden zur Gewinnung, Verwahrung und Anwendung dieses Mittels wird fortgesetzt, der Mechanismus seiner Wirkung wird präzisiert.

Die Mitarbeiter des Lehrstuhls für Pharmakologie am Hochschulinstitut von Plovdiv führen erfolgversprechende wissenschaftliche Arbeiten zur Untersuchung der pharmakologischen und antibakteriellen Eigenschaften von Königinfuttersaft und zur Herstellung eines hochwirksamen Präparates in Ampullenform durch. Interessante klinische Beobachtungen werden auch im Institut für physikalische Behandlungsmethoden von Sofia gesammelt. Die von Prof. A. Derevitsh und ihren Mitarbeitern in Bukarest vorgenommenen Experimente und Untersuchungen sind ebenfalls äußerst vielversprechend.

Prof. P. Pejtshev, V. Chadzhiev, N. Nikiforov, Z. Zacharieva und K. Karkova (1967) beobachteten 23 klinisch gesunde alte Männer im Haus »Kotsho Tsvetar« (Bulgarien). Zehn waren 60–70, sechs von ihnen 70–80 und sieben Männer 80–89 Jahre alt. Es wurde festgestellt, das die komplexe Anwendung von Königinfuttersaft, Honig und Blütenstaub diese alten Leute ermunterte, ihr Wohlbefinden, ihren Appetit und ihren Schlaf verbesserte, Herzkrankheiten verminderte, Diurese normalisierte, den Cholesterinspiegel und den Blutdruck senkte und die Atem- und Sexualfunktionen verbesserte.

Viele Gelehrte halten die Herstellung neuer Königinfuttersaft-Präparate für unerläßlich. In dieser Hinsicht wären besondere Bienenzuchtanlagen, welche die Versorgung der Industrie mit Königinfuttersaft garantieren könnten, von besonderem Wert.

Allergien gegenüber Imkereiprodukten

Allergiekrankheiten (damals nannten sie sich Idiosynkrasien) waren schon Hippokrates und Abu Ali ibn Sina (Avicenna) bekannt, doch besondere Verbreitung fanden sie erst im 20. Jahrhundert.

Eine Allergie ist eine veränderte Reaktionsfähigkeit des Organismus. Stoffe, die Allergien hervorrufen können, heißen Allergene. Es gibt sehr viele Allergene unter Nahrungsmitteln (einige Fleisch-, Fisch-, Kartoffel-, Schokoladen-, Honig-, Erdbeer-, Ei-, Kaviar-, Krebsarten), Medikamenten (Jod, Brom, Aspirin, Pyramidon, Streptozid, Penicillin und andere Antibiotika) und kosmetischen Präparaten (Cremes, Lippenstift). Bücher- und Zimmerstaub, die Haare von Haushunden und -katzen, die Federn in Kissen, die Seetangfüllung von Matratzen u. a. können zu Allergenen werden.

Der Blütenstaub nimmt in der Allergologie einen speziellen Platz ein; die von ihm hervorgerufenen Krankheiten gehören zur Gruppe der Pollenallergien. Blütenstaub, der in den Körper des Menschen gerät, zum Beispiel in die Atemwege, kann Bronchialasthma oder asthmaartige Bronchitis und Heuschnupfen verursachen.

Für viele, vor allem für Kinder, ist Bienenhonig ein Allergen. Allergiker leiden sehr unter Bienenstichen. Bei vielen Menschen ruft nicht nur der Bienenstich alle Formen der Allergie hervor, sondern sogar der Besuch eines Bienenstandes.

Resi Morelle meint, daß Allergien gegenüber Blumen, zum

Beispiel Rosen, sogar dann entstehen können, wenn der Mensch auf Blumen blickt, die nur auf einem Foto abgebildet sind. Ich erhielt Briefe, in denen eine junge Frau mich anfleht, sie unempfänglich für Bienengift zu machen. Sie lebt in Rjazan und hat Angst, auf die Straße zu gehen, weil überall Bienen gezüchtet werden, vor denen sie sich panisch fürchtet.

Auf den Balkons von Moskau, Leningrad und anderen Großstädten kann man Körbe mit Bienen sehen. Das hat zwar seine Vorteile, führt aber auch häufig zu Konflikten. Wenn die Nachbarn eines solchen »Bienenzüchters« sich bei ihrer Bezirksverwaltung für Sanitäres und Epidemien beschweren, weil die Bienen in ihre Wohnungen fliegen und sie stechen, muß der »Balkonbienenstand« innerhalb von drei Tagen entfernt werden. Viele halten das für eine Ungerechtigkeit gegenüber den Bienen, die schließlich Honig und Wachs und andere wertvolle Produkte liefern und die Blütenpflanzen bestäuben. Diese »Bienenzüchter« und ihre Verteidiger vergessen, daß die Gesundheit und das Wohlbefinden der Menschen unserem Staat über alles geht.

Als Allergene wirken unter den Imkereiprodukten Blütenstaub, Bienengift, Honig und im geringeren Maße Wachs, Propolis und Königinfuttersaft. Heutzutage zählt man in der Allergologie ungefähr 350 000 organische und chemische Substanzen sowie Materialien pflanzlicher Herkunft, die als Allergene wirken und Dermatitis (Hautentzündung) hervorrufen können.

Die Allergie ist eine individuelle Krankheit, die, da sie nicht ansteckt, nicht der Registrierung unterworfen ist. Nach den Angaben der Sozialversicherungen wurde ausgerechnet, daß es zum Beispiel in Frankreich etwa 4 Millionen Menschen gibt, die an Allergien leiden (fast 10 Prozent der Bevölkerung des Landes); in den USA gibt es 20 Millionen Allergiker, und ungefähr 100 Millionen (das heißt fast die Hälfte der Bevölkerung) leiden unter Allergiemerkmalen. Man nimmt an, daß in Frankreich alljährlich die Verluste an Arbeitstagen infolge von Allergiekrankheiten sehr groß sind: Zum Beispiel werden durch Asthma 2 Millionen Tage und durch asthmaartige Bronchitis 8 Millionen Tage verloren. Viele Forscher glauben, daß die Verbreitung von Allergien in der ganzen Welt (vor allem von allergischen Hautreaktionen wie Nesselfieber und Exemen) durch das Fortschreiten der chemischen Industrie hervorgerufen wird.

Es besteht die Ansicht, daß frische Luft oftmals eine entscheidende Rolle für die Beseitigung allergischer Erscheinungen spielt. In Paris gibt es zum Beispiel schon seit langer Zeit eine Krankenhausabteilung, in der die Patienten absolut saubere Luft atmen, die durch Filter in ihre Zimmer gerät. Diese Abteilung ist in Europa einzigartig und verdient in vieler Hinsicht Beachtung. Wir sind davon überzeugt, daß die Luft auf einem gut eingerichteten Bienenstand ebenfalls wohltätig für Allergiker ist. Es versteht sich, daß Gesicht, Arme und Beine vor möglichen Bienenstichen geschützt sein müssen.

K. A. Forster aus der Bundesrepublik Deutschland sagte in seinem Beitrag auf dem XXII. Kongreß der Bienenzüchter in München (1969): »Ich möchte an die Behandlung von Idiosynkrasien gegenüber Bienengift erinnern. Ein Imker schickte mir folgenden Brief: ›Ich habe geheiratet und festgestellt, daß meine Frau nach jedem Bienenstich ernsthaft erkrankt. Was soll ich tun – soll ich mich von meiner Frau oder von meinen Bienen trennen?‹ Er braucht sich von keinem von beiden zu trennen. In den meisten Fällen können wir die Allergie gegen Bienengift durch intrakutane Injektion von verdünnten Bienengiftlösungen, deren Konzentration allmählich gesteigert wird, heilen.«

K. A. Forster hätte eigentlich nur ein Recht zu dieser Erklärung gehabt, wenn die Frau des Imkers bestätigt hätte, daß sein Ratschlag sie tatsächlich gegen Bienengift immun gemacht hatte. Wir können K. A. Forster auf der Grundlage vieljähriger und zahlreicher Untersuchungen jedoch versichern, daß sich die Frau des Imkers vor Bienenstichen hüten muß, denn in den allermeisten Fällen gelingt es nicht, die Allergie gegen Bienengift durch intrakutane Injektion von verdünnten Bienengiftlösungen zu heilen. Ich gebe einige Beispiele.

Nina Ivanovna D., 39, die in der Stadt Otradnyj des Kuibyshever Kreises lebt, schreibt mir, daß sie in ihrer Kindheit (bis zu ihrem fünfzehnten Lebensjahr) ihrem Vater mit Vergnügen bei der Pflege von Bienenschwärmen und dem Schleudern von Honig half. Als Sechzehnjährige wurde sie von vielen Bienen gleichzeitig gestochen (ein Behälter mit Bienen war aus Versehen umgeworfen worden). Seit diesem Vorfall fürchtet sich Nina Ivanovna derartig vor Bienen, daß sogar das Summen eines vorbeifliegenden Tieres ihr Entsetzen einflößt. Als sie achtzehn Jahre alt war, stach eine Biene sie am Kopf, worunter sie sehr schwer litt (Atembeschwerden, Ohnmacht, Nesselfieber, starke Kopfschmerzen, Übelkeit, Durchfall usw.). Als sie zwanzig Jahre alt war, besuchte sie ihren Vater während der Sommerferien und wurde von einer Biene ins Bein gestochen. Nach 3–5 Minuten verlor sie das Bewußtsein; Übelkeit, Durchfall und andere Symptome einer schweren Vergiftung zeigten sich. Im Sommer des Jahres 1968 fuhr Nina Ivanovna zu ihrem Vater und wurde wiederum von einer Biene am Kopf gestochen, was ebenfalls zu Komplikationen führte. Sie wandte sich an verschiedene Ärzte, doch alle versicherten ihr, ihnen sei nur bekannt, daß die Bienen den Menschen helfen, Krankheiten zu heilen.

Eines Tages schickte mir Professor Zoran Mučalica aus Belgrad einen Brief, in dem er mir mitteilt, daß seine Tochter (er befaßt sich mit Imkerei) während ihrer Kindheit leicht 2–3 Bienenstiche aushielt. Als sie fünf Jahre alt war, wurde sie während der Versorgung der Bienen am Kopf gestochen: Nach 2–3 Minuten fiel sie in Ohnmacht, am ganzen Körper zeigte sich Nesselausschlag, ihr wurde übel, sie fieberte und litt an Durchfall. Die Ärzte stellten fest, daß das Kind gegen Bienengift allergisch ist. Nach einem Jahr wurde das Mädchen in die Haut des rechten Knies gestochen. Die Symptome waren die gleichen, und ihr Puls war kaum zu spüren. Der Vater konsultierte Allergologen, doch sie zuckten die Schultern und verwiesen nur auf die Gefahr wiederholter Stiche.

Ähnliche Fälle kommen in letzter Zeit recht häufig vor, und

die gewöhnlichen symptomatischen Mittel (Salmiakgeist, Kalzium u.a.) sind wenig effektiv oder völlig nutzlos. Der beste Rat, den man Menschen, die gegen Bienengift allergisch sind, geben kann, ist folgender: Sie sollten Bienen aus dem Wege gehen und immer eine Tablette Prednisolon, Dexametason (Jugoslawien) oder Polkortolon (Polen) bei sich haben. In vielen Fällen genügt es, sofort nach dem Stich eine halbe oder eine ganze Tablette zu schlucken, um den Beginn der Vergiftung zu verhindern.

In der Stadt Bela Cerkva (Jugoslawien) wohnt der Invalide des Zweiten Weltkrieges Nikolaj Georgiević Esman, mit dem wir schon seit einigen Jahren einen Briefwechsel führen. Er liebte Bienen sehr und arbeitete seit einer Reihe von Jahren mit Begeisterung auf seinem eigenen Gartenstand. Die Bienen verschafften ihm nicht nur ästhetischen Genuß, sondern halfen ihm anscheinend auch materiell. Da starb seine Frau, was sich stark auf seinen nervlich-psychischen Zustand auswirkte. Als Folge davon mußte er seinen Bienenstand verkaufen, denn die Stiche, die er noch kurz zuvor leicht und ohne Krankheitserscheinungen ertragen hatte, riefen nach seinem nervlich-psychischen Leid starke Vergiftungen des ganzen Organismus hervor.

Oft ist zu beobachten, daß nicht alle Mitglieder der Familie eines Imkers einheitlich auf Bienenstiche reagieren. Doch in der Literatur fanden wir keine Beschreibung von angeborener Immunität gegen Bienengift. Deshalb erlauben wir uns, Beispiele anzuführen, die von bestimmtem Interesse sind.

Der zweiundsiebzigjährige Bienenzüchter A.I. Ionov (Leningrader Kreis), der fast ein halbes Jahrhundert seines Lebens der Imkerei gewidmet hat, teilte uns eine äußerst beachtenswerte Beobachtung mit. Seine Frau reagierte immer sehr heftig auf Bienenstiche, die bei ihr große Schwellungen und starke Schmerzen hervorriefen. In den Jahren 1903 und 1908 wurden ihre Töchter geboren, die ebenfalls sehr unter Bienenstichen leiden und diese Besonderheit bis heute bewahrt haben. Doch ihre Söhne, die in den Jahren 1918 und 1932 geboren wurden, erwiesen sich als völlig immun gegen Bienengift. A.I. Ionov meint, daß die Immunität seiner Söhne ausschließlich dem Umstand zuzuschreiben ist, daß seine Frau während ihrer Schwangerschaften in den Jahren 1918 und 1932 von Bienen gestochen wurde; die Söhne erbten die von ihr erworbene Immunität.

Eine Bekannte von mir, Olga Fedorovna B., erträgt Bienenstiche nur sehr schwer, liebt aber gleichzeitig das Landleben und verbringt ihren Urlaub alljährlich in einem Dorf. Olga Fedorovna geht gern barfuß durch das Gras und wird in der Regel einige Male jährlich in die Ferse oder in die Zehen gestochen. Dabei sind die lokalen Erscheinungen (Geschwulst an der Stichstelle, starker Schmerz) nicht so ausgeprägt wie die allgemeinen Vergiftungsmerkmale: Sofort entsteht Nesselausschlag, besonders im Gesicht.

Diese und ähnliche Beobachtungen überzeugen uns davon, daß Bienengift nicht nur (und nicht hauptsächlich) lokal wirkt, sondern im Prinzip auf den ganzen Organismus. Eben deshalb haben wir eine unschädliche Methode der Behandlung mit Bienengift vorgeschlagen (durch lebende Bienen und Präparate). Soweit uns aus der Literatur bekannt ist, wird sie überall dort angewandt, wo mit Bienengift behandelt wird.

Pollenallergien

Der bekannte österreichische Gelehrte Professor Hugo Glaser meint zu Recht, daß die Allergie eine der geheimnisvollsten Erscheinungen der Biologie und Medizin darstellt.

Allergische Erkrankungen sind bei der Bevölkerung aller Kontinente weit verbreitet und nehmen Statistiken zufolge nach Herzgefäßkrankheiten und bösartigen Gewebebildungen (Krebs) den dritten Platz ein. Unter den Ursachen der Allergien spielt der Blütenstaub, der Pollenallergie hervorruft, eine grundlegende Rolle.

Bis jetzt haben wir den Blütenstaub als für die Bienen unerläßliches Eiweißprodukt bezeichnet und von seinen hohen Ernährungs-, Vitamin- und Geruchsqualitäten gesprochen. Es wäre jedoch nicht richtig, die Erkrankungen nicht zu erwähnen, die unter der Bezeichnung Pollenallergien bekannt sind, nämlich Heufieber, Heuschnupfen und Heuasthma. Alljährlich erkranken mehr als 60–80 Millionen Menschen der Erdbevölkerung an diesen Leiden.

Die Wissenschaft hat Antigene entdeckt, die sich im Blütenstaub befinden und Heufieber, Heuasthma und ähnliche Krankheitszustände verursachen. Wenn man Blütenstaub mit dem Blutserum eines Menschen in Verbindung bringt, der allergisch gegen die gegebene Pflanzenart ist, klebt der Staub zusammen.

Heutzutage wird der am stärksten verbreiteten Pollenallergie besondere Aufmerksamkeit gewidmet – dem Bronchialasthma, das bei 35,6–46,6 Prozent der Allergiefälle auftritt. Menschen, die gegen Blütenstaub allergisch sind, zeigen auch bei Blütenhonig eine positive Hautreaktion. Auf der Suche nach Heilmethoden wurde eine interessante Tatsache bemerkt: Wenn man Kindern von weniger als zehn Jahren Honig gibt, werden sie gewissermaßen unempfindlich. Wie sich herausstellte, ist die kindliche Form der Allergie auf diese Weise zu heilen. Erwachsenen werden zu diesem Zweck Extrakte aus Blütenstaub injiziert, was sich ebenfalls als nützlich erweist. Man muß jedoch zugeben, daß diese Behandlung nicht immer und nicht bei allen Allergien, vor allem bei Pollenallergien, zum Erfolg führt.

Zum erstenmal wurde die heftige Reaktion des Organismus auf ein starkes Allergen – den Blütenstaub von Ambrosia – von Mitarbeitern des Lehrstuhls für Pharmakologie am Kubaner Medizinischen Institut (Krasnodar) festgestellt, der von Prof. A.I. Ostroumov geleitet wird. Ambrosia ist ein Quarantänekraut, das in der Sowjetunion sehr weit verbreitet ist. Diese Pflanze blüht von den ersten Augusttagen bis zum November und verursacht massenhaft allergische Erkrankungen bei der Bevölkerung.

Der Autor untersuchte 1472 Kranke, die unter erhöhter Sensibilität gegenüber dem Blütenstaub der Pflanze litten. Bei diesen Patienten treten Niesanfälle, leichtes Jucken in Nase und Rachen, zuweilen Unwohlsein und Verlust des Appetits auf; eine Woche nach dem Blütebeginn der Ambrosia zeigen sich ausgeprägte Konjunktivitis und Rhinitis.

Die Erforschung der Pollenallergien wird in der Sowjetunion vom Kollektiv des Wissenschaftlichen Forschungslaboratoriums für Allergologie durchgeführt, an dessen Spitze das Mitglied der Akademie der Medizinischen Wissenschaften der UdSSR Andrej Dimitrievitsh Ado steht.

In unseren Tagen ist das Problem der Diagnostik, Behandlung und Prophylaxe von Pollenallergien äußerst bedeutsam. Im Zusammenhang damit sind wissenschaftliche Zentren zur Erforschung von Pollenallergien in Moskau, Kiew, Krasnodar, Stavropol, Baku, Alma-Ata, Taschkent, Samarkand, Andizhan und anderen Städten eingerichtet worden. In vielen Großstädten gibt es spezielle Kabinette, Lehrstühle und Kurse zur Vorbereitung und Qualifizierung von Allergologen.

Das allergologische Kabinett spielt eine wichtige Rolle nicht nur für die Prophylaxe von Pollenallergien, sondern auch für die Entdeckung dieser Krankheiten, die spezifische Behandlung und Versorgung der Patienten.

Der Bienenstand als Quelle
der Gesundheit und Lebensfreude

Die Gesundheit ist das wichtigste und wertvollste menschliche Gut. Für ihre Bewahrung – und damit gleichzeitig für die Verlängerung des Lebens – sind frische Luft, vernünftige Ernährung, richtiger Rhythmus zwischen Arbeit und Ruhe, sportliche Übungen und Beachtung der hygienischen Regeln unerläßlich.

Einige hygienische Aspekte bei der Lösung des Problems der Langlebigkeit

Die Frage der Langlebigkeit beschäftigte die Menschen aller Zeiten und aller Länder. Davon künden die Hieroglyphen des alten Ägypten und Chinas, die klassischen Denkmäler Indiens und Griechenlands und aller zivilisierten Staaten. In Griechenland entstand der Mythos der Zauberin Medea, die den Menschen ihre Jugend durch Bluttransfusionen wiedergab. Im Mittelalter verschwendeten ganze Armeen von Alchimisten nicht geringe Energien auf der Suche nach dem »Stein der Weisen« und dem »Elixier der Jugend«. Zu ihrer Zeit erregten die »Entdeckungen« des Grafen Cagliostro (»Elixier der Unsterblichkeit«), Saint-Germains (»Elixier der Langlebigkeit«) u.a. Aufmerksamkeit.

An einem Junitag des Jahres 1889 ging eine sensationelle Neuigkeit um die Welt: Der französische Gelehrte Charles Brown-Séquard hatte ein Mittel zur Verjüngung des Menschen entdeckt. Unzählige Leser erfuhren, daß der zweiundsiebzigjährige Wissenschaftler Brown-Séquard, der seine frühere Arbeitsfähigkeit und seinen festen Schlaf verloren hatte, sich einen Extrakt aus den Keimdrüsen von Kaninchen injiziert hatte und sofort jünger geworden war. Er fühlte neue Kräfte, Lebensmut und Energie. »Leider stand die Sache auf sehr wackligen Beinen«, schrieb I. P. Pavlov aus diesem Anlaß, »und Brown-Séquard selbst, der sich verjüngt hatte und einige Monate lang recht gut fühlte, wurde wieder gebrechlich und starb kurz danach.«[1]

[1] I. P. Pavlov: *Gesammelte Werke*, Bd. V. Moskau, 1952, S. 408.

Nicht wenig Anhänger fand die Theorie des Akademiemitglieds A. A. Bogomolets über die Rolle des Bindegewebes beim Altern des Organismus und die Wirkung von zytotoxischem Serum, genau wie die Theorie des Akademiemitgliedes K. I. Parchon über den verjüngenden Effekt von Novocaininjektionen. Professor Anna Aslan benutzt schon seit vielen Jahren Novocain (Vitamin H_3) bei der Behandlung von Alterskrankheiten im K. Parchon-Institut für Gerontologie in Bukarest.

Der russische Wissenschaftler I. I. Metshnikov sah als Hauptursache des Alterns die Selbstvergiftung des Organismus mit Darmgiften (Indol, Phenol u. a.), die sich im Dickdarm des Menschen durch die Tätigkeit von Fäulnismikroben bilden. Deshalb schrieb er dem Verzehr von milchsauren Produkten große Bedeutung zu; sie helfen, im Dickdarm Mikroben anzusiedeln, welche die Fäulnisflora bekämpfen.

Jahrelange Beobachtungen von Wissenschaftlern und praktischen Ärzten deckten die Verbindung zwischen Langlebigkeit und Immunität auf – der Unempfänglichkeit für Infektionskrankheiten. Tatsächlich werden Menschen, die lange leben, fast nie krank. Das Akademiemitglied N. F. Gamaleja hatte mit der Vermutung recht, daß sogar Erkrankungen wie Schnupfen, Grippe und Katarrh der oberen Atemwege das menschliche Leben verkürzen.

Der Doktor der Medizin K. Tönniges zählt in seinem Buch »Vorzeitiges Altern« »20 goldene Regeln, welche die Jugend bewahren und das Leben verlängern«, auf. Wir führen die wichtigsten von ihnen an:
– Stehe früh auf und gehe früh schlafen.
– Bewege dich täglich mindestens zwei Stunden lang in der frischen Luft.
– Härte den Widerstand deines Körpers gegen Krankheiten durch Atemgymnastik und allgemein durch einfache Gymnastik.
– Überlaste niemals den Magen, sondern bewahre Mäßigkeit beim Essen und Trinken.

– Rauche nicht. Vermeide alle alkoholischen Getränke.
– Sorge dafür, daß die Luft in der Wohnung und besonders im Schlafzimmer so frisch wie möglich ist.
– Greif niemals zu einer »Patentmedizin«.
– Sei immer fröhlich und beherrscht; denn das ist die beste Medizin, um gesund zu bleiben und ein langes Leben zu erreichen.

Die Bedeutung von frischer Luft und Sonnenlicht

Hippokrates, der große griechische Denker und Arzt, sagte, daß die Arbeits- und Lebensbedingungen außerordentlich großen Einfluß auf den Gesundheitszustand haben. Im Laufe der Jahrhunderte wurde immer wieder auf die wohltätige Wirkung der Arbeit auf dem Bienenstand hingewiesen, welche die Gesundheit der Imker bewahrt und eine hohe Arbeitsfähigkeit schafft.

Wer jemals an einem heiteren Sonnentag auf einem Bienenstand war, weiß, wie angenehm es ist, mit voller Brust die mit dem Aroma von Blüten, wohlriechendem Honig, Wachs und Propolis gesättigte frische Luft zu atmen. Die Luft auf dem Bienenstand ist sauber und frisch. Bevor sie in die Lungen des Menschen gelangt, wurde sie sorgfältig in dem komplizierten lebendigen Laboratorium der Natur gereinigt – sie hat einen natürlichen Filter durchlaufen. Die Pflanzenblätter halten nicht nur den Staub zurück und nehmen die Kohlensäure auf, sondern sie produzieren auch Sauerstoff, das heißt, sie machen die Luft rein und klar. Seit langem ist bekannt, daß grüne Pflanzenblätter eine heilkräftige Luft schaffen.

Diese Beobachtung des Volkes untermauerte B. P. Tokin wissenschaftlich, indem er bewies, daß überall, wo es Pflanzen gibt, ständig flüchtige Phytonzide – ausgezeichnete pflanzliche Zerstörer von Mikroben – an die Atmosphäre abgegeben werden.

Das Akademiemitglied N. G. Cholodnyj äußerte die noch

kühnere und für die Theorie und Praxis der Medizin wichtigere Meinung, daß die flüchtigen organischen Stoffe, die von den Pflanzen in die Luft entlassen werden, »atmosphärische Vitamine« seien. Der Imker, der in den schönsten Monaten des Jahres – im Frühling und Sommer – auf dem Bienenstand arbeitet, atmet also nicht nur frische und reine, sondern auch durch das Aroma des Honigs, Phytonzide und »atmosphärische Vitamine« angereicherte Luft.

Die Sonne übt einen positiven Einfluß auf den Organismus des Menschen aus und aktiviert seine Widerstandskräfte gegen verschiedene Krankheiten. Durch die Wirkung der Sonnenstrahlen verbessert sich das Allgemeinbefinden des Menschen erheblich, und seine Arbeitsproduktivität wird erhöht. Besonders heilsam sind die ultravioletten Strahlen, die starke bakterizide Eigenschaften besitzen.

Der Beobachtungsgabe des Volkes ist nicht entgangen, daß die Bewohner von ländlichen Gegenden häufiger ein tätiges Alter erreichen als Stadtbewohner.

Der Kampf gegen die Luftverschmutzung ist daher in der Stadt ein Kampf um die Gesundheit der Menschen, ihre Arbeitsfähigkeit und Langlebigkeit.

Der Arzt Komkov hat recht, wenn der Schriftsteller Pavlenko ihn zu dem Tuberkulosekranken Voropaev sagen läßt: »Ihre Krankheit verlangt ein einfaches Medikament – Luft. Sie brauchen mehr davon – im Wachen und im Schlafen. Man muß sich gut durchlüften, jede Zelle mit frischer Luft füllen ... Essen Sie unter freiem Himmel. Beginnen Sie also, die Luft in unbegrenzten Dosierungen zu sich zu nehmen. Lernen Sie zu atmen. Gewöhnen Sie sich die gleiche Einstellung zur Luft an wie zum Essen. Kauen Sie sie mit der Nase und dem Rachen wider. Schmecken und riechen Sie die Luft, genießen Sie sie wie ein Feinschmecker. Trinken Sie nur fließende Luft ... Halten Sie bei Ihrer Krankheit eine Politik der geöffneten Türen ein.« Dieser Rat verdient die Aufmerksamkeit von Ärzten jeder Fachrichtung. Frische Luft muß und soll man nicht nur Kranken, sondern auch Gesunden empfehlen, damit sie nicht krank werden.

Der große Heerführer A. V. Suvorov, der sich väterlich um die Gesundheit der Soldaten der russischen Armee sorgte, rät in seinem Buch »Die Wissenschaft des Siegens«: »Ein Gesunder braucht Essen und Trinken; ein Kranker braucht Luft, Essen und Trinken.« A. V. Suvorov vergleicht die Luft nicht nur mit dem Essen und dem Trinken, sondern er stellt sie ihnen sogar voran. Das ist verständlich, denn ohne zu essen kann der Mensch einen Monat lang überleben, ohne zu trinken zwei Wochen lang, doch ohne zu atmen nicht länger als fünf Minuten.

K. A. Timirjazev schreibt in seinem Buch »Das Leben der Pflanzen«: »Die Nahrung ist nur deshalb eine Kraftquelle für unseren Organismus, da sie im Grunde aus konservierten Sonnenstrahlen besteht...«

Doktor Nikola Stantshev führt in dem Artikel »Die Langlebigkeit in Bulgarien«, der im Jahre 1960 veröffentlicht wurde, interessante statistische Daten an, die als unstrittiger Beweis für die Überlegenheit des Landlebens dienen, was die Bewahrung der Gesundheit und die lange Lebensdauer betrifft. Die erstaunliche Tatsache der Langlebigkeit unter den Landbewohnern ist leicht damit zu erklären, daß sie einen großen Teil ihrer Zeit an der frischen Luft verbringen und körperlich arbeiten. Große Bedeutung hat aber auch eine vegetarische Ernährung, die reich an Vitaminen, Mineralsalzen, Mikroelementen, Invertzucker, Eiweißen, pflanzlichen Fetten usw. ist.

Ju. A. Spasokukotskij, L. I. Bartshenko und E. D. Genis bringen in ihrem Buch »Langlebigkeit und physiologisches Alter«, das im Jahre 1963 erschien, interessante Zitate aus Befragungen von Menschen hohen Alters in der Ukrainischen SSR. Auch diese Zitate belegen, daß die Arbeit an der frischen Luft, das heißt in einer ländlichen Umgebung, eines der wichtigsten Glieder in der Kette von Faktoren ist, die wohltätig auf die Gesundheit und das lange Leben der Menschen wirken.

Im Jahre 1903 bewies der Professor der Moskauer Universität A. P. Sokolov, daß in ländlichen Gegenden, in Bergkurorten, in der Nähe von Wasserfällen, am Meer und an Flüssen die

Ionisierung der Luft weitaus höher ist als in anderen Gegenden. Die Luft hat dann erfrischende Wirkung, wenn 1 Kubikzentimeter davon viele negativ geladene Teilchen (1000—3000) enthält. In Gebäuden (Schulen, Krankenhäusern, Wohnhäusern) mit Menschenansammlungen und ungenügender Ventilation sind in der Luft wenig negativ geladene Ionen vorhanden.

Das Einatmen von Luft, die mit negativen Ionen gesättigt ist, trägt zur Senkung hohen Blutdrucks bei und verbessert die Zusammensetzung des Blutes. Der Mensch atmet seltener und ruhiger, die Aufnahme von Sauerstoff durch den Organismus verstärkt sich, das Nervensystem beruhigt sich, die Arbeitsfähigkeit wird erhöht und der Mensch lebensfroher. Stadtbewohner atmen Luft ein, die durch Staub, Rauch und Industrieabfälle verschmutzt ist und wenig negativ geladene Teilchen enthält. Die erfrischende Kraft der Stadtluft ist gering, der Tonus des Nervensystems senkt sich unter diesen Bedingungen, und Erschöpfung tritt schneller ein.

Unter der Bevölkerung, die in Gebieten mit verschmutzter Luft lebt, sind Erkrankungen der Atemwege fast zweimal häufiger als in Gegenden mit reiner Luft. Die Schönheit der umgebenden Natur wirkt sich ebenfalls positiv auf die Psyche aus. In dieser Hinsicht ist ein Aufenthalt auf dem Bienenstand zweifellos nützlich für das Nervensystem.

Der hervorragende Kenner der russischen Natur I. S. Turgenjev lieferte in seinem Werk »Die Aufzeichnungen eines Jägers« eine sehr schöne Beschreibung des Bienenstandes an einem heißen Sommertag: ». . . als die unerträgliche Mittagshitze uns zwang, Zuflucht zu suchen, führte er (Kalynitsh) uns auf seinen Bienenstand im tiefsten Wald. Kalynitsh öffnete die Hütte, die mit Bündeln trockener aromatischer Pflanzen vollgehängt war, und lud uns ein, uns auf das frische Heu zu legen. Er selbst zog eine Art Sack mit einem Netz über den Kopf, nahm ein Messer, einen Topf und ein schwelendes Holzstück und machte sich auf den Bienenstand auf, um uns eine Wabe herauszuschneiden. Wir spülten den klaren warmen Honig mit

Quellwasser hinunter und schliefen unter dem einförmigen Summen der Bienen und dem geschwätzigen Rauschen der Blätter ein.«

Auf einem Bienenstand, auf dem die Stöcke mit der vieltausendköpfigen geflügelten Bevölkerung in ebenmäßigen Reihen angeordnet sind, überkommt den Menschen ein besonderes Gefühl der Feierlichkeit. Er freut sich an der wunderbaren Harmonie der Bäume und Blumen, der melodischen Musik der summenden Bienen und den zarten Wohlgerüchen. Wenn er an ein Flugloch geht, wird er gleichsam verzaubert und kann stundenlang stehenbleiben, um zu beobachten, was am Tor des Bienenstädtchens geschieht.

Lev Nikolajevitsh Tolstoj wußte vorzüglich über das Leben der Bienen Bescheid und spiegelte die Poesie der Bienenzucht in seinen großartigen Werken meisterhaft wider. In dem Roman »Anna Karenina« finden wir eine sehr plastische und genaue Beschreibung: »An den Fluglöchern der Stöcke flimmerten die wirbelnden und sich auf einer Stelle drehenden Bienen vor unseren Augen. Unter ihnen tummelten sich die Drohnen. Die Arbeitsbienen flogen immer wieder in den Wald zu der blühenden Linde und zurück zu den Körben – mit der Tracht oder auf der Suche nach ihr. In unseren Ohren klangen unaufhörlich die vielfältigen Geräusche bald einer beschäftigten, schnell vorbeifliegenden Arbeitsbiene, bald einer posaunenden, müßiggehenden Drohne, bald der aufgeregten Wächterinnen, die ihr Eigentum vor Feinden schützten und zum Stechen bereit waren.«

Die Gemütsbewegungen im Leben des Menschen

Seit langem weiß man, daß Gefühle wie Trauer, Niedergeschlagenheit, Trostlosigkeit und Furcht das menschliche Leben verkürzen, da sie schädlich auf den physischen und moralischen Zustand wirken und das Altern beschleunigen. Im Altertum meinten die Menschen, daß Gelächter das Alter fernhält und Venus deshalb immer jung und schön bleibt, weil sie ständig von »Spielen und Gelächter« umgeben ist.

Nicht zufällig lautet eine chinesische Weisheit: »Der Zorn macht dich älter, das Lachen macht dich jünger.« Unangenehme Eindrücke führen zu einem niedrigeren Tonus des Organismus, während freudige, positive Gefühle die Lebensenergie des Menschen steigern. Zum Beispiel wurde nachgewiesen, daß die Furcht vor einer Niederlage im Kampf mit einem stärkeren Gegner bei Sportlern die Sensibilität des Auges senkt und den Eintritt von Glukose in das Blut verringert. Die Erwartung eines bevorstehenden Sieges dagegen erhöhte die Sensibilität des Auges und vergrößerte die Glukosezufuhr.

Das Akademiemitglied I. P. Tarchanov meinte: »Seelisches Gleichgewicht ist besonders im Alter eine der Hauptvoraussetzungen für die richtige Abwicklung aller Funktionen.«

Der Autor N. Paniev erzählt von dem einhundertfünfzigjährigen Machmud Ejvazov und schreibt, daß Ejvazov nichts davon hielt, den Menschen alle möglichen Mixturen und Pillen zu geben. »Fröhlichkeit, Lachen, gute und herzliche Beziehungen – das braucht der Mensch, um lange zu leben. Gelobt seien die Meister des Humors! Ein einziger dieser Meister ersetzt eine ganze Kamelkarawane, die mit euren Giften beladen ist.«

L. N. Tolstoj zeichnet in »Der Morgen des Gutsherrn« hervorragend einen Bienenstand und die Freude und Ruhe, die Nechljudov hier empfindet. »Auf dem Bienenstand war alles so behaglich, fröhlich, ruhig und klar; der grauhaarige alte Mann mit den vielen strahlenförmigen Fältchen um die Augen, der weite Pantoffeln an den nackten Füßen trug, ging dem Herrn mit wiegendem Gang entgegen und begrüßte ihn freundlich und zufrieden lächelnd in seinem Reich. Er war so offenherzig und sanft, daß Nechljudov sofort die belastenden Eindrücke des Morgens vergaß und lebhaft an seinen Lieblingstraum dachte. Er sah alle seine Bauern so reich und freundlich vor sich, wie es der alte Dutlov war; und alle lächelten ihm froh und sanft zu, da sie nur ihm ihren Reichtum und ihr Glück verdankten.«

So groß ist die Zauberkraft der Natur, die heilsam auf den psychischen Zustand des Menschen und damit auf den ganzen Organismus wirkt. Zu diesem Thema schrieb das Akademiemitglied I. P. Pavlov: »Von diesem Gesichtspunkt aus ist zum Beispiel die reale Grundlage der weitverbreiteten Überzeugung zu verstehen, daß unaufhörliche, unersättliche Trauer und Sorge den Körper zerstören und ihn für alle möglichen Krankheiten zugänglich machen; die Freude dagegen macht uns empfänglich für jeden Pulsschlag des Lebens, jeden Eindruck des Alltags, sei er physischer oder moralischer Art, und entwickelt und stärkt den Körper.«[1]

Die Hygiene der Ernährung und der Arbeit

Eine richtige Ernährungsweise ist unerläßlich, wenn man die Gesundheit bewahren, Krankheiten verhindern und das Leben verlängern will. Nicht ohne Grund lautet eine Volksweisheit: »Dick werden heißt alt werden.« Die Franzosen unterscheiden vier Stufen der Gewichtszunahme: Die erste ruft Neid und Entzücken hervor, die zweite Erstaunen, die dritte Gelächter und die vierte Mitleid. Statistisch ist belegt, daß 90 Prozent der schlanken Menschen 60 Jahre alt werden, doch nur 60 Prozent der übergewichtigen; ihr siebzigstes Lebensjahr erreichen 50 Prozent der schlanken und 30 Prozent der übergewichtigen; 80 Jahre alt werden 30 Prozent der schlanken und nur 10 Prozent der übergewichtigen. Zur Verhinderung von Übergewicht sind körperliche Arbeit und eine vollwertige einfache Ernährung nötig. Ausgewählte fleischige und vor allem zu reichhaltige Nahrung übt einen schädlichen Einfluß auf die Gesundheit aus.

Folgender Fall ist überliefert. Tom Parre, ein armer englischer Landmann, erreichte ein hohes Alter und besaß immer

---

[1] I. P. Pavlov: *Gesammelte Werke*, II. Ausgabe, Bd. II. Moskau, Leningrad, 1951, S. 252.

noch eine kräftige Gesundheit und beispiellose Arbeitslust. Im Alter von 103 Jahren drosch er immer noch energisch Getreide auf seiner Tenne. Als er 152 Jahre alt war, wurde er auf Anordnung von Charles II. nach London an den Königshof gebracht. Man bewirtete ihn mit einem üppigen Mahl, und kurz darauf verstarb er. William Harvey, der die Leiche von Parre sezierte, stellte fest, daß alle inneren Organe vollkommen gesund waren und der Tod durch »nichtverdaute Speise im Magen« eingetreten war.

Die Araber haben wahrscheinlich recht, wenn sie sagen: »Der gefährlichste Feind der Gesundheit ist ein guter Koch.« Der französische Forscher Noireau erzählt in seinem Buch »Das lange Leben und seine Voraussetzungen«, das vor fast einhundert Jahren erschien, daß Doktor Hecke, wenn er reiche Patienten besuchte, häufig einen Blick in ihre Küche warf. »Meine Freunde«, sprach er zu den Köchen, »seid meiner Dankbarkeit für alle Dienste gewiß, die ihr uns Ärzten leistet. Ohne eure Hilfe, ohne eure Soßen und Gewürze müßten wir im Stroh sterben.« Vor fast 19 Jahrhunderten warf Seneca den Römern vor: »Ihr klagt über eure vielen Krankheiten, dabei braucht ihr nur eure Köche zu verjagen.«

Wenn man von der Bedeutung einer vernünftigen Ernährung spricht, muß man auch erwähnen, daß auf einem der zentralen Plätze des alten Rom das Grabdenkmal eines Greises von 112 Jahren prunkte. Auf diesem Denkmal war zur Belehrung der Nachkommen eine kurze Aufschrift eingemeißelt: »Er aß und trank in Maßen.«

Der deutsche Gelehrte Hufeland, ein Freund und Zeitgenosse Goethes, rät in seinem Buch »Makrobiotik« (»die Kunst, lange zu leben«), körperlich zu arbeiten, wenn man seine Gesundheit bewahren und sein Leben verlängern will. Er schreibt: »Ein Leben, das in geistiger Müßigkeit und körperlicher Faulheit geführt wird, ist negativ, elend, ungesund und verdorben, denn wenn dem Menschen Antrieb und Tätigkeit fehlen, gleicht er einem stagnierenden, toten Teich oder Sumpf. Die Kraft des Organismus wird durch den Mangel an

Übung verschwendet, und dadurch dringt der Kern aller möglichen Krankheiten in den Körper ein.

Die klassischen Philosophen waren genauso tiefsinnig wie moderne Gelehrte, doch sie kannten weder Hypochondrie noch Hämorrhoiden usw. Der Grund dafür war einfach der, daß sie fast immer beim Spazierengehen oder auch im Liegen – jedoch in der frischen Luft – nachdachten und körperliche Übungen nicht vergaßen.«

Die Denker und Ärzte des Altertums maßen dem Honig gewaltige Bedeutung zu, da sie meinten, daß sein Verzehr zur Verlängerung des menschlichen Lebens beiträgt. Nicht selten werden Menschen, die regelmäßig Honig essen, sehr alt. Der Philosoph und Mathematiker Pythagoras versicherte, daß er sein hohes Alter dank dem ständigen Genuß von Honig erreicht habe.

G. Bammel schreibt:»Der Überlieferung nach beschloß Demokrit von Abdera infolge seines hohen Alters, sich das Leben zu nehmen. Deshalb schlug er täglich jede Nahrung ab. Als die Thesmophorien (Erntedankfest – N.J.) begannen, gab er den Bitten der Hausfrauen nach, nicht an diesen Tagen zu sterben, damit sie feiern könnten. Er ließ ein Gefäß mit Honig vor sich hinstellen, atmete den Geruch ein und verlängerte dadurch sein Leben um die gewünschte Zahl von Tagen; als der Honig weggenommen wurde, verschied er.«[1] Nach dem Zeugnis von Hipparch starb Demokrit im Alter von 107 Jahren.

Ebenfalls der Überlieferung nach soll Julius Caesar bei einem Senator, der seinen einhundertsten Geburtstag feierte, zu Mittag gespeist haben. Auf seine Frage, welche Mittel der Senator anwende, um die Kräfte seines Körpers und Geistes zu erhalten, bekam er zur Antwort:»Innen Honig, außen Öl.«[2]

Vor mehr als einhundert Jahren schrieb der polnische Ge-

---

[1] *Demokrit in seinen Fragmenten und in Zeugnissen des Altertums* (Herausgeber und Kommentator G. K. Bammel). Moskau, 1935, S. 25.
[2] Im Altertum wurden dem Öl außerordentlich hohe medizinische und prophylaktische Eigenschaften zugeschrieben. In Babylon wurden Ärzte als »Ölkenner« bezeichnet.

lehrte und Bienenzüchter N. M. Witwicki in seinem Buch »Über den wohltätigen Einfluß des Honigs auf den menschlichen Organismus«, daß sich der polnische Dichter Trembicki 30 Jahre lang von einfachen Speisen mit Honig ernährt habe. Als Witwicki ihn kennenlernte, war er erstaunt über das Aussehen und den ungekünstelten Frohsinn des nicht alternden achtzigjährigen Gelehrten. Der Lehrer Trembickis war Mühlbacher, der 120 Jahre alt wurde, dem Aussehen nach aber eher wie ein Siebzigjähriger wirkte; auch er nahm täglich Honig zu sich.

Im Jahre 1843 erschien in Petersburg das Buch »Der gläserne Bienenkorb oder Extrakte interessanter Erscheinungen aus der Naturgeschichte der Bienen, mit einem Zusatz kurzer Informationen über die Pflanzen, die den Bienen Nutzen bringen. Ein Lesebuch für Menschen jeden Alters und beiderlei Geschlechts. Verfaßt von N. Witwicki«.

In der Einführung schreibt Nikolaj Michajlovitsh, daß er sich 40 Jahre lang mit Bienenzucht beschäftigt hat und daß die Pflege von Bienen an der frischen Luft die Gesundheit des Menschen wohltätig beeinflußt.»Die Natur hat mir einen unerfreulichen Körperbau gegeben; das Schicksal verweigerte mir Reichtum und bestimmte mich dadurch zu täglicher Arbeit und einem Leben voller Sorgen. Doch ich bin ihm hundertfach dankbar dafür, daß es mich auf eine so frohe und nützliche Arbeit wie die Bienenzucht lenkte. Ich bin 63 Jahre alt. Trotz schwacher Gesundheit, ständiger Arbeit und Schicksalsschlägen fühle ich mich jetzt genauso munter und beweglich wie mit 18 Jahren. Ich komme ohne Brille aus. Für all das habe ich den Bienen zu danken.« Wir fügen hinzu, daß Nikolaj Witwicki nach der Niederschrift dieser Worte noch 26 Jahre lebte und im Alter von 89 Jahren starb.

Der Bienenstand als Heilstätte der Natur

Vor fast 60 Jahren veröffentlichte der Imker N. Aleksandrov einen interessanten Artikel, in dem er folgendes von sich selbst erzählte: Als er neun Jahre alt war, erkrankte er an einer Entzündung des Gehirns und der Gehirnhaut. Die zum Konzilium versammelten Ärzte teilten den Eltern mit, daß der Junge nicht sterben, doch den Verstand verlieren werde. Bis zu seinem vierundvierzigsten Jahr verlief sein Leben so, wie die Ärzte es vorausgesagt hatten; er litt ständig an starken Kopfschmerzen und war Geistesgestörtheit und Selbstmord sehr nahe. Im Alter von 44 Jahren erwarb er Bienen und begann, für sie zu sorgen. Ein Wunder geschah – die Kopfschmerzen hörten auf, und die Bienen befreiten ihn von seiner schweren Krankheit. Zum Schluß schreibt der Autor, daß er über 50 Jahre alt ist und noch lange nicht daran denkt zu sterben.

Besondere Beachtung verdient auch die Krankheits- und Genesungsgeschichte von N. K. Begunov. Dank der Arbeit auf dem Bienenstand wurde er zu einem lebensfrohen und produktiven Menschen. In seiner Kindheit war N. K. Begunov schwach und kränklich, litt an Kopfschmerzen, Blutarmut, Skrofulose. Mit sechs Jahren erkrankte er an akutem Gelenkrheumatismus, konnte nicht mehr gehen und sogar nicht mehr lange liegen, da die Beine »schmerzten wie kranke Zähne«. Mit 18 Jahren begann er, sich einen kleinen Bienenstand einzurichten; seitdem hat er sich nicht von den Bienen getrennt. Die abwechslungsreiche Arbeit an der frischen Luft, die Heilkraft des Bienenhonigs und des Bienengifts, das ihm durch Stiche zugeführt wurde – all das zog seine völlige Genesung nach sich.

G. P. Kandratjev, dem in Rußland bekannten Opernsänger, der an einer schweren Nervenkrankheit litt, rieten die Ärzte, vier Sommermonate an der frischen Luft zu verbringen. Eines Tages hatte G. P. Kandratjev bei einer Sitzung der Freien Ökonomischen Gesellschaft einen Platz neben dem Akademiemitglied A. M. Butlerov angewiesen bekommen und konsultierte ihn über seine Gesundheit. Butlerov sagte: »Beschäftigen Sie sich mit Bienenzucht. Es gibt nichts Besseres.« Diese Worte bestimmten das Schicksal von Kandratjev, und er wurde zum Imker. Seit jener Zeit würde ihm ein Leben ohne Bienen, wie er selbst zugibt, »sinnlos und uninteressant« vorkommen. Professor V. I. Loginov, ein berühmter Vertreter der Bienenzucht unseres Landes, schrieb im Jahre 1925: »Nicht ohne Grund hört man häufig in der Gesellschaft von Menschen, die sich seit vielen Jahren mit Bienenzucht befassen: ›Leben bedeutet Bienen zu züchten, sonst ist es kein Leben‹ – und das ist vollkommen richtig.« V. I. Loginov unterstreicht: »Imker sind meistens außerordentlich gesund und leben lange, was eine Folge ihres ständigen Honigverzehrs und der gesunden Arbeitsweise in der Natur ist.«

Viele empfehlen mit voller Berechtigung die Beschäftigung mit der Imkerei, weil das Leben der Bienen für sich allein genommen schon interessant ist. Wenn der Mensch näher damit vertraut wird, lehrt es ihn außerdem Arbeitseifer und Sorgfalt beim Schaffen für das Allgemeinwohl.

Filipp Romanovitsh Morozov wurde in seiner Kindheit mit den Bienen auf dem Stand seines älteren Bruders vertraut. Er erblindete, wollte aber trotzdem seinen Traum, Bienenzüchter zu werden, unbedingt verwirklichen. Dank seiner Entschlossenheit wurde er Imker auf einem großen Kolchosenstand. Der Redakteur der Zeitschrift »Das Leben der Blinden« V. Glebov, der Filipp Romanovitsh besucht hatte, erzählte dem Verfasser dieses Buches, daß F. R. Morozov vorzüglich auf dem Bienenstand arbeitet, ohne Hilfe mit den Stöcken und Wabenrahmen fertig wird und das Gewicht eines Wabenrahmens mit Honig genau bestimmen kann.

Filipp Romanovitsh weiß gut über die praktische Imkerei Bescheid. Er kennt die Bedeutung der Bienen für ihre Bestäubungstätigkeit bei entomophilen Pflanzen und die medizinisch-prophylaktischen Eigenschaften der Imkereiprodukte.

F. R. Morozov ist über 60 Jahre alt, körperlich gesund und vor allem glücklich. Der Vater übertrug seine Liebe zur Bienenzucht auf seine Kinder. Sie alle helfen ihm in ihrer Freizeit, doch seine wichtigste Gehilfin ist seine Frau Anna Ivanovna.

Im Dorf Beliki im Gebiet von Poltava lebt der fünfundsiebzigjährige Imker G. P. Kuzmenko, ein leidenschaftlicher Propagandist der medizinischen Wirkungen von Honig und Bienengift. Im Verlaufe von fast einem halben Jahrhundert erkrankte er niemals und erklärte sein gutes Befinden und seine Arbeitsfähigkeit mit dem vieljährigen Umgang mit Bienen. Im Dorf Beliki gibt es außerdem noch rund zehn Imker von 80 oder mehr Jahren. Sie glauben, daß ihre Freundschaft mit den Bienen sie vor der Bekanntschaft mit Ärzten und Medikamenten geschützt hat.

In Leningrad – zu Fuß ungefähr zehn Minuten vom Polytechnischen Institut entfernt – befand sich bis vor kurzem der Gartenbienenstand von A.B. Gerasimov. Kein Zentimeter blieb in diesem winzigen Fleckchen Erde ungenutzt. Nach dem Arbeitstag im Physikalisch-technischen Institut der Akademie der Wissenschaften der UdSSR widmete A.B. Gerasimov seinen geflügelten Freundinnen die ganze Freizeit. Diese Freundschaft zwischen den Bienen und Aleksej Bogdanovitsh und seiner Frau Valentina Iljinitshna entstand, nachdem Bienenhonig und -gift sie nach der Blockade von Leningrad vor einer schweren Krankheit retteten.

In Moskau lebt der sechsundachtzigjährige D.I. Barykin. Er ist von Beruf Arztgehilfe, von der Berufung her Bienenzüchter. Schon in seiner Kindheit wurde er mit den Bienen vertraut, als er seinem Vater auf einem Stand half. Danach arbeitete er einige Jahre lang als Oberagronom in der Bienenzuchtabteilung des Landwirtschaftsministeriums der UdSSR und im Redaktionskollegium der Zeitschrift »Bienenzucht«. Ich hatte oft Gelegenheit, den Bienenstand von Dmitrij Ivanovitsh zu besuchen, und freute mich immer über sein Schaffen. Er nahm die Rahmen mit den Bienen so geschickt aus dem Stock, daß jeder darüber begeistert war. Inzwischen in den Ruhestand getreten, hilft D.I. Barykin anderen Pensionären bei der Arbeit mit den Bienen. Es ist schwierig, sich Dmitrij Ivanovitsh ohne Bienen vorzustellen.

Die bekannten tschechischen Imker Irza Savvin, der frühere Herausgeber der Bienenzuchtzeitschrift der Slowakei und heutige Pensionär, und Jan Svitoček können nicht ohne Bienen auskommen; für sie ist ein Leben ohne ihre geflügelten Freundinnen undenkbar. Trotz ihres hohen Alters waren sie kürzlich in der UdSSR, um einige Kolchosenbienenstände kennenzulernen.

Der Doktor der Jurisprudenz Vladimir Švagr (Prag), der Professor der Hydromechanik Vjatsheslav Charnazh und der Imkereiagronom Valisij Chantshanu (Bukarest), Pejko Pejtshev (Bulgarien), der begeisterte Propagandist der »süßen Medizin« F. Eisfeld (DDR), der Chefredakteur einer Bienenzuchtzeitschrift George Alphandéris und Alain Caillas (Frankreich), der bekannte Königinnenzüchter Paul Hakkur (Marokko), Dr. C.G. Gribble (Australien) und viele andere Vertreter verschiedener Wissenschaftszweige aus allen fünf Kontinenten sind buchstäblich in das märchenhaft abwechslungsreiche Leben des Bienenvolkes verliebt.

In der Sowjetunion gibt es Hunderte und Tausende von Menschen der unterschiedlichsten Berufe, die sich alle für die Bienen begeistern. Ohne den Umgang mit Bienen können sich Hunderttausende von Menschen ein normales, vollwertiges Leben nicht vorstellen.

Wir könnten viele Beispiele dieser Art anführen. Sie alle überzeugen davon, daß der Bienenstand eine vortreffliche Heilstätte der Natur ist und die Bienen und Imkereiprodukte als Quellen der Freude, der Gesundheit und des langen Lebens bezeichnet werden können.

Das Problem des Krebses – ein Teil der Frage der Langlebigkeit

Krebs ist eine Alterskrankheit. Meistens befällt sie Menschen über 40 Jahre. Als aussichtsreichste Methoden im Kampf mit dieser schweren Krankheit muß man immunologische und prophylaktische Verfahren ansehen, denn es ist leichter, den Organismus für bösartige Geschwülste unempfänglich zu machen, als ein ausreichend effektives Präparat zu ihrer Heilung zu finden.

Chirurgen, Onkologen und andere Ärzte der verschiedensten Fachrichtungen stellen sich häufig die Frage: Warum erkranken Bienenzüchter in der Regel nicht an Krebs? Warum verschont der Krebs die Imker, als ginge er den Bienenständen aus dem Wege? Wir glauben, daß sich diese Erscheinung durch zwei Gründe erklären läßt. Erstens wird auf dem Bienenstand ein besonderes Mikroklima geschaffen, das außerordentlich wohltätigen Einfluß auf die Gesundheit des Menschen ausübt. Die Luft auf dem Bienenstand ist nicht einfach sauber – sie ist heilkräftig. Das Aroma von Blüten, Honig, Wachs, Propolis und Blütenstaub durchtränkt sie.

Zweitens erhält ein Mensch, der auf dem Bienenstand arbeitet, die hervorragenden Imkereiprodukte: Honig, Blütenstaub, Königinfuttersaft, Bienengift u. a. Selbstverständlich wirkt dieser ganze Komplex günstiger Bedingungen positiv auf den Organismus des Menschen, in erster Linie auf die Gehirnrinde, den Hauptregulator aller Lebensprozesse, die sich im Körper abspielen.

Der französische Forscher Alain Caillas – ein großer Kenner der Heilwirkung von Blütenstaub – kam zu dem Schluß, daß Weizenbrot aus Mehl ohne Kleie und Weizenkeime den Menschen für Krebskrankheiten prädisponiert. Viele Menschen können jedoch auf Grund von Magen- und Darmkrankheiten kein Brot aus grob gemahlenem Mehl essen. Diesen Kranken empfiehlt er, weißes Brot zu essen, doch täglich einen Teelöffel voll Blütenstaub zu sich zu nehmen, der in Apotheken erhältlich ist.

Zu Beginn des Jahres 1959 erzielte der bekannte kanadische Wissenschaftler Gordon Towndsen die ersten ermutigenden Ergebnisse bei Versuchen mit bösartigen Geschwülsten bei Mäusen. Zwei Jahrzehnte lang untersuchte er die Zusammensetzung von Könginfuttersaft und ihre Fähigkeit, das Wachstum von Krebszellen zu unterdrücken. Er impfte 1000 Mäuse mit 3–5 Millionen Krebszellen und gab ihnen gleichzeitig Königinfuttersaft. Diese Mäuse erholten sich, während 1000

Kontrolltiere, welche die gleiche Menge Krebszellen erhalten hatten, innerhalb von zwei Monaten umkamen. Towndsen stellte fest, daß vier Krebsarten völlig besiegt waren: Leukämie, Lymphosarkom, Adenokarzinom und Ehrlich-Karzinom.

Man vermutet, daß Pteridin und 10-Hydroxydecensäure die aktiven, Krebs verhütenden Stoffe des Königinfuttersaftes sind. Man muß jedoch betonen, daß natürlicher Königinfuttersaft (ebenso wie Pteridin und 10-Hydroxydecensäure) keine therapeutische Wirkung bei Kranken hat, die an bösartigen Neubildungen leiden.

Die Tatsache, daß sich in den letzten Jahren die Sterblichkeit infolge von Krebs der Atemwege beträchtlich erhöht hat, zieht die besondere Aufmerksamkeit der Onkologen auf sich. Wie ermittelt wurde, besteht die Hauptursache darin, daß die Atmosphäre mit karzinogenen Substanzen verschmutzt wurde.

Die großen Städte der Sowjetunion verwandeln sich allmählich in blühende Gärten. Es handelt sich dabei um den aktiven Kampf mit der Verschmutzung der Atmosphäre. Zu diesem Zweck werden in Fabriken besondere Rauch-, Staub- und Gasfänger angebracht.

Die junge sibirische Industriestadt Angarsk kann als Musterbeispiel für sozialistische Ballungszentren gelten, in denen die Luft sogar in Industriegebieten dreimal weniger Benzpyren (ein karzinogener Stoff) enthält als die Gärten und Parks alter Städte wie etwa Leningrad. In der die Wohnviertel von Angarsk umgebenden Luft gibt es keine krebserregenden Substanzen. Die Industrieunternehmen sind in Angarsk durch große, grüne Massive – hervorragende natürliche Filter – von den Wohnhäusern getrennt.

In der Reifenfabrik von Jaroslavl wird der Gesundheit der Arbeiter große Bedeutung zugemessen. Im Frühling und Sommer wird das Fabrikgelände zu einem blühenden Garten. In der Moskauer Fabrik »Kautschuk« ist man zu Recht der Meinung, daß Blumen in Verbindung mit anderen grünen Anpflanzungen unter städtischen und industriellen Bedingungen nicht allein eine Zierde, sondern ein Pfand der Gesundheit sind. Blumen und Bäume neutralisieren schädliche und unangenehme Produktionsgerüche, fangen den Staub auf, nehmen die Kohlensäure auf und bereichern die Luft mit Sauerstoff, feuchten sie an und mildern den Lärm. Schon im Jahre 1949 begann man mit der Anpflanzung von grünen Gewächsen in der Fabrik »Kautschuk«. Im Jahre 1953 wurde ein Treibhaus gebaut, das fächerartig 58 Quadratmeter einnimmt. Da keine bestäubenden Insekten vorhanden waren, produzierten die Pflanzen jedoch keine Samen. Da entschloß man sich, Bienen zu züchten. Heute gibt es im Garten der Fabrik »Kautschuk« einen ganzen Bienenstand, und die Pflanzen haben begonnen, Früchte zu tragen.

In der Bienenzucht finden viele Arbeits- und Kriegsinvaliden sowie Rentner einen neuen, interessanten Beruf. Besonders nützlich ist die Arbeit auf dem Bienenstand für Menschen mit erhöhter nervlicher Reizbarkeit. Die Befriedigung, die der Imker aus seiner Arbeit gewinnt, kräftigt zweifellos das Nervensystem; dadurch wird eine der wichtigsten Voraussetzungen für die Bewahrung der Gesundheit, der Arbeitsfähigkeit und eines aktiven Alters geschaffen.

In der Gegend von Moskau und Leningrad, in Wolgograd, Kungur und vielen anderen Orten gibt es landwirtschaftliche Ausbildungsstätten, in denen Invaliden die Bienenzucht erlernen können. Die sowjetische Regierung faßte den Sonderbeschluß »Über Maßnahmen zur Entwicklung der Bienenzucht«, mit dem den Kolchosen vorgeschlagen wird, Bienenschwärme zur individuellen Verwendung an Kolchosenmitglieder, Arbeiter und Angestellte, in erster Linie an Familien von Angehörigen der Sowjetarmee, Invaliden und Rentner zu verkaufen.

Als äußerst wertvolle Maßnahme muß die Vereinigung kleiner individueller Bienenstände zu Imkereigenossenschaften angesehen werden. Diese Genossenschaften können riesige Stände organisieren und eine große Futterbasis für die Bienen schaffen.

Über Makrobiotop und Bienenstadt

Wir glauben fest daran, daß in der nahen Zukunft in der UdSSR Makrobiotope auftauchen werden, das heißt neuartige Siedlungen, in denen Menschen hohen Alters leben. Diese Siedlungen werden für 2000 Menschen berechnet sein und in malerischen Gebieten etwa 30–40 Kilometer von großen Industriestädten entfernt liegen.

In der Bienenstadt werden Männer und Frauen im Rentenalter leben – und zwar praktisch gesunde Menschen, die keine chronischen Krankheiten haben. Die jüngsten Einwohner werden 60–65 Jahre alt sein, während die Geronten – die Mitglieder des Rates der Ältesten, d. h. der Selbstverwaltung – von den betagtesten gestellt werden.

Das Makrobiotop ist keine Heilstätte und kein Sanatorium, nicht einmal ein Erholungsheim. Hier werden pensionierte Ärzte, durch Lebenserfahrung und solide Kenntnisse weise geworden, den Einfluß der äußeren Lebensbedingungen auf Menschen fortgeschrittenen Alters untersuchen. Für Ehepaare werden kleine Wohnungen mit zwei Zimmern bereitgestellt, die übrigen erhalten Einzelzimmer. Die Bewohner der Bienenstadt brauchen sich um Kleidung, Bett- und Unterwäsche, Schuhzeug und Kopfbedeckungen nicht zu kümmern: All das wird an bestimmten Tagen einem Hygieneplan gemäß geliefert werden.

Den Bewohnern des Makrobiotops werden gemeinschaftliche Kantinen zur Verfügung stehen, in denen sie viermal am Tag eine schmackhafte Mahlzeit von hohem Nährwert und Kaloriengehalt zu sich nehmen können; es wird sich um ein Restaurant handeln, dessen Menü dem der besten Sanatorien entspricht. Polyvitaminisiertes Honigbrot, Gebäck, Pfefferkuchen, Bonbons, Nüsse, Früchte, alkoholfreie Getränke, Eis und andere Imbisse kann man zu jeder beliebigen Zeit am Gemeinschaftsbüfett erhalten. Der kulinarisch-medizinische Rat, der aus erfahrenen Köchen, Diätologen und Ernährungsphysiologen besteht, wird alles tun, um die Nahrung so vernünftig und schmackhaft wie möglich zu gestalten, damit sie den Menschen Genuß bringt und ihre Gesundheit kräftigt.

Die Siedlung wird eine kleine Fläche eines Waldmassivs einnehmen, auf der Tausende von kleinen Häuschen emporwachsen – eine gut eingerichtete Kantine, Kühlkammern, ein Theater, eine Bibliothek und Phonothek, eine automatische Telefonstation, ein Post- und Telegrafenamt, eine Elektrostation, Werkstätten (eine Schneiderei, eine Schuhmacherei u. a.), eine Wäscherei, Gebäude für den Rat der Ältesten, den Rat der Erfinder und Rationalisierer, den Rat für kulturelle Veranstaltungen und Kunst, eine Heilstätte, ein Schwimmbad, ein Stadion usw.

Die Menschen werden in ihrer Siedlung wie in einem Sanatorium leben, allerdings mit dem Unterschied, daß man in dem letzteren seine Gesundheit »repariert« und die Schönheit in der Natur für nur einen Monat des Jahres genießt, hier jedoch während des ganzen Jahres. Der zweite Unterschied besteht darin, daß hier alle 3–4 Stunden pro Tag mit ihrer Lieblingsarbeit verbringen müssen.

Einen ganz besonderen Platz in ihrem Leben wird ein gewaltiger Bienenstand mit einigen Tausend Bienenschwärmen einnehmen. Die Imkerei wird die Hauptbeschäftigung für die Bewohner der Bienenstadt sein. Hier müssen sich alle um die Honigbienen kümmern: Ökonomen, Juristen, Ärzte, Agronomen, Schneider, Köche, Bäcker, Schuhmacher, Buchhalter, Maler, Bildhauer, pensionierte Soldaten, Stenotypistinnen, Telefonistinnen und Telegrafistinnen werden die Bienenzucht an Ort und Stelle erlernen und eine Zeitlang auf dem Stand arbeiten.

Auf dem Gelände der Bienenstadt werden Nebengebäude (technische, Laboratoriums-, Lagerräume u. a.) für das Kombinat der medizinischen Bienenzucht stehen. Mit dem Fabrikzeichen dieses Kombinats werden hochwertige natürliche und medizinische Honigsorten, die durch Expreßmethode gewonnen wurden, in die Krankenhäuser, prophylaktischen Institutionen und Apotheken gelangen. Dieser Honig wird alle Vitamine und Bioelemente enthalten und in einer speziellen, für Empfang und Aufbewahrung gut geeigneten Cellophanverpackung geliefert werden.

Das Kombinat organisiert, ohne daß Leben und Gesundheit der Bienen Schaden nehmen, die Gewinnung von gewaltigen Mengen kristallinen und in Ampullen gefüllten Bienengifts. Man wird viel Bienenwachs erhalten, da die Bienen mit den entsprechenden Präparaten gefüttert werden. Die Parfümindustrie, Apotheken und Institute für ärztliche Kosmetik werden vom Kombinat mit Wachs beliefert werden.

Durch die Anwendung spezieller Methoden, die im Experimentallabor des Kombinats der medizinischen Bienenzucht zur rationellen Haltung von Bienenvölkern ausgearbeitet werden, sowie durch Eiweiß-Polyvitamin-Futter, das durch Bioelemente und Stimulatoren bereichert ist, wird es möglich werden, gewaltige Mengen Königinfuttersaft zu erhalten. Daraus werden in einem dafür vorgesehenen technologischen Laboratorium Biostimulator-Präparate in Ampullen- und Tablettenform hergestellt werden.

In der Bienenstadt wird die Sammlung von Blütenstaub in großem Umfang organisiert werden; konzentriert mit Honig, ergibt er ein neues Medikament. Auch Propolis wird gesammelt und industriell zu hochaktiven medizinischen Präparaten verarbeitet werden. Daneben kann das Kombinat für medizinische Bienenzucht viele Institutionen zu Heilzwecken mit lebenden Bienen beliefern.

Für eine große Anzahl von Bienen- und Drohnenlarven – dieses wunderbare Nebenprodukt unseres Jahrhunderts – wird gesorgt werden. Manche Bienenschwärme werden speziell zur reichen Herstellung von Larven eingesetzt werden. Der Nährwert der Larven ist gewaltig und durchaus vergleichbar mit Fleisch, Milch, Eigelb und Kabeljaufett.

In der Bienenstadt werden den Larven Stoffe mit hormonellen Eigenschaften und ein großer Teil der Vitamine, und zwar nicht nur der fettlöslichen (A und D) entzogen werden. Die Bewohner der Bienenstadt werden daraus hochnahrhafte, schmackhafte und nützliche Konserven herstellen und ihnen Gewürze hinzufügen, welche die biologisch wertvollen Komponenten nicht beeinträchtigen.

Eine neue interessante und aussichtsreiche Beschäftigung wird für die Bewohner der Bienenstadt darin bestehen, mobile Bienenstände anzufertigen, das heißt Stände auf Rädern in Form von Autoanhängern, die in wenigen Tagen zu blühenden Trachtpflanzen transportiert werden können, um sie zu bestäuben und einen höheren Honigertrag zu erhalten.

Der Gesundheitsrat wird zusammen mit anderen Spezialisten – Veterinären, Agronomen, Imkern – eine Auswahl spezieller Futtergemische für Vieh, Bienen, Geflügel und Fische entwickeln, um die Nahrungsmittel mit Vitaminen, Mineralsalzen, Mikroelementen und sogar einigen äußerst wertvollen medizinischen Stoffen anzureichern.

Überall herrschen ideale Sauberkeit und gebührende Ordnung – das ist nicht nur ein Gesetz der Siedlung, sondern auch eine Garantie für Gesundheit. In der Bienenstadt darf es keine Fliegen, Ratten, Mäuse und andere Nagetiere geben, denn sie schaden den Menschen. Die Nahrungsmittel der besten Qualität, die zentral geliefert werden, werden vom diensthabenden Vertreter der sanitären Aufsicht entgegengenommen.

Wie vollzieht sich der Verkauf von Überschüssen der eigenen Produktion und der Erwerb von anderen, welche die Bienenstadt benötigt? In einer Filiale der Staatsbank hat die Bienenstadt (genauer gesagt ihr Rat für Handel, Planung und Finanzen) ein Verrechnungskonto, über das alle finanziellen Transaktionen bargeldlos ablaufen. Das ist von Vorteil für den Staat und für die Bewohner der Bienenstadt.

Wie ist die Bienenstadt nicht auf dem Papier, sondern in der Praxis zu organisieren? Eine Initiativgruppe bemüht sich beim Exekutivkomitee des Abgeordnetenrates der Werktätigen um ein Grundstück, im Anschluß daran um eine Anleihe der Staatsbank für den Bau der Bienenstadt und den Erwerb von Haustieren, Bienen usw. Die Auswahl der zukünftigen Bewohner und der Bau der Siedlung beginnt. Der intensive Bau und die Organisation der Wirtschaft werden nicht mehr als zwei Jahre in Anspruch nehmen.

Die Renten aller Bewohner werden automatisch für die Tilgung der Schuld verwandt. Wenn die Wirtschaft gefestigt ist, Profit bringt und die Schuld abgezahlt ist, können die Bewohner der Bienenstadt auf ihre staatliche Rente verzichten. Sie benötigen kein Geld, denn die Siedlung wird mit allem Nötigen gut ausgestattet sein. Außerdem werden das Kombinat für medizinische Bienenzucht und die anderen Wirtschaftszweige soviel einbringen, daß die Mittel völlig ausreichen, um das Leben zu verbessern und alle kulturellen Bedürfnisse der Bewohner zu befriedigen.

Die Organisation von Makrobiotopen läßt sich überall verwirklichen, besonders in den südlichen Gebieten unseres Landes. Dieser Plan wird der Gesellschaft zweifellos Nutzen bringen, denn er verfolgt nicht irgendwelche merkantilen, sondern höhere Ziele – er will günstige Milieubedingungen maximal zur Stärkung der Gesundheit und zur Verlängerung des menschlichen Lebens ausnutzen.

Die Erfahrung des Makrobiotops in der zukünftigen Bienenstadt wird der Wissenschaft zuverlässige Informationen über die Wirkung einer nach eigenem Geschmack ausgewählten Beschäftigung, den Rhythmus von Arbeit und Ruhe, vernünftige Ernährung, das Mikroklima eines gut angelegten Bienenstandes und über andere Glieder in der Kette von Faktoren geben, welche die Gesundheit und das lange Leben der Menschen wohltätig beeinflussen. Es bedarf keines Beweises, daß die Einrichtung von Makrobiotopen in Bienenstädten schon deshalb für die Gesellschaft vorteilhaft ist, weil das Kombinat für medizinische Bienenzucht viele Patienten mit hochwertigem Honig und anderen wirkungsvollen Präparaten aus Imkereiprodukten versorgen kann.

Die von uns geplante Stadt der Zukunft ist vorläufig noch ein Traum, doch nach den Worten des französischen Bienenzüchters, Publizisten und Esperantologen Victor Lébrun, der zehn Jahre lang L.N. Tolstojs Sekretär war, ein Traum, der unter den Bedingungen der Sowjetunion durchaus zu realisieren ist. Bei Begegnungen mit Vertretern der medizinischen Bienenzucht hörten wir viele interessante Äußerungen zur Idee eines Makrobiotops in einer Bienenstadt.

N. Osman aus Jugoslawien schreibt, daß die Bewohner der Bienenstadt glücklich sein werden, da sie endlich vom übelsten Erbe des Kapitalismus, dem Neid, befreit sein werden. I. Gumenjuk aus Kiew hält das Makrobiotop für ein wahres irdisches Paradies, von dem die Menschen schon seit vielen Jahrhunderten geträumt haben. Der Volkskünstler Dagestans, Junisilau Magomed Kair Magoma aus Machatshkala, dankt dem Autor in einem Brief für seine Sorge um alte Menschen. Der Oberinspektor des Naturschutzes im Adygischen Kreis, I. Tshechunov (Gebiet von Krasnodar), begrüßt diese Idee nicht nur, sondern lädt begeistert dazu ein, eine Bienenstadt im malerischen Michailovsker Bezirk des Gebietes von Krasnodar zu bauen. Ivan Nikolajevitsh hat schon ausgerechnet, wieviel Geld für den Bau eines einzelnen Häuschens in der Bienenstadt nötig wäre.

Wenn man an die zukünftige Bienenstadt denkt, erinnert man sich unwillkürlich an die weisen Worte des bekannten englischen Schriftstellers J. Swift: »Alle Menschen wollen lange leben, doch keiner möchte alt werden.«

Die Sowjetunion wird in der ganzen Welt nicht nur für ihre Jugend, sondern auch für ihre alten Leute gerühmt. Deshalb können und müssen wir mit der Organisation von Makrobiotopen in Bienenstädten ein Beispiel setzen. Damit wird unseren Rentnern die Möglichkeit gegeben, ihr Leben in der Natur, in Zufriedenheit und mit einer Beschäftigung ihrer Wahl zu vollenden. Wir sind davon überzeugt, daß sich unter den vielen Millionen Rentnern der UdSSR (allein in Moskau gibt es mehr als eine Million) einige zigtausend finden werden, für die der Bau eines Makrobiotops in einer Bienenstadt von mitreißender Romantik ist. Makrobiotope und Bienenstädte an schönen Orten werden zu echten lebendigen Denkmälern für unsere Rentner werden.

Nicht jeder kann zum Berufsbienenzüchter werden, doch das ist auch nicht nötig. Es genügt, wenn man seine Freizeit und die Feiertage dazu nutzt, auf die Bienenstände von Kolchosen oder Sowchosen zu fahren.

Heutzutage gibt es in den Vorstädten von Moskau, Leningrad, Kiew, Charkov, Riga und vielen anderen Städten ausgezeichnete Kolchosen und Sowchosen, in denen die Bienenzucht einen Ehrenplatz unter den übrigen Landwirtschaftszweigen einnimmt. Elektrische Züge, Linienbusse und Taxis machen es möglich, täglich für einige Stunden oder an Feiertagen auch länger zu Kolchosenbienenständen zu fahren. Noch besser ist es, wenn eine kleine Gruppe von Menschen einen kollektiven Bienenstand aufbaut und sich unter der Leitung eines erfahrenen Experten mit Imkerei beschäftigt. Auf diesen Ständen können Gesunde und Kranke, Arbeitende und Rentner ihre Freizeit nicht nur vorteilhaft für ihre Gesundheit verbringen, sondern auch natürlichen Honig, Königinfuttersaft und andere Bienenzuchtprodukte erhalten.

Mit Bienenzucht kann man sich nicht nur im Sommer, sondern auch im Winter befassen. In den Vororten aller Großstädte der UdSSR gibt es Treibhäuser, in denen die Bienen im Winter unter Glasdächern leben und arbeiten. Die Rentnerräte in Städten, Werken und Fabriken können mit den Imkern von Treibhäusern vereinbaren, daß den Pensionären ein- oder zweimal pro Woche die Möglichkeit gegeben wird, die Bienenzucht in der Praxis zu erlernen.

An den Ufern der großen Flüsse – Ob, Irtysh, Oka, Jenisej, Angara, Lena, Amur und vielen anderen – liegen gewaltige unberührte Weiden, die äußerst reich an blühenden Honigträgern sind. Deshalb wäre es zweckmäßig, schwimmende Bienenstände einzurichten. Die Bienenvölker müßten auf einem kleinen Kahn angeordnet sein, der von einem Dampfer gezogen wird. Wenn das Expeditionskollektiv nicht umfangreich ist, genügt auch ein Motorboot. Die Passagiere, oder besser die Mitglieder einer solchen Expedition, werden Menschen sein, die zwei oder drei Monate auf dem Wasser verbringen können.

Dabei wird es sich hauptsächlich um Rentner handeln. Gerade sie haben es in der Regel nötiger als andere, ihre Gesundheit zu verbessern.

Der Dampfer legt noch vor Sonnenaufgang am Ufer an. Die Bienen fliegen zu den Trachtpflanzen, während sich die Expeditionsmitglieder mit Fischfang, Sammeln von Heilpflanzen und Spaziergängen beschäftigen. Auf dem Dampfer mit dem schwimmenden Bienenstock kann man auch Blütenstaub, Wachs, Propolis, Königinfuttersaft und Bienengift sammeln. Die Expeditionsangehörigen werden die Bienenzuchtprodukte zu medizinischen und prophylaktischen Zwecken benutzen, die gesunde Flußluft atmen und gleichzeitig einer angenehmen und interessanten Tätigkeit nachgehen.

Wenn der Abend anbricht und die Bienen in ihre Stöcke zurückgekehrt sind, werden die Fluglöcher verschlossen, und der Dampfer macht sich bis zum Morgengrauen von neuem auf den Weg. Wenn die Bedingungen günstig sind (eine schöne Gegend, Überfluß an Trachtpflanzen usw.), kann der Dampfer einige Tage lang an einer Stelle bleiben, während die Reise bei Regen überhaupt nicht unterbrochen wird.

Zum Aufbau solcher kollektiven schwimmenden Bienenstände muß man die Naturschutzgesellschaften, die touristischen, geographischen und botanischen Gesellschaften, die Pensionärsräte, Jugend-, Gewerkschafts- und andere Organisationen, in erster Linie Abteilungen für Bienenzucht und medizinische Bienenzucht, heranziehen. Die Bedeutung solcher Stände kann kaum zu hoch eingestuft werden. Von dem trachthaltigen Neuland kann man vorzüglichen Honig erhalten, die Gesundheit der Menschen wird gekräftigt, und die schwimmenden Bienenstände können als Vorbild für die Organisation spezieller schwimmender Sanatorien der medizinischen Bienenzucht dienen. In diesen Sanatorien neuen Typs wird die rationelle Behandlung mit Honig, Königinfuttersaft und Bienengift durch ein so wunderbares natürliches Medikament wie die frische, reine Flußluft ergänzt werden. Diese Luft ist frei von Staub und Mikroben, enthält wenig kohlensaure

Gase, viel Ozon und negativ geladene Ionen; sie wirkt wohltätig auf die Schleimhaut der Atemwege und beruhigend auf das Nervensystem.

Es versteht sich, daß man sich mit einer gut ausgearbeiteten Route auf den Weg macht, welche die Blütezeit der honighaltigen Pflanzen während der Reise berücksichtigt. Die Frage der ausgiebigen Entwicklung der gesellschaftlichen Bienenzucht und der Organisation kollektiver medizinischer Bienenstände, besonders bei Heilinstitutionen, Erholungsheimen und in Kurorten, muß angeschnitten werden. Man muß erreichen, daß Arbeiter und Angestellte nach der Arbeit und an Fest- und Feiertagen ihre Freizeit auf einem gut angelegten Bienenstand verbringen können.

Ich sehe voraus, daß einige Leser lächeln werden. Dabei ist das alles gar nicht so utopisch. Als Beispiel kann der Ausbau des großen medizinischen Bienenstandes »Bienenprodukte« beim bulgarischen Staatsverein »Rodopa« dienen. Der bulgarische Journalist Filipp Dimitrov unterrichtete den Verfasser dieses Buches ausführlich über die Organisation, die Ziele und Aufgaben dieser Bienenzuchteinrichtung, die hochaktive medizinisch-prophylaktische Präparate aus den natürlichen Produkten des Bienenstandes – Bienengift, Königinfuttersaft und Honig – herstellt.

Doktor Joseph Sain aus Kanada, der die Apitoxintherapie in seinem eigenen Krankenhaus verwendet, besuchte das Laboratorium und den medizinischen Bienenstand und bewertete diese Imkereiinstitution sehr positiv. Er stellte fest, daß das dort gewonnene Apitoxin makellos und sehr hochwertig ist. Die Heilpräparate, die auf dem medizinischen Bienenstand in Sofia hergestellt werden, erfreuen sich großer Wertschätzung nicht nur bei den Ärzten und Patienten Bulgariens, sondern auch im Ausland. Nicht weniger beliebt sind Bienenpräparate (Königinfuttersaft, Blütenstaub), die in Jugoslawien angefertigt werden.

Wir wollen hoffen, daß die Erfahrungen aller Menschen beim Aufbau einer medizinischen Bienenzucht als gutes Beispiel für die Ärzte aller Länder dienen, so daß die Honigbienen zu echten Gefährtinnen und Gehilfinnen der Ärzte bei ihrer medizinischen und prophylaktischen Tätigkeit werden.

Statt eines Nachwortes

Dieses Buch richtet sich nicht nur an Bienenzüchter und medizinische Gehilfen, sondern vor allem an den großen Kreis von Lesern, die sich für die Imkerei interessieren. Wir möchten, daß das Buch nicht nur Interesse beim Leser für die Bienen weckt, sondern ihn dazu bringt, sie zu lieben und selbst Bienen zu züchten.

In der heutigen Zeit hat der Bienenstand die Bedeutung eines natürlichen Sanatoriums, eines natürlichen prophylaktischen Heilinstituts gewonnen – eines Ortes also, der hilft, die Gesundheit des Menschen zu stärken und sein aktives Alter zu verlängern. Mittlerweile zweifelt niemand mehr an der Notwendigkeit, die medizinische Bienenzucht weiterzuentwickeln, denn das Leben hat anschaulich gezeigt, daß die Imkereiprodukte – Honig, Wachs, Propolis, Bienengift, Königinfuttersaft, Blütenstaub – das Arsenal der Heilmittel durch mächtige, jedoch natürliche Medikamente bereichern, die den Vergleich mit vielen synthetischen Pillen aufnehmen können.

In der Natur gibt es kein Allheilmittel gegen alle Krankheiten. Selbstverständlich können auch Bienen und Bienenzuchtprodukte ein solches Universalmittel nicht liefern, doch es ist unbestritten, daß sie bei der Behandlung und Verhütung vieler Krankheiten und für die Lösung des Problems der Langlebigkeit eine nicht unbedeutende Rolle spielen könnten.

Literaturverzeichnis

Alesker, E. M.: *Das Bienengift bei der Behandlung innerer Krankheiten.* Moskau, 1964.
Alphandéry, E.: *Encyclopédie Apicole.* Fascicule I, 1945, Fascicule II, 1946, Paris.
Berenshtejn, G. I., Kirillov, S. A., Perskaja, S. S., Umanskaja, R. M.: »Erfahrungen mit intravenösen Injektionen von Honig zur Behandlung von Schizophrenie«, in *Neuropathologie und Psychiatrie,* 1947, Nr. 6.
Bogolepov, N. K., und Kiseleva, V. I.: »Die Behandlung von Veitstanz mit Honig«, in *Sowjetische Medizin,* 1949, Nr. 2.
Bogojavlenskij, N. A.: *Die altrussische Heilbehandlung vom 11. – 17. Jahrhundert.* Moskau, 1960.
Budaj, A. S.: »Der Honig als wirksames Mittel bei schwer verheilenden Wunden und Geschwüren«, in *Arzneiwesen,* 1945, Nr. 11–12.
Butlerov, A. M.: *Die Biene, ihr Leben und die Hauptregeln der klugen Bienenzucht.* 10. Auflage, St. Petersburg, 1905.
Caillas, A.: *Les abeilles, source de jouvence et de vitalité.* Orléans, 1953.
Caillas, A.: *Les trois aliments miracles. Le miel, le pollen, la geleé royale.* Orléans, 1951.
Chalifman, I. A.: *Sie fliegen im Auftrag.* Moskau, 1973.
Chatshaturjan, G. Ch., und Popopa, A. N.: »Erfahrungen bei der Behandlung von Hautkrankheiten mit Honig«, in *Venerologie und Dermatologie,* 1954, Nr. 2.
Derevitsh, A., Popesku, Al., Popesku, N.: »Ein neuer Beitrag zur Erforschung der biologischen Eigenschaften der Propolis«, in *XX. Internationaler Jubiläumskongreß der Bienenzucht,* Bukarest, 1965.
Dmitrov, Philip: *Bulgarian Royal Jelly and Bee Venom Associated State Enterprise Rodopa.* Sofia, 1965.
Eisfeld, F.: »Besitzt der Pollen Heilwert?«, in *Leipziger Bienenzeitung,* 1960, Nr. 2.
Eisfeld, F.: »Auch für Gift sollten wir der Biene dankbar sein«, in *Leipziger Bienenzeitung,* 1961, Nr. 5.
Eisfeld, F.: »Neue wissenschaftliche Erkenntnisse über die Propolis«, in *Garten und Kleintierzucht,* 1965, Nr. 15.
Frisch, K.: *Aus dem Leben der Bienen.* Moskau, 1936.
Frisch, K.: *Die Bienen: Gesichts-, Geruchs-, Geschmackssinn und Sprache.* Moskau, 1955.
Garagsim, D.: »Der Tauhonig und seine Bedeutung für die Bienenzucht«, in *Bienenzucht,* 1962, Nr. 11.
Gubin, F. I.: »Zur Frage der Behandlung von Rheumatismus mit Bienengift«, in *Imkereiwesen,* 1927, Nr. 12.
Habermann, E.: »Zur Pharmakologie des Melittin«, in *Archiv für experimentelle Pathologie und Pharmakologie,* 1954, Nr. 222.
Joyrish, N. P.: »Antibakterielle Stoffe im Bienenhonig«, in *Die Natur,* 1948, Nr. 12.

Joyrish, N. P.: *Die Heilkräfte von Honig und Bienengift.* 3. Auflage, Moskau, 1956.
Joyrish, N. P.: *Die Bienen als geflügelte Pharmazeutinnen.* Moskau, 1964, 1966.
Kaganova-Joyrish, F. O., und Joyrish, N. P.: »Die antimykologischen Eigenschaften des Bienenhonigs«, in *Erfolge der modernen Biologie,* 1947, Nr. 3.
Karamyshev, A. I., und Arnold, V. A.: *Heilkosmetik.* Moskau, 1955.
Kloft, W., Maurizio, A., Kaeser, W.: *Das Waldhonigbuch.* München, 1967.
Komarov, P. M., und Ershtejn, A. S.: »Über die Anwendung von Bienengift in der Medizin«, in *Sammelband wissenschaftlicher Arbeiten des Instituts für Bienenzucht,* Moskau, 1936.
Langstroth, L. L., und Dadan, S.: *Biene und Bienenstock.* 7. Auflage, Moskau, 1929.
Lébrun, Victor: »Un rêve Soviétique pour les retraités«, in *La Gazette Apicole,* 1968, Nr. 738.
Mladenov, St.: *Honig und Honigtherapie.* Sofia, 1969, 1971, 1974.
Mladenov, Vl., und Kazandzhieva, V.: »Unsere Erfahrung mit der therapeutischen Anwendung von Bienengift bei einigen Krankheiten«, in *XX. Internationaler Jubiläumskongreß der Bienenzucht.* Bukarest, 1965.
Morozov, I. P.: »Die Bienenzucht der UdSSR«, in *XXIII. Internationaler Bienenzuchtkongreß in Moskau.* Bukarest, 1972.
Orzhevskij, M. D.: *Die Bienen heilen.* Voronezh, 1960.
Peitchev, P.: »Recherches portant sur l'action de la gelée royale«, in *Archives de l'Union médicale Balkaniques.* Tome 1, Nr. 5–6, Septembre–decembre, 1963.
Pejtshev, P., Joyrish, N. P., Vlachov, B.: »Die Wirkung von Honig auf die Dünndarmfunktionen«, in *Bienenzucht,* 1973, Nr. 12.
Rapoport, D. M.: »Zur Frage der Behandlung von Hauttuberkulose mit volksmedizinischen Mitteln (Wachs und Sahnebutter)«, in *Praktische Dermatologie,* 1939, Nr. 1.
Root, A. I. u. a.: *Enzyklopädie der Bienenzucht.* Übers. aus dem Engl., Moskau, 1964.
Shablovskij, N.: *Honig und Bienen.* Moskau, 1925.
Shamonin, I. S., und Potapova, I. V.: »Der Einfluß der Fütterung auf die Entwicklung von Bienenschwärmen«, in *Bienenzucht,* 1952, Nr. 2.
Shershevskaja, O. I.: »Die Behandlung rheumatischer Iritis mit Bienengift«, in *Bote der Ophthalmologie,* 1949, Nr. 3.
Tertsch, R.: *Das Bienengift im Dienste der Medizin.* Wien, 1912.
Witwickij, N. M.: *Die praktische Bienenzucht oder Regeln für Bienenfreunde, gegründet auf langjährige Erfahrung, mit einer Erklärung der von neuem verbesserten Bienenstöcke.* Sankt Petersburg, 1835 und 1842.
Wörterbuch und Nachschlagewerk des Bienenzüchters (Zusammenstellung Fedosov, N.F.). Moskau, 1955.
Zander, J.: *Der Honig – Zusammensetzung, Herstellung, Wert, Grundsätze der Honigprüfung.* Moskau, 1931.

Namensregister

Abrikosov, Ch. N. 255
Ado, A. D. 275
Alesker, E. M. 198
Alexander v. Traleis 49
Apinis, K. 130, 131, 153, 155, 159, 234
Aristophanes 232
Aristoteles 48, 143, 238, 257
Arnold, V. A. 150, 233
Aronov, M. S. 169
Ash, H. 33, 34
Aslan, A. 280
Avicenna (Ibn Sina) 49, 81, 124, 128, 130, 131, 134, 135, 139, 148, 151, 233

Babajan, A. 24؟
Bacchus 38, 225
Bach, A. N. 74, 77
Baganov, V. V. 249
Bagrationi, B. 15
Baiandin, A. D. 193
Bartshenko, L. I. 283
Bauer, Ed. 130, 131, 139, 156
Berenshtejn, G. L. 132
Bezrodnyj, I. E. 160
Bogolepov, N. K. 131
Bogomolets, A. A. 136, 280
Bolotov, A. T. 42
Boshev, N. 262
Brodman, J. 211, 218
Brown-Séquard, Ch. 279
Brusilovskij, D. A. 166
Budaj, A. S. 124
Burdonskaja, A. F. 236
Butlerov, A. M. 183, 247, 255, 291

Caesar, G. J. 289
Cagliostro 279
Caillas, A. 67, 177, 253, 254, 295
Chadzhiev, V. 267
Chalifman, I. 34
Charles II. 288

Chatshurjan, G. H. 134
Chauvin, R. 25, 253, 259
Chmelevskaja, V. N. 242
Cholodnij, N. G. 281
Clemens VII., Papst 16
Cowell, L. 194
Curiotti 259

Dal', V. I. 54
Darwin, Ch. 40, 42, 173
Demokrit 48, 289
Derevitsh, A. 207, 242, 243, 265, 267
Déris, G. 206
Destrème 258
Devjatnin, V. A. 249
Dimitrov, G. 260
Dioskorid 48

Elizabeth I. 110
Ershtejn, A. S. 193
Ertel, Ad. 130, 131, 139, 156
Erusalimtshik, Ch. I. 197, 200
Eupraxiya-Zoya 49

Fabre, J. H. 205
Filatov, V. P. 75
Fischer, G. M. 140
Fiveyskij, S. P. 236
Flury, F. 210
Forbes, D. F. 227
Forster, K. A. 270
Frisch, v. K. 30, 33, 34, 231

Galenus, C. 49
Galunovitsh, G. P. 133
Gamaleja, N. F. 280
Gaptrachimanova, K. G. 240
Genis, E. D. 283
Glaser, H. 273
Glass, J. 146
Goethe, J. W. v. 288
Gogol, N. V. 54
Golomb, M. B. 140
Gorkij, A. M. 60

310

Gorte, E. A. 206
Grigorjan, G. A. 247
Gubin, A. F. 37

Habermann, E. 181, 205
Haragsin, O. 70
Harris, J. 148
Harvey, W. 288
Hause, G. F. 193
Haydak, M. G. 238
Hayle, H. L. 258
Helfmann, A. E. 124
Helin, R. 259
Herodot 14
Hertwig, G. 159
Hill, L. 258
Hipparch 289
Hippokrates 48, 124, 129, 139, 155, 221, 232, 268, 280
Hocking 256
Homer 48, 54
Honsenbach-Hofmann 124
Huber, F. 39
Hutchinson, R. 136
Hufeland 288

Isakov, S. P. 236
Ivachnenko, G. S. 124
Iwan d. Schreckl. 225
Iwanov, M. F. 173

Jakobashvili, N. 234
Jarvis, D. K. 236
Jonson, G. 254
Joyrish, N. P. 125, 211
Judkin, J. 143, 144, 145

Kaczor, J. 260
Kaeser, W. 71
Kaganova-Joyrish, F. O. 80
Kalugin, N. N. 37
Kampense, A. 16
Kandratjev, G. P. 291
Kaplan, M. V. 141
Karamyshev, A. I. 150, 233
Karkova, K. 267
Kazandzhieva, V. 217
Kendall, F. 144, 145

Ketsaretsi, B. 14
King, R. 33
Kirchenshejn, A. G. 139
Kirillov, S. A. 132
Kirjuchin, I. A. 40, 41
Kiselevas, V. I. 131
Kleopatra 205
Kloft, W. 71
Kneipp, S. 157
Koltek, A. 260
Komarov, P. M. 193
Koop, I. P. 193
Korablev, I. I. 110, 111
Korolev, D. A. 116
Kosterin, A. V. 255
Krasnopeev, M. Z. 255
Krepelin, K. 205
Krinitskij, J. M. 123
Krishna 12
Krol, M. B. 190, 197
Kuljagin, N. M. 248, 255
Kustendil 217

Lafita, Abd-al 81
Langstroth 39
McLaurin 227
Lavis, P. 239
Layroche, B. 136
Lebedev, S. I. 249
Lébrun, V. 302
Lecomte, J. 30
Lenin, V. I. 18, 238
Ljubarskij, I. V. 190, 196
Loginov, A. S. 127, 292
Lokzenius, J. 229
Loparev, Ch. M. 49
Lücke, G. 123
Lufti, S. 148
Lukomskij, M. I. 190

Maeterlinck, M. 226
Maksimenko, V. I. 200
Manu-Gesetze 47
Marteka, V. 33
Martin, J. 225
Matuszewski, J. 259, 260
Maurizio, A. 71, 74
Mazumara 256

Medea 279
Medici, L. 49
Menes 11
Menshikov 236
Metshnikov, I. I. 23, 280
Mirkin, L. M. 229
Mitshurin, I. V. 40, 41, 42, 56, 160, 165, 172, 182
Mjasnikov, A. L. 127
Mladenov, St. 76, 81, 244
Mladenov, V. 217
Molnar-Tot, M. 241
Molotshnyj, I. 60
Morelle, R. 268
Moroz, A. P. 79
Muchamediarov, G. S. 241

Neshchadimenko, M. P. 79
Neumann, V. 205
Nestor 15, 54
Nikiforov, N. 267

Oparin, A. I. 77
Oshman, Dr. 71
Ostroumov, A. T. 274
Ovid 38

Palladin, A. V. 136
Paniev, N. 286
Parchon, K. I. 280
Parteniu, A. 211
Pavlov, I. P. 125, 161, 182, 219, 262, 265, 279, 287
Pejtshev, P. 125, 211, 260, 261, 265, 267
Perepelova, L. J. 255
Perin, L. 253
Perskaja, S. S. 132
Peter I. 236
Petresku, A. 265
Petrov, V. A. 198
Petrovskij, K. S. 146
Pevzner, L. M. 136
Pirogov, N. I. 134
Pisarev, D. I. 27
Plinius, d. Ä. 49, 69
Pochlebkin, V. V. 156
Pokrovskij, A. A. 146
Pompejus 60

Popova, A. N. 134
Popesku, A. 242, 243
Popesku, N. 242, 243
Popov, E. E. 111
Potapov, I. V. 173
Potshinkov, P. 219
Pozentul, M. A. 135
Prokopovitsh, P. I. 17, 39
Prokopovitsh, N. N. 240
Pythagoras 48

Rabelais, F. 33
Rajkovskij, V. 141
Rapport, D. M. 233
Rastrelli, V. V. 235, 236
Richard I. 13
Rider van Rippard, L. J. R. 20
Ris, K. 191
Rizga, P. 124
Root, A. I. 17, 25, 33, 34, 39, 227, 235
Rough, Ad. 124, 127, 130, 139, 156
Ruysch, A. 232

Sack, A. 139
Saint-Germain, Graf v. 279
Salnikov, E. 245
Saturn 225
Seneca 288
Serbinov, I. L. 111
Sevostjanov, V. D. 174
Smirnov, S. A. 123
Smith, F. P. 165
Sokolov, A. P. 283
Sokolov, F. M. 236
Sokoskij-Boulleau 196
Sumarokov, P. 81
Suvorov, A. V. 283
Shakespeare, W. 54
Shalimov, I. C. 173
Sharashidze, K. Sh. 61
Shershervskaja, O. I. 199
Shestakova, R. A. 255
Shipman, W. 194
Shvikule, D. 130, 159
Spasokukotskij, Ju. A. 283
Stambolilu, D. W. 128

Tarchanov, I. P. 286
Tareev, E. M. 136
Temnov, V. 71
Tertsch, Ph. 196
Tertsch, R. 196
Timirjazev, K. A. 40, 42, 283
Tönniges, K. 280
Tokin, B. P. 244, 281
Tolstoj, L. N. 285, 286, 302
Toporova, N. 240
Toropina, K. 240
Towndsen, G. 295, 296
Tretjak, K. 140
Tseselski, Th. 111
Tsharukovskij, A. 134
Tshebotarev, I. I. 255
Therkes, L. A. 136
Tsiolkovskij, K. E. 228
Turgenjev, I. S. 284

Udintsev, F. A. 130
Umanskaja, R. M. 132

Upmark, E. A. 254

Vergil 12, 33
Vinci da, L. 228
Vishnu 11
Vlachov, V. 125

Wenner, A. 33
Wilson, P. B. 260
Witwicki, N. M. 290

Xenophon 23, 59, 61

Zacharieva, Z. 267
Zacharova, P. M. 132
Zander, E. 70, 74, 75, 129
Zeis, Militärchirurg 123
Zhurdzhev, A. 260
Zizin, N. V. 254
Zubritskij, F. S. 250
Zukovskij, N. E. 228

Sachregister

Abszesse 124
Acetycholin 191
Acetycholingehalt 129
Addisonsche Krankheit 195
Adenokarzinom 296
Adenom 254
Albumin 168
Alkalinität 140
Allergene 268, 269, 274
Allergie 268, 269, 270, 273, 274
Allergiesymptome 208
Allergologie 268
Aloe 151
Alphanaphtylessigsäure 174
Althee, medizinisch 151
Ameisensäure 79, 191
Aminosäure 143, 182, 191, 247
Aneurin 78, 107, 169, 178
Angina 232
Angina pectoris 128
Antibiotika 177
Antigene 274
Antitoxin 207, 208
Apamin 191, 192
Apimonda 19
Apitoxin 206, 210, 211, 215, 216, 217, 218, 219, 220, 262
Apitoxinlösung 215, 216
Apitoxinsalbe 218
Apitoxintherapie 190, 191, 197, 198, 202, 208, 209, 210, 211, 212, 213, 215, 221, 222, 263
Arteriosklerose 144, 145, 154, 259, 261
Arthritis 196, 217, 258, 262, 263
Arthrose 217
Ascorbinsäure 78, 169, 170, 178, 181, 208
Asthma 236
Atemsystem der Biene 32
Augenkrankheiten 199
Avesta-Kanon 47
Avitaminose 136, 178, 261
Axerophthol 178

Bauchspeicheldrüse 127, 137, 195, 222
Beriberi 77
Beutenerfinder 39
Bienenbrot 27, 173, 254, 255
Bienendressur 35, 36, 37
Bienengift 187, 189, 190, 191, 192, 193, 194, 195, 196, 197, 198, 199, 200, 201, 203, 204, 205, 206, 207, 208, 209, 212, 213, 215, 217, 218, 219, 220, 221, 222, 262, 269, 270, 271, 272, 273
Bienengiftgewinnung 210
Bienenlarven 256
Bienenstich 212
Bienenvergiftung 208
Bienenwachs 225, 226, 231, 232, 233, 234, 235, 236
Bionik 228
Biose 75
Biotin 78, 169
Blätterstock 39
Blütenstaub 245, 246, 247, 248, 249, 250, 251, 252, 253, 254, 268, 273
Blutarmut 159, 168, 169
Blutdruck 200, 201, 205, 259, 268
Blutgerinnung 179
Bluthochdruck 152, 155, 195, 205, 258
Blutkrankheit 155
Blutkreislauf 75
Blutkreislauf d. Bienen 31
Blutplasma 138
Blutserum 274
Brandverletzungen 123
Brechreiz 204
Bronchialasthma 195, 244, 245, 268, 270
Bronchialtuberkulose 244
Bronchitis 241, 268, 270
Brucellen 80
Brucellose 79, 258

314

Chlor 70
Cholesterin 145
Cholesteringehalt 144, 145
Cholesterinspiegel 146, 200, 217, 268
Chromatogramm 74
Darm 73, 139, 154
Darmgift 280
Darmsekretion 126
Darmtrakt 79
Dermatitis 269
Diabetes 135, 136, 204
Diät 221
Diarrhöe 253
Diathese 201, 141
Durchfall 204
Dysenterie 141

Ebers-Papyrus 47, 148
Ehrlich-Karzinom 296
Ekzeme 198
Elektrophorese 216, 217
Endarteriitis 194, 259
Episkleritis 199
Erythrozyten 140, 253
Expreßmethode 72, 78, 80, 160, 164, 165, 172, 174, 177, 178, 182, 183

Fermente 51, 69, 73, 74, 75, 77, 143, 146, 161, 167, 170, 182, 206, 247
Fermentprozesse 248
Fieber 158, 204
Fieberkrankheit 152
Folsäure 78, 140
Fruktose 65, 69, 70, 74, 129, 145, 163, 182, 183
Furunkel 134
Furunkulose 198

Gallenblase 155
Gastritis 112, 125
Gefäße, malpighische 31
Gefäßerkrankungen 194
Gefäßsklerose 204
Gelee royale 128, 257

Geronten 297
Gerontologie 280
Geruchsorgane 29
Geruchssensillen 30
Geschlechtskrankheit 204
Geschmacksorgan 31
Geschwüre 50, 124, 125, 194
Gewicht, spezifisches 83, 85, 168
Giftblase 189, 207, 211
Giftdrüse 189, 207
Gliotoxin 193
Globulin 168, 247
Glukose 51, 55, 56, 57, 65, 69, 70, 73, 74, 79, 84, 127, 129, 132, 133, 135, 137, 140, 145, 163, 166, 167, 168, 170, 176, 180, 182, 183
Glutaminsäure 181, 182
Glykogen 149
Glykogenvorräte 127
Gonorrhöe 196
Grippe 158, 159, 265, 280

Hämoglobinanteil 129, 140, 141
Hämoglobingehalt 125, 175
Hämoglobinspiegel 183
Hämolyse 205
Hämorrhoiden 158, 165, 289
Hämotogener Honig 166
Harnblase 138, 139
Harnstein 160
Harnwege 138, 139, 152
Hautkrankheiten 134, 198
Hauttuberkulose 134, 198, 233
Heilkosmetik 148
Heiserkeit 154, 156
Hepatitis 128
Herz 50, 139, 142, 222
Herzfehler 201, 204
Herzgefäßkrampf 144
Herzgefäßsystem 143, 204, 208, 258
Herzkrankheiten 128, 267
Herzmuskelschwäche 128
Hesperedin 169
Heteroauxin 174
Heuasthma 274
Heufieber 274
Heuschnupfen 236, 268, 274

315

Hidrin 169
Histamin 191, 192, 201
Hormone 75, 127
Hühneraugen 239
Huflattich 153
Husten 107, 154, 156, 157, 158
Hyaluronidase 191/192, 206
Hybridisierung 41, 42
Hydrolyse 73, 74
Hypertonie 201
Hypochondrie 289

Indiosynkrasie 195, 203, 270
Inhalierung 241
Inhalierungsmethode 218
Inhibine 167, 169, 182
Insulin 127, 135, 136, 137, 142
Ionophorese 124, 216, 217, 218
Iridozyklitis 195, 199
Iritis 195, 199

Jadschurweda 129, 135
Jungfernzeugung 23

Kalziumpherol 178
Karbunkel 134
Karies 148
Karotin 78, 107, 127, 169, 170, 249, 257
Kasein 168
Katarrh 280
Keratitis 199
Kittharz 208, 238, 239, 243, 244
Königinfuttersaft 24, 26, 128, 149, 208, 225, 257, 258, 259, 260, 261, 262, 263, 264, 265, 266, 267, 268
Königinsubstanz 25
Körbchen 27
Kokain 240
Kolibazillose 253
Kolitis 112
Konjunktivitis 275
Kopfflechte 134
Kopfschmerzen 204
Koronarblutkreislauf 129
Koronarinsuffizienz 259
Kosmetik 254
Kosmetik-Cremes 233, 234

Krebs 294, 295, 296
Kunsthonig 183, 184
Kunstnektar 161, 162, 164, 166, 169, 170, 171, 177, 182, 183
Kunstnektarkomponenten 175, 176

Lävulose 51, 55, 56, 57, 65, 73, 79, 84, 133, 135, 136, 140, 167, 168, 170, 176, 180
Laktose 168
Leber 73, 139, 154, 155, 195, 222
Leberkrankheiten 127, 159
Leukämie 296
Lipase 74
Lunge 50, 142, 218
Lungenabszeß 130
Lungenentzündung 244
Lungenkrankheiten 159, 168
Lungenkraut, medizinisch 153
Lungentuberkulose 151, 244
Lymphosarkom 296
Lymphozyten 260
Lyophilisierung 265

Magen 222
Magengeschwür 244
Magenkrankheit 154, 159
Magen-Darm-Trakt 50, 112, 124, 125, 140, 154, 218, 219, 258
Makrobiotop 297, 302, 303
Maltose 70, 74
Melezitose 70, 84
Melittin 191, 192, 205
Migräne 195, 205
Mikroelemente 136, 143, 222, 247
Mineralien 80
Mineralsalze 70, 73, 74, 75, 76, 164, 168, 182, 222, 249, 257
Mineralstoffe 188
Myokardinfarkt 144, 145

Nasen-Rachen-Raum 236
Nebenniere 260
Nekrobazillose 240
Nervenkrankheiten 165, 197
Nervensystem 29, 75, 77, 126, 131, 136, 143, 179, 191, 194, 195, 196, 198, 204, 208, 217, 262

Nesselfieber 204
Neuralgie 158, 197, 198
Neuritis 197, 198, 200, 217
Neurodermitis 198
Neuromyozit 198
Neuropsychose 260
Nieren 142
Nierenerkrankungen 138, 195
Nierenkapillaren 138
Nierensteine 139, 153, 169
Nikotinsäure 169, 178
Novokain 133, 240, 280

Oligosaccharide 74
Orthophosphorsäure 191
Osteamyelitis 123
Otitis 244

Paarungsflug 24, 26
Paketbienenzucht 256
Panthotensäure 78, 169, 258
Paradontose 243
Pellagra 77
Peroxydase 74
Phagozyten 179
Phosphor 70
Phosphorlipase 191, 192, 206
Phyllochinon 78
Phytonzide 242, 243, 244, 281, 282
Plexitis 198, 217
Podagra 153
Pollenallergie 273, 274, 275
Polyarthritis 194
Polyneuritis 194, 198
Polyvitaminhonig 136, 137, 138, 169, 170, 175, 178, 180, 181, 182
Propolis 28, 225, 238, 239, 240, 241, 242, 243, 244, 245
Prostatitis 254
Psoriasis 198
Ptialin 74
Punktaugen 29, 30
Pyelonephritis 260
Pyridoxin 78, 180

Quarantänekraut 274

Rachitis 77, 141, 179
Radiculitis 198, 217
radioaktiver Honig 67
Radiodermatitis 241
Raffinose 70
Rahmenkorb 38
Rheumatismus 153, 195, 196, 197, 198, 201, 202, 217, 222, 262
Rhinitis 275
Riboflavin 78, 169, 178, 180
Rutin 107, 249

Saccharose 70, 74, 84, 133, 145, 176, 182
Salzsäure 191
Säuren, organische 75
Schizophrenie 132
Schlaflosigkeit 155
Schlangenbiß 152
Schlangengift 193, 220
Schupfen 280
Schwänzeltanz 33
Schwangerschaft 165, 195
Sepsis 195
Skleritis 99
Skorbut 77, 78
Skrofulose 141
Spektralanalyse 76, 243, 255
Spermatorrhoe 165
Spondylarthrose 194
Stachelapparat 29, 189, 207, 208, 211
Steinhonig 68
Steinzeit 11
Stimulatoren, biogene 75
Strahlenkrankheit 180
Synapse 206
Syphilis 196

Tabakhonig 69, 86
Tachykardie 132
Tauhonig 69, 70
Tertiärzeit 11
Thrombokinase 192
Thrombophlebitis 194
Thyretoxikose 195
Tokopherol 78
Trachitis 241

Trigeminus 198
Trunkener Honig 59, 60, 61, 67
Tuberkulose 58, 130, 195, 196, 201, 204, 240, 245, 258

Urotropinhonig 80

Veitstanz 131, 205
Verbrühung 124
Verdauungstrakt 126
Verletzungen 123
Verstopfung 156
Vibrationssinn 33
Vitaminhonig 72
Vorsteherdrüse 254

Wabenplastilin 229, 230
Wachbiene 13
Wachs 227
Wachsdrüsen 27
Wachsplättchen 27, 87
Wachsspiegel 27
Wachszelle 27
Waldbienenzucht 15, 16
Weiselzelle 24, 25, 257, 263, 264
Wespengift 205
Wunden 194

Zahnkaries 243
Ziliarkörper 199
Zuckerkrankheit 135, 136

Rezeptregister

Alant m. Honig 157
Apfelkonfitüre 89
Apfelkuchen 89
Arishta 90
Asuda 90

Badrok 90
Bal 114
Bal, tatarisch 114

Cocktail 115

Fleisch in Soße 91
Früchte m. Honig 91

Gebäck aus Haferflocken 91
Gemüsesalat 92
Getränke mit Honig 115
Getreidekwaß 115
Ginseng 164, 165, 166
Gogol'-mogol' 115
Gozinach 92
Grog mit Honig 116
Gurken mit Honig 92

Halwa 90, 92, 93
Halwojtar 93
Hammelfleisch 93
Heckenrosen-Kamillentee 157
Himbeeren mit Honig 152
Holunderbeerentee 158
Holunderblättertee 158
Holunderblütentee 158
Honig-Apfelsinen-Getränk 116
Honigbäder 150
Honigbaiser 94
Honigbonbons 94
Honig-Erdbeer-Getränk 116
Honiggebäck 94
Honig-schw. Johannisbeer-
  Getränk 116
Honigkeks 95
Honig-Kirsch-Getränk 116
Honigkuchen 95

Honigkuchen f. d. Geliebte 95
Honigkuchen m. Zitronen-
  schale 96
Honigkuchen nach Butlerov 96
Honigkügelchen 96
Honigkwaß, einfach 116
Honigkwaß, lettischer 117
Honigkwaß, roter 117
Honigkwaß, weißer 117
Honiglebkuchen 97
Honigmasken 150
Honig-Moosbeeren-Getränk 117
Honigpfefferkuchen 97
Honigschaum 97
Honig-Schnittlauch-Mischung 98
Honigsenf 98
Honigtorte 98
Honigwasser 151

Kisel aus Honig 99
Kalyapush 99
Konfitüre 99
Kügelchen aus Mais 99
Kwaß 112

Lebkuchen, englisch 100
Lindenblütentee 158

Masurka mit Honig 100
Met 109
Metsorten 110, 111
Milch mit Honig und Hefe 100
Milchgetränk 159
Milchnudeln 101
Milchreisgrütze 101
Milchreissuppe 101
Minzen- und Kamillentee mit
  Honig 159
Moldauer Honiggetränk
  »Tineretse« 117

Nudeln mit Honig 101
Nußbaiser 101
Nußsoufflé 102

Pachlava 102
Perlgraupensuppe 103
Pfefferkuchen 103
Pfefferkuchen, Moskauer Art 104
Piroggen, franz. 104
Preiselbeeren 153
Preiselbeerkonfitüre 104

Quark mit Honig 104
Quarkauflauf 104
Quarkmasse mit Honig 105
Quarknapfkuchen 105
Quercus(gewöhnl. Eiche)-Tee 159
Quitten mit Honig 105

Rettich mit Honig 153
Rhomben aus Haferflocken 106

Salat mit Honig 106
Salzgurken mit Honig 106
Schizandra chinensis 117, 118
Schneeballstrauchbeeren mit Honig 106
Schwarze Johannisbeeren mit Honig 107
Ser und Tshor-ser 107
Steinbrech 159/160

Teepilz 154
Teerezepte 156
Tomaten mit Honig 107
Tshak-tshak 107

Ufimer 64

Volkskwaß 118

Weintrauben, mariniert 108

Yugatert 108

Zitronenhonig 119
Zitronensaft mit Honig 155
Zul'biye 109
Zwiebelsaft mit Honig 155